中国特色社会主义政治经济学自主知识体系探索

刘伟 ◎著

北京大学出版社
PEKING UNIVERSITY PRESS

图书在版编目(CIP)数据

中国特色社会主义政治经济学自主知识体系探索/刘伟著.--北京:北京大学出版社,2025.3.-- ISBN 978-7-301-35850-4

Ⅰ.F120.2

中国国家版本馆 CIP 数据核字第 2025PH0308 号

书　　　名	中国特色社会主义政治经济学自主知识体系探索
	ZHONGGUO TESE SHEHUIZHUYI ZHENGZHI JINGJIXUE ZIZHU ZHISHI TIXI TANSUO
著作责任者	刘　伟　著
责 任 编 辑	兰　慧
标 准 书 号	ISBN 978-7-301-35850-4
出 版 发 行	北京大学出版社
地　　　址	北京市海淀区成府路 205 号　100871
网　　　址	http://www.pup.cn
微信公众号	北京大学经管书苑(pupembook)
电 子 邮 箱	编辑部 em@ pup.cn　　总编室 zpup@ pup.cn
电　　　话	邮购部 010-62752015　　发行部 010-62750672　　编辑部 010-62752926
印 刷 者	涿州市星河印刷有限公司
经 销 者	新华书店
	720 毫米×1020 毫米　16 开本　18.25 印张　316 千字
	2025 年 3 月第 1 版　2025 年 3 月第 1 次印刷
定　　　价	98.00 元(精装)

未经许可,不得以任何方式复制或抄袭本书之部分或全部内容。

版权所有,侵权必究

举报电话: 010-62752024　电子邮箱: fd@ pup.cn

图书如有印装质量问题,请与出版部联系,电话: 010-62756370

作者感谢教育部哲学社会科学研究重大专项首批立项项目"政治经济学自主知识体系建设研究"(2023JZDZ023)对本研究的支持。

序

《中国特色社会主义政治经济学自主知识体系探索》主要是围绕自主知识体系构建过程中的若干基本学术范畴展开深入研究。正如习近平总书记所指出的,哲学社会科学的学术体系、学科体系、话语体系构建的基础在于自主知识体系建设,建设中国特色社会主义政治经济学,同样需要探索并奠定相应的自主知识体系基础,而自主知识体系的构建,重要的在于基于中国经济发展实践,提炼出真问题,并将这些来自实践的真问题(即切实回应中国之问、世界之问、人民之问、时代之问的命题)深化抽象为具有科学性质的学术范畴,进而为形成学术体系,即为深入揭示这些学术范畴之间的内在理论逻辑及所反映的实践运动规律创造学术基础。

本书所讨论的重要范畴并未包含全部中国特色社会主义政治经济学范畴,但都是来自实践的重要凝练,涉及:中国特色社会主义政治经济学、社会主义初级阶段、社会主义基本经济制度、社会主义资本、社会主义全要素生产率、新质生产力、宏观经济治理、"人类命运共同体"、高质量发展、中国式现代化等。这些范畴有些完全源自中国的实践,是马克思主义中国化时代化进程中形成的理论范畴,也基于中国优秀传统文化历史。有些范畴在经济思想史上已经出现过,尤其是在当代西方经济学中已经存在,但与"社会主义"统一在一起,就成为具有崭新意义的实践和理论问题,需要做出深入阐释,正如恩格斯提到的,马克思政治经济学对资产阶级经济理论展开的"术语的革命"。这里讨论的基本范畴所包含的内容并不充分,在中国特色社会主义经济社会发展实践中必然会有许多重要问题需要提炼和剖析,而且在发展中必然会产生新问题并亟待上升为中国特色社会主义政治经济学的基本学术范畴和重要问题。

我曾在 2021 年出版过《新时代中国特色社会主义政治经济学探索》一书（北京大学出版社 2021 年版），那部著作着重分析的是中国特色社会主义政治经济学的逻辑体系以及构成其学术体系的基本命题结构。本书则在上一部著作的基础上，更为聚焦重要的学术范畴，展开更为深入的探讨，即在上一部提出的逻辑体系和命题结构的系统中，针对更为具体的学术问题和范畴展开进一步讨论，强调自主知识体系的学术范畴基础研究。

本书所讨论的基本范畴是长期探索积累所得，其中大部分是党的十九大召开以来的学术研究成果，并且陆续在《中国社会科学》《经济研究》《管理世界》《北京大学学报（哲学社会科学版）》《中国人民大学学报》《经济学动态》等学术刊物上发表。我十分感谢这些学术刊物给予的学术信任和帮助指导，在与相关编辑和审稿专家的交流中，的确获益匪浅。本书是在以往长期研究基础上的系统性深化和概括，有些章节是在我与他人合作共同完成的论文基础上修改而得，如刘守英、陈彦斌、王文、范欣等各位老师，相关文章在引用时均在书中逐一做出了标释和说明。在这里我向所有给予支持和合作的学者表示由衷的感谢。我还要特别感谢北京大学出版社的支持和信任，感谢出版社的编辑们付出的辛勤努力和心血。同时，要感谢协助进行文稿处理的乔乔等同事。

刘伟

2024 年 3 月

目　录

第一章　"中国特色社会主义政治经济学"范畴的讨论——广义政治经济学创造性发展　/ 001

　　第一节　马克思主义中国化进程中的政治经济学　/ 001

　　第二节　中国特色社会主义政治经济学方法特殊性　/ 019

　　第三节　中国特色社会主义政治经济学体系逻辑性　/ 037

第二章　"社会主义初级阶段"范畴的讨论——中国特色社会主义进程的历史方位　/ 055

　　第一节　社会主义的阶段问题及其划分依据　/ 055

　　第二节　社会主义初级阶段的本质特征　/ 063

　　第三节　新发展阶段与社会主义初级阶段　/ 070

第三章　"社会主义基本经济制度"范畴的讨论——经济改革和制度创新的历史特征　/ 085

　　第一节　基本经济制度的内涵和特征　/ 085

　　第二节　基本经济制度的运行机制和实现方式　/ 096

　　第三节　基本经济制度的微观基础　/ 103

第四章　"资本"范畴的讨论——社会主义市场经济"资本"特殊性　/ 117

　　第一节　"资本"的自然属性与社会属性　/ 117

　　第二节　社会主义初级阶段的基本经济制度与资本的融合　/ 121

第三节　社会主义市场经济中资本的社会结构　/ 125

第四节　社会主义市场经济中资本的特性　/ 128

第五节　社会主义市场经济中对资本发展的规范和引导　/ 136

第五章　"全要素生产率"范畴的讨论——社会主义市场经济"全要素生产率"新内涵　/ 140

第一节　讨论"全要素生产率"范畴的理论前提　/ 140

第二节　全要素生产率的经济思想源起　/ 145

第三节　全要素生产率在中国的实践检验　/ 153

第四节　新发展阶段必须着力提高全要素生产率　/ 160

第六章　"新质生产力"范畴的讨论——马克思主义生产力经济学的新发展　/ 168

第一节　"新质生产力"是经济发展理论和实践的时代性突破　/ 168

第二节　发展新质生产力需要遵循科技创新规律　/ 179

第三节　发展新质生产力需要遵循客观经济规律　/ 187

第七章　"宏观经济治理"范畴的讨论——治理体系和能力的创新及提升　/ 194

第一节　我国宏观经济治理的理论突破和实践特征　/ 194

第二节　"以有效需求牵引供给　以高水平供给创造需求"是宏观经济治理的基本任务　/ 206

第三节　"稳中求进"是新发展阶段宏观经济治理的工作总基调　/ 216

第八章　"人类命运共同体"范畴的讨论——社会主义市场经济制度型开放　/ 223

第一节　"共同体"的概念及其演变　/ 223

第二节　"人类命运共同体"的内涵及其理念　/ 226

第三节　高水平开放与"人类命运共同体"　/ 229

第九章 "高质量发展"范畴的讨论——新发展阶段首要任务的内在逻辑 /238

    第一节 新发展阶段需要新发展理念 /238

    第二节 贯彻新发展理念需要构建现代化经济体系 /247

    第三节 建设现代化经济体系需要构建新发展格局 /254

第十章 "中国式现代化"范畴的讨论——中国特色社会主义开创人类文明新形态 /260

    第一节 中国式现代化理论基于中国共产党长期实践 /260

    第二节 中国式现代化理论概括了中国式现代化的中国特色、本质要求和重大原则 /264

    第三节 中国式现代化理论回答了中国式现代化进程的不可逆转性 /269

    第四节 中国式现代化理论明确了中国式现代化的战略目标和阶段性任务 /273

    第五节 中国式现代化理论阐释了怎样推进中国式现代化进程 /281

第一章
"中国特色社会主义政治经济学"范畴的讨论
——广义政治经济学创造性发展

第一节 马克思主义中国化进程中的政治经济学[①]

马克思主义政治经济学在中国的传播和发展,本质上是中国共产党人推进马克思主义政治经济学不断中国化的进程,这一进程既是理论的探索,又是实践的探索。毛泽东思想是马克思主义中国化的第一次历史性飞跃,同时也是我们党第一次真正把马克思主义政治经济学引入中国的革命和发展,形成马克思主义指导中国新民主主义革命和社会主义革命与建设的政治经济学的过程。马克思主义中国化第二次飞跃,马克思主义政治经济学与中国社会主义经济建设实践相结合的根本性突破,是进入改革开放阶段"中国特色社会主义"命题提出之后。我们党从改革开放初期写出马克思主义基本原理与中国社会主义实践相结合的政治经济学初稿,到逐渐形成马克思主义政治经济学中国化的系统学说,开创了"中国特色社会主义政治经济学"。党的十八大以来,中国特色社会主义进入新时代,以习近平同志为主要代表的中国共产党人,创立了习近平

[①] 本节主要内容刊于刘伟:《马克思主义中国化进程中的政治经济学发展》,《经济学动态》,2021年第11期,第10—16页。

新时代中国特色社会主义思想,是当代中国马克思主义、21世纪马克思主义,是中华文化和中国精神的时代精华,实现了马克思主义中国化时代化新的飞跃,其中包括中国特色社会主义政治经济学的创造性发展,开拓了马克思主义政治经济学的新境界。

中国共产党自1921年成立以来,始终把为中国人民谋幸福、为中华民族谋复兴作为自己的初心使命,不懈奋斗,书写了中华民族几千年历史上最恢宏的史诗。党和人民百年奋斗的光辉历程,是马克思主义理论与中国具体实践相结合的历史,是马克思主义中国化的历史,实现了马克思主义中国化的飞跃,其中包括马克思主义政治经济学的中国化创新发展。马克思主义政治经济学在马克思主义理论体系中具有极其重要的地位,"恩格斯说,无产阶级政党的'全部理论来自对政治经济学的研究',列宁把政治经济学视为马克思主义理论'最深刻、最全面、最详尽的证明和运用'"①。马克思主义政治经济学在中国的传播和发展,本质上是中国共产党人推进马克思主义政治经济学不断中国化的进程,是马克思主义广义政治经济学创造性发展的过程。这一进程既是理论的探索,又是实践的探索。

(一)马克思主义中国化的第一次历史性飞跃——毛泽东思想中马克思主义政治经济学的创新

新民主主义革命理论是毛泽东思想的重要组成部分。中国共产党领导中国人民开展的新民主主义革命,是把马克思主义基本原理同中国社会历史实践结合起来的创造,不仅实现了旧中国从封建专制向人民民主的伟大飞跃,而且以此为基础,建立起社会主义制度,实现了中华民族有史以来最为广泛和深刻的社会变革,奠定了当代中国一切发展进步的根本政治前提和制度基础。②

"新民主主义革命时期,党面临的主要任务是,反对帝国主义、封建主义、官僚资本主义,争取民族独立、人民解放,为实现中华民族伟大复兴创造根本

---

① 习近平:《不断开拓当代中国马克思主义政治经济学新境界》,《求是》,2020年第16期,第4—9页。

② 习近平:《决胜全面建成小康社会 夺取新时代中国特色社会主义伟大胜利》,《人民日报》,2017年10月19日,第2版。

第一章 "中国特色社会主义政治经济学"范畴的讨论——广义政治经济学创造性发展

社会条件。"①中国共产党自成立伊始,面临的首要使命"在于建设一个中华民族的新社会和新国家"②,使半殖民地半封建的旧中国成为政治上自由、经济上繁荣、文化上文明先进的新中国。实现这一深刻变革的基础在于经济基础的变革,这就需要运用马克思主义政治经济学科学地分析中国社会的经济性质和特征。

中国封建社会与西欧封建社会的经济特征有许多不同,尤其是在土地制度上存在显著差异。比如,在西欧封建社会封君封臣关系基础上的土地封授所形成的人身依附关系、多层封授形成的一田多主、排他性的土地所有权及自由买卖的权利并不清晰;而中国封建时代则不存在大量的土地层层封授,普遍存在的是封建地主土地私有制,排他性更严格,土地可以继承和买卖。又比如,中世纪西欧封建制的重要特点是土地所有权与政治统治权的合一,公法与私权的合一;而中国自秦汉以来即形成统一的中央集权国家,封建地主在其土地上只有经济上的权利而无行政司法权力,对土地的所有权和政治上的统治权相对而言是分离的。但中国封建社会的经济制度同样具有封建性质。由于中国封建社会长期是封建地主土地私有制,可以进行土地交易,因此,中国封建社会的商品货币因素历史更加悠久。进入近代以来,虽也萌发了资本主义因素,但先发展起来的西方列强的入侵打破了这一进程。帝国主义的入侵,一方面推动了中国资本主义的萌发,另一方面又从根本上阻断了中国发展至资本主义的可能。中国因此而变成一个半殖民地半封建的社会③,在这种历史条件下,中国资产阶级能够承担起领导民主主义革命,进而完成反帝反封建两大基本任务吗? 显然不能。虽然中国的民族资产阶级受帝国主义和封建地主阶级的压迫与排斥,因而具有反帝反封建的革命要求,具有与中国无产阶级及广大劳动者联合形成反帝反封建统一战线的可能,但基于中国半殖民地半封建的社会政治经济形态,在帝国主义和封建地主阶级强大压迫下,他们异常软弱,具有严重的妥协性,不可能领导彻底推翻帝国主义和封建主义的革命。中国的大资产阶级则在根本利益上与人民对立,与帝国主义及封建势力结为联盟,不可能进行反帝反封建的

---

① 《中共中央关于党的百年奋斗重大成就和历史经验的决议》,《人民日报》,2021 年 11 月 17 日,第 1 版。
② 《毛泽东选集》(第二卷),北京:人民出版社 1991 年版,第 663 页。
③ 同上书,第 302 页。

民主主义革命进而建立资本主义制度。那么,资本主义道路走不通,半殖民地半封建社会的中国能否像俄国"十月革命"那样直接走无产阶级革命的社会主义道路?同样不可能。正如毛泽东同志所指出的:"中国现在的革命任务是反帝反封建的任务,这个任务没有完成以前,社会主义是谈不到的,中国革命不可能不做两步走,第一步是新民主主义,第二步才是社会主义。"①新民主主义,其基本性质仍然是资产阶级民主主义的,是为资本主义的发展扫清道路,但已经不是资产阶级领导的以建立资本主义社会和资产阶级专政为目的的旧民主主义革命,而是无产阶级领导的以建立新民主主义社会和各革命阶级联合专政为目的的革命,是为社会主义的发展扫清更广大道路的革命。②

这种新民主主义革命建立起来的新社会具有怎样的经济基础?一是没收大资本,建立具有社会主义性质的新民主主义国有经济,作为国民经济的领导力量;二是在节制资本的前提下,允许资本主义私有制度存在;三是没收封建地主土地分配给农民,建立反封建的小农土地私有制基础上的新民主主义农业制度。后来在 1949 年 9 月召开的中国人民政治协商会议第一届全体会议上制定的《共同纲领》(《临时宪法》)中明确规定了这一基本经济制度。新民主主义革命的胜利和中华人民共和国(以下简称"新中国")的成立,实现了中国从几千年封建专制政治向人民民主的伟大飞跃,也极大地改变了世界政治格局,中国发展从此开启了新纪元。③

社会主义革命和社会主义建设的一系列重要思想构成了毛泽东思想的又一组成部分。"社会主义革命和建设时期,党面临的主要任务是,实现从新民主主义到社会主义的转变,进行社会主义革命,推进社会主义建设,为实现中华民族伟大复兴奠定根本政治前提和制度基础。"④

新民主主义社会制度是具有过渡性的,并且这种过渡方向只能是朝着社会主义制度发展(正因为如此,我们把党的关于中国社会主义制度建立的政治经济学创新作为与新民主主义革命的政治经济学创新的有机联系的整体加以阐

---

① 《毛泽东选集》(第二卷),北京:人民出版社 1991 年版,第 359 页。
② 同上书,第 344 页。
③ 《中共中央关于党的百年奋斗重大成就和历史经验的决议》,《人民日报》,2021 年 11 月 17 日,第 1 版。
④ 同上。

释)。在经过新中国成立之初的三年国民经济恢复之后,即进入了社会主义改造时期。经过三年的所有制改造(1953—1956年"一化三改"),实现了基本经济制度由新民主主义制度向社会主义制度的转变。虽然由于多方面的原因使得我们党对新民主主义社会经济形态的历史长期性的认识有所改变,但在实践中完成社会主义所有制改造也比毛泽东同志原先设定的十五年要快得多,仅用三年时间就基本完成了。总的来看,我国由新民主主义向社会主义经济制度的过渡,顺应历史进步的方向,在所有制改造进程中,也并未因为生产关系的急剧变革而破坏生产力的发展,相反使经济发展取得了前所未有的成就。这其中也蕴含着马克思主义政治经济学在中国社会主义制度建立实践中的重要理论发展。

社会主义经济制度和经济运行机制应当具有怎样的特征?在当时的历史条件下只能遵循苏联的经验。因此,1956年"三大改造"基本完成之后,我国建立起来的社会主义经济制度与苏联经济制度基本上是相同的,即公有制基础上的集中计划经济。相应地,在一定程度上也脱离了中国经济发展的实际。毛泽东同志敏锐地发现了这一问题,早在"三大改造"基本结束的1956年4月,就深刻指出,不能再照搬苏联的一切,应当在马克思主义与新民主主义革命实践的"第一次结合"之后,进行马克思主义与社会主义建设实践的"第二次结合","找出在中国怎样建设社会主义的道路"[①]。进而,我们党在社会主义政治经济学方面进行了艰苦的探索,毛泽东同志的《论十大关系》是这一探索的突出成果。

毛泽东思想是马克思主义中国化的第一次历史性飞跃。[②] 正如习近平同志所概括的,对于中国新民主主义革命而言,毛泽东同志最伟大的贡献在于率领我们党和人民找到了新民主主义革命的正确道路,完成了反帝反封建任务,建立了新中国。对于中国社会主义革命和建设而言,毛泽东同志领导我们党和人民确立了社会主义基本制度,取得了社会主义建设基础性成就,没有这种基础

---

① 中共中央文献研究室编:《毛泽东年谱》(一九四九—一九七六)第二卷,北京:中央文献出版社2013年版,第557页。

② 《中共中央关于党的百年奋斗重大成就和历史经验的决议》,《人民日报》,2021年11月17日,第1版。

性成就,也就不可能有后来的中国特色社会主义事业的开启。① 马克思主义中国化的第一次历史性飞跃,同时也是我们党第一次真正地把马克思主义政治经济学引入中国的革命和发展,进而创造马克思主义指导中国新民主主义革命与社会主义革命和建设的政治经济学的过程。

(二)马克思主义中国化的第二次历史性飞跃——中国特色社会主义理论体系中马克思主义政治经济学的突破

马克思主义中国化新的飞跃,以及马克思主义政治经济学与中国社会主义经济建设实践相结合的根本性突破,是改革开放以来"中国特色社会主义"命题提出之后。"改革开放和社会主义现代化建设新时期,党面临的主要任务是,继续探索中国建设社会主义的正确道路,解放和发展社会生产力,使人民摆脱贫困、尽快富裕起来,为实现中华民族伟大复兴提供充满新的活力的体制保证和快速发展的物质条件。"②正如习近平同志所指出的,改革开放以来"我们党全部理论和实践的主题是坚持和发展中国特色社会主义"③。中国特色社会主义理论体系包括邓小平理论、"三个代表"重要思想、科学发展观。"中国特色社会主义"理论和实践的探索表明我们党把马克思主义与中国社会主义具体建设实践紧密结合起来的理论自觉和自信获得了历史性的提升,"科学回答了建设中国特色社会主义的发展道路、发展阶段、根本任务、发展动力、发展战略、政治保证、祖国统一、外交和国际战略、领导力量和依靠力量等一系列基本问题,形成中国特色社会主义理论体系,实现了马克思主义中国化新的飞跃"④。其中重要的便是马克思主义政治经济学与中国社会主义经济改革和发展实践的创造性结合,从改革开放初期写出马克思主义基本原理与中国社会主义实践相结合的政治经济学初稿,直到逐渐形成马克思主义政治经济学中国化的系统学说,开

---

① 习近平:《在纪念毛泽东同志诞辰120周年座谈会上的讲话》,《人民日报》,2013年12月27日,第2版。
② 《中共中央关于党的百年奋斗重大成就和历史经验的决议》,《人民日报》,2021年11月17日,第1版。
③ 习近平:《在庆祝改革开放40周年大会上的讲话》(2018年12月18日),北京:人民出版社2018年版,第27页。
④ 《中共中央关于党的百年奋斗重大成就和历史经验的决议》,《人民日报》,2021年11月17日,第1版。

创了"中国特色社会主义政治经济学"。

中国特色社会主义政治经济学的开创性发展集中体现在关于中国特色社会主义基本经济制度的理论分析上。经过几十年改革探索,2019年党的十九届四中全会决议,将中国特色社会主义基本经济制度概括为三个方面:一是社会主义社会生产资料所有制,包括所有制结构和实现形式,即以公有制为主体、多种所有制经济共同发展;二是社会主义社会个人收入分配制度,包括由生产方式决定的分配原则和实现方式,即以按劳分配为主体、多种分配方式并存;三是社会主义社会的资源配置及调节机制,包括经济运行机制和调控方式,即社会主义市场经济体制。上述三方面是有着深刻内在联系的有机整体。

正如党的十九届四中全会所指出的,中国特色社会主义基本经济制度"既体现了社会主义制度优越性,又同我国社会主义初级阶段社会生产力发展水平相适应,是党和人民的伟大创造"[①],其中蕴含着深刻的政治经济学理论创新。

就生产资料所有制理论而言,在所有制结构上,打破了传统的"一大二公、纯而又纯"的理论,肯定公有制为主体,同时承认包括非公有制经济在内的多种所有制的共同发展,坚持"两个毫不动摇";在公有制实现形式上,打破国有企业"政企合一"的僵化行政体制,以建立现代企业制度为主线推进国有企业改革,为使国有企业在制度上适应市场竞争,进一步提出并逐渐深化混合所有制改革;改革创新农村集体所有制,以土地承包经营制度为基础,实行农村土地集体所有,家庭承包经营,明确农民集体所有的基本制度,同时保护农户土地承包权的财产权性质,为适应农业农村发展现代化要求,明确提出土地的所有权、承包权、经营权"三权分置"。在所有制改革实践上,既区别于传统僵化体制,又根本不同于"华盛顿共识"所倡导的私有化。在经济理论上,推动了马克思主义政治经济学中国化取得重要突破性发展。

就收入分配制度理论而言,改革开放伊始,党的十一届三中全会针对否定"按劳分配"原则的错误理论,从强调必须坚持按劳分配这一社会主义收入分配的基本原则,到承认以按劳分配原则为主的前提下多种分配方式并存,尤其是

---

① 《中共中央关于坚持和完善中国特色社会主义制度 推进国家治理体系和治理能力现代化若干重大问题的决定》,《人民日报》,2019年11月6日,第1版。

承认按要素贡献进行收入分配(由市场机制确定贡献,按贡献程度进行分配)的必要性和历史合理性;从打破平均主义传统,到允许一部分人(依靠诚实劳动并遵纪守法)先富起来,到强调逐渐实现共同富裕、强调共同富裕是中国特色社会主义的本质和中国式现代化的重要特征;从强调收入分配领域体现效率优先、兼顾公平,到强调效率与公平在发展中的均衡、强调再分配中要更加注重公平;直到提出"共享"并将其作为新发展理念的重要内容;等等。这一探索进程,一方面与关于社会主义社会所有制的认识和改革的进展有深刻联系,因为归根到底,生产决定分配,生产资料所有制决定分配制度;另一方面与关于社会主义市场经济体制的理论和实践的深化有深刻联系,因为收入分配制度的变化与其实现机制的变化是统一的。正是在这种关于中国特色社会主义基本经济制度的整体理论不断深化的过程中,我们党关于中国特色社会主义收入分配的理论取得突破性进展,成为马克思主义政治经济学中国化取得突破性发展的重要体现。

就经济运行机制理论而言,中国特色社会主义政治经济学的重要突破,在于创造性地提出社会主义市场经济命题,并以此作为经济改革必须坚持的方向。在经济思想史上,无论是西方资产阶级正统经济学,还是马克思主义经典作家,都否认社会主义制度与市场经济兼容或统一的可能;在经济发展史上,无论是苏联建立的传统计划经济体制,还是后来传统计划经济体制针对这一体制的改革,都把社会主义制度与市场经济对立起来,直至最终回到以私有化为基础构建市场经济机制的基本立场,即退回到"华盛顿共识"所概括的私有化、自由化、市场化。中国特色社会主义的改革探索,从一开始就明确提出必须打破把社会主义与市场经济根本对立起来的传统,要在社会主义制度基础上逐渐培育市场,并根据市场经济配置资源的一般要求改革和完善社会主义经济制度,把"社会主义"和"市场经济"作为不可分割的统一体。从1992年党的十四大明确提出建设"社会主义市场经济体制"改革目标起,到2019年党的十九届四中全会将中国特色社会主义市场经济作为更加成熟、更加定型的基本经济制度的有机组成部分,突出体现了我们党在马克思主义政治经济学方面对社会主义经济制度特征认识的创造性发展。与之相适应地,在资源配置的调节方式上,打破计划与市场根本对立的传统,在改革和完善计划体制的同时,逐渐引入并强化市场机制作用,从 1982 年党的十二大打破将计划与市场对立的传统,首次提出"计划经济为主,市场调节为辅",到 2013 年党的十八届三中全会明确中国特色社会主义市场经济条件下市场在资源配置中起决定性作用,更好发挥政府作用,形成了马克思主义政治经济学关于社会主义资源配置和调节方式理论上的重要突破。

(三)马克思主义中国化新的飞跃——习近平新时代中国特色社会主义思想中马克思主义政治经济学新境界的开拓①

党的十八大以来,中国特色社会主义进入新时代,以习近平同志为主要代表的中国共产党人,创立了习近平新时代中国特色社会主义思想,这是"当代中国马克思主义、二十一世纪马克思主义,是中华文化和中国精神的时代精华,实现了马克思主义中国化新的飞跃"②。其中包括了中国特色社会主义政治经济学的创造性发展,开拓了马克思主义政治经济学的新境界。

第一,中国特色社会主义经济社会发展进入新时代,面临新问题。"问题是时代的格言。"③"中国特色社会主义进入新时代,党面临的主要任务是,实现第一个百年奋斗目标,开启实现第二个百年奋斗目标新征程,朝着实现中华民族伟大复兴的宏伟目标继续前进。"④进入新时代的社会经济发展,面临新变化、新挑战,同时面临新机遇、新目标;约束经济发展的条件也发生了系统性的变化。这就要求从根本上改变发展方式,否则便难以统筹"两个大局"、在实现"第一个百年奋斗目标"基础上乘势而上实现"第二个百年奋斗目标",即在 2020 年全面建成小康社会基础上,进一步在"十四五"期间实现向高收入阶段的发展,进而在 2035 年基本实现现代化,赶上中等发达国家经济发展水平,直到 2050 年前后,成为社会主义现代化强国,在世界居于领先地位。"发展是人类社会的永恒

---

① 关于本节内容更为详细的论述参见刘伟:《习近平"中国特色社会主义政治经济学"的学说体系和理论逻辑》,《学术月刊》,2021 年第 5 期,第 5—16 页;刘伟:《当代中国马克思主义政治经济学新境界——学习习近平中国特色社会主义政治经济学》,《政治经济学评论》,2021 年第 1 期,第 4—17 页。
② 《中共中央关于党的百年奋斗重大成就和历史经验的决议》,《人民日报》,2021 年 11 月 17 日,第 1 版。
③ 《马克思恩格斯全集》(第一卷),北京:人民出版社 1995 年版,第 203 页。
④ 《中共中央关于党的百年奋斗重大成就和历史经验的决议》,《人民日报》,2021 年 11 月 17 日,第 1 版。

主题",但约束发展的条件和实现发展的内在要求是不断演变的。如何把握历史机遇,适应各方面变化,根本转变发展方式,实现发展目标?这是习近平新时代中国特色社会主义政治经济学回应的主题,也是实践中国特色社会主义基本纲领的核心。"中国特色社会主义基本纲领,概言之,就是建立富强民主文明和谐美丽的社会主义现代化国家。"①习近平新时代中国特色社会主义政治经济学是实践中国特色社会主义基本纲领、实现现代化强国目标的经济学说和科学指南。主题本身的时代性蕴含着思想的创新性。

第二,坚持马克思主义历史价值观,明确中国特色社会主义政治经济学需要坚持的基本原则。政治经济学作为具有鲜明阶级性和历史性的社会科学,需要首先明确基本立场和原则。就历史价值取向所体现的阶级立场而言,习近平新时代中国特色社会主义政治经济学坚持把马克思主义政治经济学的基本立场、方法、原理与中国具体实践深入结合。体现政治经济学阶级属性的最为深刻的理论基石在于其价值理论,任何政治经济学都是以其特有的价值理论作为其全部理论"最后的基石"。马克思主义政治经济学的这一理论基石是劳动价值论。坚持马克思主义政治经济学的基本立场,重要的是坚持马克思主义劳动价值论所体现的唯物主义历史观和无产阶级立场。以此为基础,习近平同志进一步明确了中国特色社会主义政治经济学发展的基本原则:一是坚持以人民为中心的发展思想。发展为了人民,这是马克思主义政治经济学的基本立场和根本追求,是中国特色社会主义经济发展的出发点和落脚点。二是坚持贯彻新发展理念。党的十八届五中全会提出的创新、协调、绿色、开放、共享五大新发展理念,不是凭空而来的,而是基于对我国社会经济发展实践的深刻总结,运用马克思主义经济学原理、方法对新时代中国经济发展规律新认识的集中凝练,是中国特色社会主义政治经济学理论的新发展,对于破解新时代发展难题具有纲领性、引领性、战略性意义。三是坚持和完善中国特色社会主义基本经济制度。这一基本经济制度是我们党领导人民长期实践探索的伟大创造,是马克思主义政治经济学与中国特色社会主义实践结合的理论结晶。四是坚持对外开放基本国策,新时代中国的经济发展是进一步融入经济全球化的发展,中华民族的现代化是国际化意义上的开放的现代化,中国特色社会主义的发展最终是从我

---

① 习近平:《关于坚持和发展中国特色社会主义的几个问题》,《求是》,2019年第7期,第4—12页。

第一章 "中国特色社会主义政治经济学"范畴的讨论——广义政治经济学创造性发展

们民族的历史走向世界的历史。

第三,推进"术语革命",凝练中国特色社会主义政治经济学创新性理论成果。习近平新时代中国特色社会主义政治经济学在术语革命方面进行了积极探索。"一门科学提出的每一种新见解都包含这门科学的术语的革命"①,而术语革命之所以能够发生,原因在于思想上的变革,比如马克思主义政治经济学中的"劳动二重性""劳动力商品""剩余价值"等范畴的提出,是建立在深刻的"政治经济学批判"基础上的。习近平新时代中国特色社会主义政治经济学在总结和升华理论成果的同时,在范畴上对其进行了高度的概括。比如"关于社会主义本质的理论,关于社会主义初级阶段基本经济制度的理论,关于创新、协调、绿色、开放、共享发展的理论,关于发展社会主义市场经济、使市场在资源配置中起决定性作用和更好发挥政府作用的理论,关于我国经济发展进入新常态、深化供给侧结构性改革、推动经济高质量发展的理论,关于推动新型工业化、信息化、城镇化、农业现代化同步发展和区域协调发展的理论,关于农民承包的土地具有所有权、承包权、经营权属性的理论,关于用好国际国内两个市场、两种资源的理论,关于加快形成以国内大循环为主体、国内国际双循环相互促进的新发展格局的理论,关于促进社会公平正义、逐步实现全体人民共同富裕的理论,关于统筹发展和安全的理论,等等"②。这些以新的学术范畴概括的理论成果,鲜明地体现出思想的创新性,构成习近平新时代中国特色社会主义政治经济学理论的"崭新的因素"。

第四,构建学说体系,开拓马克思主义"广义政治经济学"。习近平同志系统概括了中国特色社会主义政治经济学的学说体系和逻辑结构:一是明确习近平新时代中国特色社会主义政治经济学的方法论在于遵循马克思主义辩证唯物主义和历史唯物主义,坚持解放和发展生产力的基本原则和根本标准,在生产力与生产关系、经济基础与上层建筑矛盾运动中,分析中国特色社会主义经济规律,以实现全面建成社会主义现代化强国目标。二是明确习近平新时代中国特色社会主义政治经济学要破解的突出难题是统一社会主义与市场经济,核

---

① 《马克思恩格斯全集》(第四十四卷),北京:人民出版社2001年版,第32页。
② 习近平:《在经济社会领域专家座谈会上的讲话》(2020年8月24日),北京:人民出版社2020年版,第10—11页。

心问题是处理好政府与市场的关系。三是明确习近平新时代中国特色社会主义政治经济学的主要任务是调动各方面的积极性,认识和处理社会经济发展中的各种利益矛盾,科学贯彻社会主义初级阶段市场经济条件下的物质利益原则,尊重各方面物质利益独立性的同时,逐渐推进共同富裕,以最广泛地调动人民的积极性。四是明确习近平新时代中国特色社会主义政治经济学的根本目标在于推动社会经济发展,立足新阶段,贯彻新理念,构建新格局,开启现代化新征程,实现民族伟大复兴的宏伟目标。由此,形成了包括基本方法、突出问题、主要任务、根本目标在内的学说体系。

党的十九届六中全会,"确立习近平同志党中央的核心、全党的核心地位,确立习近平新时代中国特色社会主义思想的指导地位,反映了全党全军全国各族人民共同心愿,对新时代党和国家事业发展、对推进中华民族伟大复兴历史进程具有决定性意义"[①]。习近平新时代中国特色社会主义思想,"就新时代坚持和发展什么样的中国特色社会主义、怎样坚持和发展中国特色社会主义,建设什么样的社会主义现代化强国、怎样建设社会主义现代化强国,建设什么样的长期执政的马克思主义政党、怎样建设长期执政的马克思主义政党等重大时代课题,提出一系列原创性的治国理政新理念新思想新战略"[②]。习近平新时代中国特色社会主义政治经济学作为其中的重要组成部分,开拓了当代中国马克思主义政治经济学的新境界,其科学性和生命力已经并且仍将不断为我国经济社会发展成就所证实,同时,伴随中国特色社会主义事业的伟大实践,必将进一步丰富和发展。

(四) 中国特色社会主义政治经济学思想创新性[③]

中国特色社会主义政治经济学是马克思主义基本原理与改革开放以来中国特色社会主义经济发展实践相结合而形成的理论成果,是反映社会主义经济运动规律的科学理论,是中国特色社会主义理论体系的重要组成部分。习近平

---

① 《中共中央关于党的百年奋斗重大成就和历史经验的决议》,《人民日报》,2021年11月17日,第1版。

② 同上。

③ 本部分内容见刘伟、邱海平:《中国特色社会主义政治经济学》,《经济研究》,2022年第1期,第22—28页。

第一章 "中国特色社会主义政治经济学"范畴的讨论——广义政治经济学创造性发展

新时代中国特色社会主义经济思想是新时代中国特色社会主义政治经济学,是当代中国马克思主义政治经济学、21世纪马克思主义政治经济学,是指导新时代中国特色社会主义经济建设与经济发展实践的理论基础和根本遵循。

马克思和恩格斯是科学社会主义的创始人,也是社会主义政治经济学的奠基者。他们依据对于资本主义生产方式的内在矛盾和社会经济运动规律的理论分析,提出了社会主义最终将取代资本主义的基本结论,并在此基础上,对于未来社会主义和共产主义社会的基本经济特征进行了理论描述,这些基本经济特征主要有:消灭了生产资料私有制,全部生产资料归社会所有成员共同占有和支配;消灭了旧的社会分工和商品生产,在生产资料共同占有的基础上实行全社会的计划生产;在共产主义第一阶段即社会主义社会,劳动仍然是人们的谋生手段,个人消费品实行按劳分配;在共产主义第二阶段即共产主义社会,生产力高度发达,劳动不再是人们的谋生手段,而是第一生活需要,个人消费品实行按需分配,每个人都将得到自由全面发展;阶级、阶级压迫和阶级统治,政治意义上的国家、城乡差别、工农差别、脑力劳动与体力劳动之间的差别等都已消亡,对人的统治将由对物的管理和对生产过程的领导所代替;各国人民之间的民族分隔和对立日益消失,全人类成为真正的共同体;等等。马克思和恩格斯的这些理论描述和预测,指明了人类社会的发展方向,开创了社会主义政治经济学的思想进程,为社会主义革命和建设提供了重要的理论指导。但是,这些理论并不是源于现实社会主义和共产主义实践经验的总结,而是更多具有理论预测的性质,因此需要在实践中不断得到检验、丰富和发展。

1917年十月革命取得胜利,建立了世界上第一个社会主义国家——苏维埃俄国,开启了探索社会主义发展道路的实践进程和创建社会主义政治经济学的理论进程。1922年,苏联正式成立。在这一过程中,列宁先后提出了战时共产主义政策和新经济政策,并从理论上对社会主义经济建设规律进行了初步探索。列宁之后,为了快速实现国家工业化,在斯大林领导下,苏联迅速建立了以国有制和集体农庄制为基础的生产资料公有制度,并实行高度集中的计划经济体制。为了总结苏联社会主义经济建设经验,并且给包括中国在内的其他社会主义国家提供理论指导,在斯大林亲自领导下,苏共中央决定组织编写《政治经济学(教科书)》。为了指导教科书的编写并批评一些人的错误观点,1952年斯大林撰写出版了《苏联社会主义经济问题》一书,对社会主义政治经济学的许多重大理论问题进行了探讨。1955年苏联《政治经济学教科书》的正式出版，标志着社会主义政治经济学的理论建设进入以实践为基础的新的发展阶段。苏联版的社会主义政治经济学，一方面坚持和发展了科学社会主义基本原理，另一方面又存在严重的教条主义倾向和各种理论缺陷。

中国特色社会主义政治经济学一方面是马克思主义政治经济学在中国的继承和发展，另一方面是不同于以苏联《政治经济学教科书》为代表的传统社会主义政治经济学的一种全新的社会主义政治经济学。中国特色社会主义政治经济学，一方面坚持了马克思主义政治经济学的以人民为中心的根本立场和价值观、辩证唯物主义和历史唯物主义的世界观和方法论、科学社会主义基本原则；另一方面在关于社会主义发展阶段、社会主义本质、社会主义经济改革、社会主义生产资料所有制、社会主义分配制度和分配方式、社会主义与市场经济的关系、社会主义经济发展方式、宏观经济管理与调控、对外开放与国际合作等各个方面丰富和发展了马克思主义政治经济学理论。中国特色社会主义政治经济学既吸收了传统社会主义政治经济学的科学成分，同时又实现了重大的理论创新，最集中体现在，在认识上突破了试图完全将马克思主义关于社会主义经济的理论设想直接照搬到社会主义实践中的教条主义思维定式，更加注重从社会主义经济建设实践面临的客观条件和实际问题出发来认识什么是社会主义、社会主义的本质是什么、如何建设社会主义等根本问题，由此实现了一系列理论上的创新和发展，形成了一种全新的社会主义政治经济学理论体系，成功开创了中国特色社会主义经济发展道路并取得历史性伟大成就。

中国特色社会主义政治经济学是在中国共产党立足解决新的时代问题的探索过程中形成并不断创新发展的。1949年新中国的成立，标志着中华民族和中国人民从此"站起来"了。1956年社会主义经济制度建立之后，以毛泽东同志为核心的中国共产党要解决的时代问题是如何迅速实现现代化、巩固社会主义制度。经过几十年建设，国家工业化和现代化建设取得重大成就，人民生活卫生健康教育状况得到很大改善，但也遭受了"大跃进""人民公社化""文化大革命"等严重挫折。1978年以后，以邓小平同志为核心的中国共产党中央领导集体要解决的时代问题是如何使中国人民"富起来"，进而开启了"建设有中国特色的社会主义"的实践探索，在这一探索进程中形成了中国特色社会主义理论。其中关于政治经济学的思想具有极为重要的地位，从"政治经济学的初稿"

第一章 "中国特色社会主义政治经济学"范畴的讨论——广义政治经济学创造性发展

到中国特色社会主义政治经济学的逐步形成,实现了政治经济学理论的重大突破,指引中国特色社会主义经济建设取得历史性伟大成就,国家综合实力显著提升,人民生活达到小康水平。党的十八大以来,以习近平同志为核心的党中央要解决的时代问题则是如何在"站起来""富起来"的基础上进一步实现"强起来",在探索解决这个新的时代问题的实践过程中,形成了以新发展理念为主要内容的习近平新时代中国特色社会主义经济思想,创造性地发展了中国特色社会主义政治经济学,引领中国特色社会主义进入一个新时代,推动我国经济进入高质量发展新阶段,夺取全面建成小康社会伟大胜利。在全面开启建设社会主义现代化国家新征程中,中国特色社会主义政治经济学必将得到新的丰富和发展。

政治经济学是一门历史的科学。在不同的社会历史条件下,由于经济学家秉持的世界观、方法论和阶级立场不同,从而使政治经济学或经济学的研究对象呈现出历史的变化,因此,政治经济学的研究对象和方法是一个统一体。中国特色社会主义政治经济学的研究对象和方法同样是一个统一体,必须把对于其研究对象的理解与其所运用的方法论有机地统一起来。

中国特色社会主义政治经济学坚持运用马克思主义的唯物辩证法和历史唯物主义的世界观和方法论,注重从事物的普遍联系和矛盾运动出发理解社会经济发展过程,特别强调物质生产力及其发展在整个社会及其发展中的终极决定性地位和作用,注重从生产力与生产关系、经济基础与上层建筑的对立统一关系出发认识和揭示社会经济发展规律。只有从这一根本的世界观和方法论出发,才能更好地理解中国特色社会主义政治经济学的研究对象。

一般来说,马克思主义政治经济学的研究对象是一定社会的生产方式以及与之适应的生产关系体系(即生产关系、分配关系、交换关系、消费关系的有机统一)。作为马克思主义政治经济学的一部分,中国特色社会主义政治经济学的研究对象就是社会主义生产方式以及与之相适合的生产关系体系。作为马克思主义政治经济学研究对象的生产方式,包含社会生产力。同时,由于中国特色社会主义是处在改革和发展中的社会主义,并且是初级阶段的社会主义,一方面,发展生产力是其根本任务;另一方面,党对经济工作的集中统一领导是其本质特征和最大优势。因此,中国特色社会主义政治经济学更加注重研究生产力的发展问题,更加注重研究经济制度和经济体制改革问题,更加注重研究经济与政治的辩证关系以及宏观经济管理和调控问题。由此可见,相比一般意义上的政治经济学和传统社会主义政治经济学而言,中国特色社会主义政治经济学在研究对象上有新的拓展。

政治经济学的研究目的是揭示一定社会的经济运动规律。同时,政治经济学的研究又是以一定国家的经济形态和状况作为典型的。马克思在《资本论》第一卷序言中指出:"我要在本书研究的,是资本主义生产方式以及和它相适应的生产关系和交换关系。到现在为止,这种生产方式的典型地点是英国。因此,我在理论阐述上主要用英国作为例证。"①"本书的最终目的就是揭示现代社会的经济运动规律。"②恩格斯在《资本论》英文版序言中指出,马克思的"全部理论是他毕生研究英国的经济史和经济状况的结果"③。这就是说,马克思对于资本主义生产方式的研究是以英国资本主义经济作为典型的,研究的目的是从理论上揭示资本主义社会经济运动的一般规律。

中国特色社会主义政治经济学同样遵从了认识事物从特殊性上升到普遍性的一般逻辑,它的研究对象不是抽象意义上的社会主义生产方式以及与之相适应的生产关系体系,而是作为社会主义特殊形态的中国特色社会主义生产方式以及与之相适应的生产关系体系,同时在理论上仍然以揭示社会主义经济发展一般规律作为自己的最终目的。然而,由于中国特色社会主义产生和发展的时间还不长,究竟哪些规律是社会主义经济的一般发展规律,哪些规律又是中国特色社会主义经济的特殊发展规律,仍然是一个需要在中国特色社会主义实践发展过程中不断深入研究和深化认识的重要理论问题,只有正确认识这两类不同性质的规律及其相互关系,才能避免将一般与特殊相等同或者相混淆的错误。

马克思创立马克思主义理论、研究政治经济学和写作《资本论》的根本目的,是揭示人类社会特别是资本主义社会的经济运动规律,从而论证无产阶级革命的必然性并为工人革命提供理论基础。因此,马克思主义政治经济学具有鲜明的批判性和革命性。中国特色社会主义经济建设实践是以新民主主义革

---

① 《马克思恩格斯文集》(第五卷),北京:人民出版社2009年版,第8页。
② 同上书,第10页。
③ 同上书,第35页。

第一章 "中国特色社会主义政治经济学"范畴的讨论——广义政治经济学创造性发展

命和社会主义革命的胜利以及社会主义政治经济制度的建立为前提的,因此,中国特色社会主义政治经济学的根本任务是为坚持和发展中国特色社会主义提供理论支撑和政策服务。一方面,中国特色社会主义政治经济学需要从科学的角度,论证中国特色社会主义经济制度和发展道路的历史必然性与合规律性,从而说明它的合理性,为坚持和发展中国特色社会主义提供科学的理论基础和思想指导;另一方面,中国特色社会主义政治经济学还需要分析中国特色社会主义经济运行和发展中存在的矛盾与问题,进而提出中国特色社会主义改革和发展的建设性政策主张。因此,中国特色社会主义政治经济学在理论任务上体现着科学性、现实性与建设性的有机统一。

在改革开放四十多年以来的中国特色社会主义经济发展实践中,我们党在发展理念、所有制、分配体制、政府职能、市场机制、宏观调控、产业结构、企业治理结构等重大问题上提出了许多重要论断,形成了关于社会主义本质的理论,关于社会主义初级阶段基本经济制度的理论,关于创新、协调、绿色、开放、共享发展的理论,关于发展社会主义市场经济、使市场在资源配置中起决定性作用和更好发挥政府作用的理论,关于我国经济发展进入新常态、深化供给侧结构性改革、推动经济高质量发展的理论,关于推动新型工业化、信息化、城镇化、农业现代化同步发展和区域协调发展的理论,关于农民承包的土地具有所有权、承包权、经营权属性的理论,关于用好国际国内两个市场、两种资源的理论,关于加快形成以国内大循环为主体、国内国际双循环相互促进的新发展格局的理论,关于促进社会公平正义、逐步实现全体人民共同富裕的理论,关于统筹发展和安全的理论等一系列基本理论。[①] 这些理论涵盖了中国特色社会主义经济的生产、分配、交换、消费等主要环节以及生产资料所有制、分配制度与分配方式、经济体制、宏观经济管理与调控、经济发展、对外开放等各个层次各个方面的主要内容,中国特色社会主义政治经济学已经初步形成为由这些基本理论所构成的一个相对完整的理论体系。

同时应该看到,20世纪50年代以来,在构建社会主义政治经济学和中国特色社会主义政治经济学的学术话语体系过程中,学术界在起点范畴、理论基石

---

① 习近平:《在经济社会领域专家座谈会上的讲话》,《人民日报》,2020年8月25日,第2版。

和理论主线等基本问题上还没有形成统一的认识，还存在各种不同的看法和主张。因此，如何从学理化、规范化的角度把中国特色社会主义政治经济学构建成为由一整套相互联系的概念、范畴和原理所组成的逻辑严谨的"系统化的经济学说"，仍然是需要不断深入探索的重要课题，也是中国经济学界面临的重大历史责任和努力方向。在这个探索过程中需要坚持的基本原则是，要以马克思主义政治经济学为指导，总结和提炼我国改革开放和社会主义现代化建设的伟大实践经验，同时借鉴西方经济学的有益成分。

"中国特色社会主义政治经济学"这个范畴的提出，标志着我们党对于社会主义政治经济学在理论认识上的重要飞跃，也标志着我们党对于中国特色社会主义经济制度与经济发展道路的高度自觉和自信。中国特色社会主义政治经济学是对中国特色社会主义经济建设和发展实践经验的科学理论总结，中国特色社会主义政治经济学理论体系的形成和丰富发展，标志着我们党对于中国特色社会主义经济建设和发展规律的认识达到了高度的理论自觉，并且不断得以深化。中国特色社会主义政治经济学系统揭示了落后条件下走社会主义经济发展道路实现现代化的客观规律，不仅是马克思主义政治经济学与社会主义政治经济学的重大创新和发展，而且实现了对于西方主流经济学和发展经济学的成功超越，是政治经济学或经济学的一个新范式。中国特色社会主义政治经济学是构建具有中国特色、中国风格、中国气派的经济学学科体系、学术体系、话语体系的理论基础。中国特色社会主义政治经济学不仅是指导中国特色社会主义经济建设实践的科学理论，而且对于世界上那些既希望加快发展又希望保持自身独立性的国家和民族、对于人类问题的解决也具有重要借鉴意义和参考价值。

改革开放以来，中国特色社会主义经济建设和经济发展取得了伟大的历史性成就。实践已经充分证明，只有中国特色社会主义才能发展中国，只有坚持和发展中国特色社会主义，才能最终实现中华民族的伟大复兴；实践同样充分证明，只有坚持以中国特色社会主义理论为指导，中国才能继续沿着中国特色社会主义这一正确道路健康发展，才能避免走封闭僵化的老路或者改旗易帜的邪路。中国特色社会主义政治经济学是中国特色社会主义理论体系的重要组成部分，是中国特色社会主义经济建设和经济发展实践的科学理论基础与指导思想,只有坚持以中国特色社会主义政治经济学特别是习近平新时代中国特色社会主义经济思想为指导,才能坚定中国特色社会主义经济制度自信和经济发展道路自信,才能推动新时代的改革开放事业始终沿着正确的方向发展。同时,在统筹世界百年未有之大变局和中华民族伟大复兴战略全局新的实践过程中,在全面建设社会主义现代化国家的新征程中,中国特色社会主义政治经济学也必将得到新的丰富和发展。

第二节 中国特色社会主义政治经济学方法特殊性①

(一)中国特色社会主义政治经济学作为社会科学的自然性和人文性

政治经济学是全部经济学理论的基础。在经济思想史上,经济学作为现代科学中的一部分,一开始就是指政治经济学。政治经济学作为社会科学中的重要学科,具有突出的理性科学和意志科学的双重性质,其自然性与人文性深刻交织,从而显著区别于自然科学,或者说,在这种"双重性质"和自然性与人文性交织上较自然科学更为突出。认识和把握这一性质是我们构建中国特色社会主义政治经济学学科体系必须重视的。政治经济学是社会科学,现代科学包括自然科学和社会科学,二者都具有两方面的基本科学功能和追求,一是认识世界,即提供认识和理解世界的方法,以发现世界的本质和运动规律,回应"质疑";二是改造世界,即创造影响和变革世界的方式,以推动世界按其规律实现发展,呈现"文明"。科学的这两方面基本功能和追求有所区别,但又有着深刻的联系。与自然科学的不同在于,社会科学不是以"自然"而是以"社会"为研究对象,由此也就决定了其与自然科学的种种不同。政治经济学以人类社会生产方式及其运动作为考察对象,进而揭示人类社会生产方式演进的历史规律和趋势(广义的政治经济学)。特别是马克思主义政治经济学,在马克思主义理论体系中具有枢纽性地位,运用马克思主义辩证唯物史观,深刻剖析资本主义生产方式的产生、发展及灭亡规律(狭义的政治经济学)②,为科学社会主义学说

---

① 本节内容参见刘伟:《关于政治经济学的性质和特点的再讨论》,《政治经济学评论》,2022年9月,第13卷第5期,第3—21页。

② 《马克思恩格斯选集》(第二卷),北京:人民出版社2012年版,第28页。

奠定了深刻的科学基础和逻辑根据。相应地,政治经济学的研究方法不同于一般自然科学,正如马克思所指出的"分析经济形式,既不能用显微镜,也不能用化学试剂,二者都必须用抽象力来代替"①。

政治经济学作为社会科学提供了认识和阐释社会生产方式的世界观、方法论,同时揭示了变革社会生产方式的道路,进而成为推动社会生产方式发展的重要力量。但与自然科学相比,人们往往质疑社会科学科学性的客观性,重要的原因,便在于政治经济学作为社会科学的科学性与人文性的对立统一。事实上,就科学哲学意义而言,自然科学也包含理性主义与人文主义的矛盾纠结,现代科学的源头可以追溯到希腊科学的复兴,希腊科学的理性主义哲学原则强调科学的"自然"属性,自然世界有其自身的本原、性质、特征和规律,这些都是客观的不以人的意志为转移的独立存在。科学的功能和意义在于"发现",即揭示世界本身的真实存在并理解其运动逻辑,科学的发现过程并不存在人类对世界自然性质和内在逻辑的能动的创造(或改造)的可能,科学的要义在于"发现",即反映、认识和理解客观世界。现代科学中与理性主义相对应的另一种哲学原则是经验主义,其源头甚至可以追溯到基督教对上帝的绝对自由意志的强调,通过强调"意志自由",进而强调人类可以凭借自身的意志实现人的价值。类似于上帝万能的意志,科学是可以凭借人自身的意志去能动地认识世界,同时可以积极地改造世界的过程。现代科学在西方的产生过程在科学哲学意义上是"理性自由"与"意志自由"的矛盾运动过程,是理性科学与意志科学双重特征的矛盾统一。② 在中国的传统文化中,也有所谓"人文"与"天文"的区分。《周易》所谓"刚柔交错,天文也。文明以止,人文也。观乎天文,以察时变;观乎人文,以化成天下"。观天可以知道自然界的变化,观人可以以文化人,即"人文"。这种自然理性与意志自由的矛盾纠结在社会科学中远比自然科学中深刻,在政治经济学中体现得尤其典型。自然科学哲学上的这种矛盾纠结,产生的问题是人类能主动积极地认识世界并改造世界,还是只能被动客观地发现并认识世界。这种科学哲学态度上的分歧虽然可以影响科学的发展状态,但并不真正涉

---

① 《马克思恩格斯文集》(第五卷),北京:人民出版社2009年版,第8页。
② 吴国盛:《现代科学之统一整合的历史回顾》,《大学与学科》,2021年第4期,第34—43页。

第一章 "中国特色社会主义政治经济学"范畴的讨论——广义政治经济学创造性发展

及科学本身的内涵。社会科学则不然。以政治经济学来说,一方面,政治经济学要认识社会生产方式并推动生产方式变革,首先需要明确一定的世界观,明确对社会历史运动的价值观,并且这种世界观、价值观的确立从根本上规定着政治经济学的基本理论观点和政策倾向,规定着其知识体系、学术体系、话语体系等特征。事实上,经济学自产生以来,从英国古典经济学到当代西方主流经济理论,经济哲学上的经济自由主义与理性干预主义的争论从未停止过。整个西方资产阶级经济学便是在这种经济哲学的不断争辩与整合中演变的①,而马克思主义政治经济学作为对英国古典经济学的批判,之所以根本区别于资产阶级政治经济学,首先在于其辩证历史唯物主义历史观和世界观在政治经济学批判中的运用②。另一方面,政治经济学所研究的社会生产,所展开的历史分析,是人类的活动。"社会"是人构成的,因此,人的精神、价值、观念、文化等必然深刻影响并规定社会生产方式的特征;同时,人不是孤立而是"类"的存在,具有社会性,因此,人的精神追求、价值选择等只有通过社会运动才能实现。历史发展及社会运动规律本质上是人类社会性的体现。政治经济学考察的是人类社会的经济选择问题,人类不同于其他动物,人是有意志的、能动的、自由的,因而可以主动"选择",政治经济学研究的是这种"选择"的以阶级关系为背景的社会经济利益关系上的成本和收益间的对比关系。既然是关于"选择"的学问,便存在选择中的"价值"命题,即"选择"的价值判断和价值标准问题,有价值命题便产生了进一步的道德秩序和法治精神。政治经济学自产生以来,从古典经济学到当代西方资产阶级主流经济理论,包括马克思主义政治经济学,之所以强调以价值论作为基础,包括古典经济学的劳动价值论及庸俗经济学的效用价值论和当代西方经济学的均衡价格论,也包括马克思主义的劳动价值论,之所以能够成为其经济学说的"基石",根本原因在于不同的经济学说都要回答"什么是

---

① 从英国古典经济学的经济自由主义传统的形成,到19世纪中叶德国历史学派和稍后的美国制度学派对传统经济自由主义的怀疑,又到19世纪末马歇尔新古典经济学对经济自由主义的新阐释,再到20世纪初"市场失灵"大危机后凯恩斯革命提出国家理性干预主义,直到20世纪中后期"国家失灵"对凯恩斯主义的质疑及经济自由主义的重振,以及与之相适应的货币主义、合理预期学派、新古典综合派、后凯恩斯主义等学说的活跃,都在根本上体现了西方经济学说发展过程中的经济哲学分歧。

② 哲学世界观、历史价值观对社会科学影响的深刻性和内在性使我们往往将社会科学称为"哲学社会科学"。

社会生产方式的历史正义性和必然性"这个问题。资产阶级经济学的种种价值学说要论证资本主义生产方式的历史正当性、合理性和必然性,因而产生了资产阶级古典经济学的劳动价值论及后来的效用价值论及均衡价格论;马克思主义政治经济学要论证资本主义生产方式的不合理性及被共产主义社会(社会主义社会)新的生产方式取代的历史必然性,进而产生了马克思主义对古典经济学批判基础上的劳动价值论,并为其科学的剩余价值论奠定了基础,深刻揭示了资本主义生产方式的历史扭曲和内在矛盾。[①] 政治经济学意义上的价值理论是对不同生产方式历史正义性的最为深刻的论证,而这种社会生产方式的历史正义性、合理性的论证本身是以人类对社会生产方式进行历史选择的哲学意义上的价值标准为前提的,进而对人类的社会道德秩序和法治精神等提出了深刻的要求。政治经济学这种对人的世界观和价值观的深刻要求,使之具有浓厚的"人文主义"色彩。因而,包括政治经济学在内的社会科学,往往又被称为"人文社会科学"。[②] 正是这种远远高于自然科学的人文主义气质以及这种气质所体现出的对人的主观能动性的强调,使人们从理性科学的自然性出发往往会怀疑政治经济学等社会科学的科学性,怀疑其作为科学"发现"世界(社会)本质和规律的客观真实性,怀疑其作为历史的科学揭示历史发展内在逻辑的必然规定性。

应当看到,探索政治经济学,特别是构建和发展中国特色社会主义政治经济学,必须处理好政治经济学作为社会科学的自然性和人文性双重特性之间的矛盾。马克思主义政治经济学是处理这一问题的典范,既强调政治经济学认识世界的客观性,又承认其改造世界的创造性;既强调政治经济学发现经济规律的必然性,又承认其中人的主观能动性;既强调政治经济学的科学性,又承认其作为社会科学的人文性。正如习近平同志在哲学社会科学工作座谈会上的讲话所指出的:"哲学社会科学是人们认识世界、改造世界的重要工具,是推动历史发展和社会进步的重要力量,其发展水平反映了一个民族的思维能力、精神

[①] 刘伟:《中国特色社会主义政治经济学必须坚持马克思劳动价值论》,《管理世界》,2017年第3期,第1—8页。

[②] 法语:sciences sociales(社会科学),sciences humaines(人文科学);英语:social sciences(社会科学),the humanities(人文科学)。

品格、文明素质,体现了一个国家的综合国力和国际竞争力。一个国家的发展水平,既取决于自然科学发展水平,也取决于哲学社会科学发展水平。"①

(二)中国特色社会主义政治经济学作为社会科学的科学性与阶级性

政治经济学作为关于人类社会生产方式的性质及其演变规律的历史科学,其阶级立场与科学分析和逻辑运演如何统一?政治经济学具有阶级性,其所论证的两方面基本问题都是以一定的阶级立场为前提和归宿的。一是为什么要选择特定的社会生产方式,二是怎样运用特定的社会生产方式。历史之所以选择特定的社会生产方式,或者说一定的社会生产方式的产生、发展和灭亡,不同社会生产方式之间的历史替代演进,本质上是相应的阶级所代表的社会生产关系的运动,是出于一定阶级利益的根本要求,是不同阶级利益和力量抗衡冲突的过程。人们之所以要不断完善特定的社会生产方式,或者说追求运用一定的生产方式实现资源配置效率的最大化,根本上是为满足相应的阶级利益最大化的要求。选择生产方式是出于相应阶级利益的需要,运用生产方式是为实现相应阶级利益最大化,因而政治经济学具有鲜明的阶级性。但是政治经济学作为科学,其基本功能在于从特定的科学问题出发,以一定的范式和方法展开逻辑分析,以求得对问题的证实或证伪,通过理性的(逻辑的)、经验的(实验的)方法,或者理性主义与经验主义相互结合的方法,发现世界的自然本质及问题背后的运动规律。但如何把基于阶级性的历史价值指向标准和尺度与基于科学功能的逻辑和结构解析能力统一起来,即如何把政治经济学的阶级性与科学性统一起来,是政治经济学面临的重要问题,也是其不同于一般自然科学的重要特点。政治经济学的阶级性与科学性之间的矛盾统一性体现在多个方面:首先,一定阶级所要求和代表的社会生产方式在历史发展过程中,存在历史进步性和局限性。论证这种进步性进而阐释一定阶级所要求的社会生产方式存在的历史必然性,需要反映这一阶级利益和价值观的政治经济学作出深刻的具有说服力的理论证明。这种阶级性需要科学性,政治经济学的科学性首先是服从其阶级性的历史要求,并不是绝对无条件的科学性。同时,一定阶级的历史局

---

① 习近平:《在哲学社会科学工作座谈会上的讲话》(2016年5月17日),北京:人民出版社2016年版,第2页。

限性又会规定其政治经济学的局限性,政治经济学说到底是服从一定阶级利益需要的,因此基于一定阶级利益的历史局限必然会反映到这一阶级的政治经济学当中来。所以,政治经济学的科学性又是受阶级性规定的,并不是孤立的纯粹的科学性。其次,不同阶级在社会生产方式的历史进步性、公正性等价值判断标准和尺度上会存在根本性分歧,特别是根本对立的阶级相互之间对于社会生产方式的变革具有根本对立的历史观。这就使得基于不同阶级立场和历史观的不同阶级的政治经济学产生系统性的对立和差异,从而使其科学性和科学能力难以用统一的标准与尺度去衡量;也正因为如此,政治经济学很难像一般自然科学那样,聚焦共同的科学问题并形成统一的分析范式,或者说基于不同阶级利益,反映不同社会生产方式历史进步性和必然性的不同阶级的政治经济学之间,对于问题的科学性和解释问题范式的统一性在根本上存在分歧,从而使之具有极大的不确定性,这是作为社会科学的政治经济学与自然科学的重要区别。因为不同阶级对于不同社会生产方式的内在矛盾及其问题产生的根源具有根本不同的认识,进而对阐释问题分析矛盾的方法和范式也就根本不同。最后,虽然政治经济学本质上是历史的科学,但一方面,社会生产方式运动历史不能重复,因此政治经济学不能像自然科学那样通过实验室反复试验;另一方面,社会生产方式发展演变的历史记载是经过前人的整理选择而积累下来的,因而作为社会科学的政治经济学对于社会生产方式历史运动的研究不仅不具有自然科学的实验性和可重复性,而且所运用和依据的历史数据及事实,是经前人主观筛选过的,而这种主观筛选源自人的选择。如果说对自然世界运动历史的记载和整理水平及价值标准更多地取决于记载者的发现能力和科学素质,那么对于社会生产方式矛盾运动历史的记载和思想积累,则不仅取决于人们的学术能力,更主要的是取决于人们的选择价值标准,而这种选择的价值标准在根本上首先取决于其阶级立场规定的历史观,这种政治经济学的历史性使得人们往往对政治经济学研究依据的客观真实性产生质疑,这种质疑同时也为历史虚无主义的社会生产方式发展史的解释留下了可能。

因此,正确处理政治经济学的阶级性与科学性的相互关系问题是极为重要,同时又极其复杂的命题。特别是在中国特色社会主义政治经济学的探索中,既不能简单地把阶级性与科学性割裂开来,更不能将两者对立起来。我们需要坚持提升政治经济学的科学性,以准确发现并运用客观经济规律,进而科学地认识中国特色社会主义生产方式运动和推动中国式现代化伟大实践,同时,必须明确中国共产党领导的中国特色社会主义事业的阶级性、人民性。正如习近平同志所强调的:"为什么人的问题是哲学社会科学研究的根本性、原则性问题。""我国哲学社会科学要有所作为,就必须坚持以人民为中心的研究导向。脱离了人民,哲学社会科学就不会有吸引力、感染力、影响力、生命力。"①马克思主义政治经济学是阶级性和科学性的有机统一,马克思的《资本论》站在无产阶级的立场上,对资本主义生产方式产生、发展、灭亡的历史规律和发展趋势作出了科学的阐释,为人类社会朝着社会主义社会、共产主义社会发展指明了方向。习近平同志指出:"马克思主义坚持实现人民解放,维护人民利益的立场,以实现人的自由而全面的发展和全人类解放为己任,反映了人类对理想社会的美好憧憬;马克思主义揭示了事物的本质、内在联系及发展规律,是'伟大的认识工具',是人们观察世界、分析问题的有力思想武器;马克思主义具有鲜明的实践品格,不仅致力于科学'解释世界',而且致力于积极'改变世界'。"②中国特色社会主义政治经济学要统一科学性和阶级性,需要以马克思主义作为指导。

(三)中国特色社会主义政治经济学作为社会科学的继承性与批判性

政治经济学作为研究社会生产方式历史发展的科学,在传统与现代的内在历史联系和思想史的演进上有其特殊性。事实上,社会科学与自然科学相比较,重要的特点之一便在于对传统的继承性(批判性继承)与对现代的批判性(继承性批判)之间如何衔接。

对自然科学发展来说,已有的科学认识和对未来的科学发现之间是自然的积累和延续的过程。虽然自然科学具有"质疑"精神,进而存在科学革命,但科学革命一方面是在已有的科学发现基础上的继续发展和推进,是运用已有的科学发现的成果;另一方面,科学革命变革的首先是已有的科学前提和范式,并不根本否定在既定假设条件和范式下的认识,是在对科学问题形成的前提条件及分析范式提出质疑和改变的基础上,形成新的科学问题和科学领域并产生新的

---

① 习近平:《在哲学社会科学工作座谈会上的讲话》(2016年5月17日),北京:人民出版社2016年版,第12—13页。

② 同上书,第8—9页。

科学发现。这一进程是一种不断分化与统一的科学整合过程。① 但作为社会科学的政治经济学则不然,不同阶级利益体现的政治经济学之间并不体现为一种总体上整合的过程,相反往往会产生传统与现代的根本对立和系统性批判。根本原因在于,政治经济学回答的问题具有时代性和历史性,服务的对象具有阶级性和利益的对立性,伴随社会历史条件的演变和阶级矛盾的时代运动,伴随占统治地位的阶级演替和社会结构的变化,政治经济学中不同阶级的学说占据主流地位的状况会发生改变,其价值取向、理论体系和政策倾向等也都必然发生历史性变化,而这些变化又是在阶级矛盾对立冲突运动中实现的,因此历史进程中的政治经济学思想史往往形成"传统"与"现代"的根本冲突。其实一切社会科学的每一次历史进步和发展,几乎都伴随着传统与现代的对立和现代对传统的批判。这种历史性的争辩并非由于时间性的自然推进而形成的认识上的差异,而是历史演变中阶级矛盾关系运动在理论上的表现。比如,欧洲近代以来的社会科学思想变革和发展,在很大程度上不是直接继承中世纪的传统文化,恰恰相反,是建立在对中世纪传统文化深刻批判的基础上,包括15世纪意大利的文艺复兴、16世纪的新教改革、17世纪的科学革命、18世纪的启蒙运动以及后来的浪漫主义运动等。在资产阶级革命当中出现的大批资产阶级思想家,其学说和理论都是新兴资产阶级政治诉求的思想和观点的系统反映,包括德国的古典哲学、英国的古典经济学和法国的空想社会主义等,都是资产阶级革命和资本主义生产方式的意识形态准备和思想理论动员,是在对中世纪封建社会的系统怀疑和根本否定中产生的。② 而马克思主义的理论则代表着无产阶级的利益和人类社会发展的根本方向,是在对资本主义社会及与之相适应的资产阶级意识形态和全部理论的全面批判基础上创立的,包括马克思主义哲学、政治经济学和科学社会主义等,反映的都是无产阶级的世界观,是指导无产阶

---

① "现代科学是在分化与统一的双重变奏中发展的。现代科学诞生的大背景是中世纪后期希腊文明与基督教文明的融合。文艺复兴时期数学传统与工匠传统的结合,为新物理学开辟了道路。19世纪,注重探索性实验的培根科学被整合到牛顿力学的数学体系之中,完成了物理科学的大统一。今天我们拥有的仍然是一个分裂的世界观,时间性世界观与非时间性世界观仍然有待整合。"引自吴国盛:《现代科学之统一整合的历史回顾》,《大学与学科》,2021年第4期,第34—43页。

② 习近平:《在哲学社会科学工作座谈会上的讲话》(2016年5月17日),北京:人民出版社,2016年版,第4页。

第一章 "中国特色社会主义政治经济学"范畴的讨论——广义政治经济学创造性发展

级革命推翻资产阶级统治,并以崭新的社会制度取代资本主义制度的科学理论。又比如,进入近现代以来,中国传统文化作为中国封建制度的文化反映与现代文明在根本上是不一致的,所以便产生了中体西用之争、全盘西化思潮、新文化运动、"五四"运动等文化批判和反思现象,其中最重要、产生了最为深刻影响的,便是马克思主义进入中国。政治经济学所考察的是社会生产方式的运动,是关于社会生产方式的理论。人类历史上不同社会生产方式的演进,本质上是不同阶级代表的社会生产关系的更迭。因而不同阶级的政治经济学的差异,源自不同阶级所要求的社会生产方式的历史对立,源于不同阶级利益的根本分歧。社会生产关系变革和生产方式演进的革命性,使反映不同社会生产方式的政治经济学具有系统性区别,使政治经济学的发展进程具有深刻的历史批判性,马克思的代表作《资本论》的副标题即为"政治经济学批判",即对以往资产阶级政治经济学传统的全面反思和系统批判。

当然,我们并不是说要割断思想发展的历史,不是要否定包括政治经济学在内的社会科学发展进程中的继承性。马克思主义的三大组成部分,即马克思主义哲学、政治经济学、科学社会主义,其产生的来源与德国古典哲学、英国古典政治经济学、法国空想社会主义等存在深刻的联系。正如习近平同志所说:"可以说,没有18、19世纪欧洲哲学社会科学的发展,就没有马克思主义的形成和发展。"[①]但这种联系并不是简单的承续,而是深刻的批判性继承。这种批判性突出地体现在马克思主义的阶级性和揭示真理的彻底性上,即在坚持无产阶级根本利益立场的坚定性和发现人类社会客观历史运动规律的科学性上,根本区别于资产阶级理论并远远超越资产阶级学说的历史局限。批判基础上的继承性则更多地体现在对所讨论的基本问题的关注和基本范畴的运用等方面。特别是在马克思主义政治经济学中,重要的思想来源是对英国古典经济学的批判继承,所讨论的基本对象是共同的,即资本主义生产方式,所运用的基本范畴绝大部分是资产阶级经济学已有的范畴和术语,如劳动、生产、使用价值、价值、价格、商品、货币、交换、市场等,这些都是"继承性"的具体体现。然而,一方面,马克思主义政治经济学站在无产阶级立场上和人类进步的历史趋势上对资本

---

① 习近平:《在哲学社会科学工作座谈会上的讲话》(2016年5月17日),北京:人民出版社,2016年版,第4页。

主义生产方式运动规律加以科学的分析,不仅在历史价值取向上根本不同于资产阶级政治经济学,因而对资本主义生产方式的历史进步性和发展的必然趋势及内在矛盾运动特征等方面的认识根本不同于资产阶级政治经济学,而且在揭示社会生产方式运动规律的历史客观性和理论逻辑性上突破了资产阶级被其阶级利益限制的狭隘束缚,进而极大地提升了政治经济学的科学性。另一方面,马克思主义政治经济学在运用已有的政治经济学范畴的同时,对范畴展开了"术语革命",比如创造性地提出了"劳动二重性"思想范畴,以及相应的"社会必要劳动时间"概念,使英国古典经济学的"劳动"范畴发生了深刻变革,进而使古典经济学粗糙的劳动价值论获得了根本改造,从质和量的统一上科学地论证了商品价值的本质和唯一的来源,形成了马克思主义政治经济学科学的劳动价值学说,为其剩余价值理论奠定了基础。又比如创造性地提出"劳动力商品"范畴,使古典经济学的"劳动力"或"劳动"概念发生了根本变化,区分了劳动力作为特殊商品的使用价值和价值,揭示了资本雇佣劳动(力)过程中剩余价值产生的奥秘和根源,进而创立了剩余价值学说。至于"剩余价值"范畴的提出,更是马克思主义政治经济学革命性的集中体现。

我们构建中国特色社会主义政治经济学,需要融通古今中外各种优秀资源,正如习近平同志所指出的,一是马克思主义的资源,二是中华优秀传统文化的资源,三是国外哲学社会科学的资源。[①] 我们需要以马克思主义,特别是以马克思主义政治经济学为指导,但必须不断推进其与中国特色社会主义经济具体实践相结合的中国化进程;我们需要借鉴国外经济学资源为中国特色社会主义政治经济学发展提供有益滋养,但必须是自觉地批判性借鉴;我们需要汲取中华民族优秀传统文化养分,但必须是历史地批判性继承。当然,批判的武器不能代替武器的批判[②],对于认识世界的理论展开批判,目的是运用于实践并在改造世界的实践中加以检验。

(四)中国特色社会主义政治经济学作为社会科学的民族性与世界性

不同民族、不同国家社会历史发展的条件和文明形成的状态不同,社会生

[①] 习近平:《在哲学社会科学工作座谈会上的讲话》(2016年5月17日),北京:人民出版社2016年版,第16页。

[②] 《马克思恩格斯选集》(第一卷),北京:人民出版社2012年版,第9页。

第一章 "中国特色社会主义政治经济学"范畴的讨论——广义政治经济学创造性发展

产方式的演进过程和特点不同,因此产生于不同民族和国家并反映其社会生产方式本质和变化的政治经济学必然具有特殊性。同时,不同民族和国家社会生产方式演进过程又都面临许多共同的社会经济发展问题,而政治经济学作为科学又会努力以共同规范的范式去分析这些具有共同性的历史问题,这就使得政治经济学在阐释这些共同关注的问题时,在方法、概念、范畴、知识体系、逻辑结构等方面存在共同点,存在相互借鉴的可能和需要。因此,强调政治经济学的民族性,并不排斥其开放性和相应的世界性。作为科学,无论是自然科学还是社会科学,对于自然和社会运动的本质及规律的发现,客观上具有人类认识世界的共同性,在方法上也具有普遍的规律性。

自然科学基本上没有民族性与世界性的差异和矛盾问题,包括政治经济学在内的社会科学则不然,或者说,民族性与世界性如何统一,在社会科学中是需要处理的重要问题。对于政治经济学而言,首先是基于本民族社会经济发展的历史要求,对本国社会生产方式在一定历史发展阶段的特征进行具体对象性的理解,从而成为推动本国生产方式变革并由此推动社会经济发展的力量;通过对本民族社会经济发展问题的科学分析,推动本国经济文明进步,进而赢得世界的关注和尊重,从而成为具有世界性意义和影响力的学说。在统一政治经济学民族性与世界性的逻辑关系上,必须以立足本国、本民族的社会经济发展实际,把本国、本民族的社会生产方式的历史变化问题研究透彻为前提,通过对本国、本民族经济发展问题的科学阐释,影响并贡献于世界性意义上的政治经济学发展;更重要的是在科学的政治经济学指导下推动本国、本民族社会经济文明的成长,尤其是实现领先于世界的文明形态,使世界关注和尊重其民族背景的政治经济学具有客观物质的经济社会发展基础,进而使产生于本国、本民族的政治经济学具有广泛而深远的世界意义,即所谓的既是民族的,又是世界的。任何脱离国家、民族的政治经济学都只能是空洞的;一切建立在领先于其他国家和民族的经济文明基础上的政治经济学学说,在经济思想史上都必然会产生深远的世界性影响,一切成功地解决了本国、本民族经济社会发展问题的政治经济学学说和学派,都必然会引起世界的普遍关注和尊重。从英国古典经济学到美国当代主流经济学,其世界影响力都是以其社会经济发展水平领先世界为历史基础的,而经济社会发展水平领先地位的形成又与其经济学的发展有深刻的联系。正如习近平同志所指出的:"解决好民族性问题,就有更强能力去解决世界性问题。"①对于构建和发展中国特色社会主义政治经济学而言,必须立足并服务实现中国特色社会主义现代化伟大历史实践,坚持马克思主义辩证唯物史观,客观认识中国特色社会主义处于社会主义初级阶段的基本国情,把握生产力发展的客观要求,巩固和完善与生产力发展相适应的基本经济制度,推动实现中国特色社会主义初级阶段的基本纲领,即到2050年前后实现第二个百年奋斗目标,把我国建设成为社会主义现代化强国,创造人类文明新形态,根本改变当代世界现代化的格局(当代发达国家总人口占比为16%左右,我国占比为18%以上),把世界人口最多的发展中国家带入现代化;根本改变人类实现现代化的道路(当代发达国家的现代化都是在资本主义生产方式下实现的),以中国特色社会主义制度实现中国式的现代化;根本改写现代化的历史进程(当代发达国家的现代化从资产阶级革命和产业革命起经历了几百年的历史),以百年左右的时间实现中华民族伟大复兴。只有在这一伟大历史实践中,中国特色社会主义政治经济学才能真正形成并产生极其深远的世界意义。正如习近平同志所说:"把中国实践总结好,就有更强能力为解决世界性问题提供思路和办法。这是由特殊性到普遍性的发展规律。"②在历史发展趋势上,中国特色社会主义的历史进程是中华民族现代化融入经济全球化并深刻改变人类社会现代化格局的进程。中国特色社会主义的发展是社会主义从国别(中国)走向世界,最终实现全人类理想社会远大目标的发展历史。习近平同志指出:"人类社会最终将从各民族的历史走向世界历史。"③相应地,政治经济学的历史也是不断从狭义发展至广义的历史。

强调政治经济学民族性与世界性的统一,需要尊重不同民族、不同国家在不同历史条件下的政治经济学探索,相互之间需要借鉴。习近平同志强调:"对一切有益的知识体系和研究方法,我们都要研究借鉴,不能采取不加分析、一概排斥的态度。马克思、恩格斯在建立自己理论体系的过程中就大量吸收借鉴了

---

① 习近平:《在哲学社会科学工作座谈会上的讲话》(2016年5月17日),北京:人民出版社2016年版,第18页。
② 同上。
③ 习近平:《不断开拓当代马克思主义政治经济学新境界》,《求是》,2020年第16期,第4—9页。

第一章 "中国特色社会主义政治经济学"范畴的讨论——广义政治经济学创造性发展

前人创造的成果。"①只有真正把握不同民族、不同国家在不同社会历史下形成的不同政治经济学的本质和内在逻辑,深刻理解其科学意义上的历史进步性和局限性,才能实现科学的借鉴。这就要求借鉴过程中必须具有批判精神,批判精神是政治经济学不同学说之间相互借鉴的科学要义,也是马克思主义政治经济学的精神品质。当然,批判借鉴,一方面需要明确并坚持"批判"的根本标准,即政治经济学的阶级立场和历史价值取向。正是这种科学性与阶级性的对立统一,使得作为社会科学的政治经济学不同学说之间的借鉴具有特殊性,要求相互间的借鉴必须建立在深刻的批判基础之上。另一方面需要树立并坚持科学的态度和方法,即对其他民族和国家在不同历史条件下形成的政治经济学学说要有透彻的理解,要对不同学说展开批判比较,重要的前提和基础在于深入认识、准确把握所要批判的对象,否则便不能形成真正科学意义上的批判,也就难以获得有学术价值的借鉴。马克思的《资本论》是对以往的资产阶级政治经济学系统而又深刻的批判,并在这种深刻的政治经济学批判借鉴基础上形成了崭新的无产阶级政治经济学。但正如列宁所指出的,马克思主义之所以科学,之所以博大精深,重要的在于马克思主义理论是建立在对人类哲学社会科学的全部文明成果深刻批判和透彻掌握基础之上的。习近平同志曾引用恩格斯的话,指出:"马克思在他所研究的每一个领域,甚至在数学领域,都有独到的发现,这样的领域是很多的,而且其中任何一个领域他都不是浅尝辄止。"②构建中国特色社会主义政治经济学,提升其认识和指导中国特色社会主义市场经济实践的科学水平,需要借鉴人类关于生产方式运动和社会经济发展的全部有益的具有科学性的知识和成果,包括当代西方资产阶级经济学说中的有益部分,特别是其关于经济发展以及市场经济等方面的分析,值得重视和借鉴。当然,"解决中国的问题,提出解决人类问题的中国方案,要坚持中国人的世界观、方法论。如果不加分析把国外学术思想和学术方法奉为圭臬,一切以此为准绳,那就没有独创性可言了"③。中国特色社会主义政治经济学作为中国理论、中国思

---

① 习近平:《在哲学社会科学工作座谈会上的讲话》(2016年5月17日),北京:人民出版社2016年版,第18页。
② 习近平:《在纪念马克思诞辰200周年大会上的讲话》,《人民日报》,2018年5月5日,第2版。
③ 习近平:《在哲学社会科学工作座谈会上的讲话》(2016年5月17日),北京:人民出版社2016年版,第19页。

想,需要围绕中国特色社会主义生产方式的运动,基于中国特色社会主义经济发展的伟大实践,建构中国经济学的自主知识体系。"要以中国为观照、以时代为观照,立足中国实际,解决中国问题,不断推动中华优秀传统文化创造性转化、创新性发展,不断推进知识创新、理论创新、方法创新"[1],在此基础上,推动包括经济学在内的"中国特色哲学社会科学真正屹立于世界学术之林"[2]。

(五)中国特色社会主义政治经济学作为社会科学的思想性与逻辑性

政治经济学的思想性主要包括其价值立场和学说理论、政策倾向等,逻辑性主要包括其作为科学的逻辑结构,包括"数学的逻辑运演"。政治经济学的思想性与逻辑性的关系问题是一个十分复杂的问题。在自然科学领域,学术思想内涵与数学逻辑结构呈现之间存在深刻的内在联系,一定的科学理论要求并规定相应的逻辑表达方式,而严谨的逻辑表达方式不仅意味着学术思想的成熟,同时也是对思想内容科学性的逻辑证明,尤其是简洁准确的数学逻辑推演,不仅是科学思想的清晰表述,而且是进一步的论证。早在古希腊时代,人们就意识到世界的运动规则可以用数学来表达,一门学问中数学被应用的程度往往同时被作为其科学成熟度的标志,数学甚至成为古希腊科学体系的中心。17世纪的科学家推翻了古希腊人的宇宙观(以日心说取代地心说),但运用的仍是古希腊人的数学方法,牛顿以及后来爱因斯坦的基本理论也都可以通过简明的数学公式加以表达。这些都表明科学思想与数学逻辑之间存在深刻联系。两千多年前的古希腊数学家毕达哥拉斯就认为,数字是世界的本原,一切事物都可以用数字表达。[3] 但同时,即使在自然科学领域,学术思想与数学逻辑推演之间也会存在矛盾:一方面,学术思想本身的不成熟、理论体系的不完备、前提条件和科学范式的不明确,使之难以通过简洁清晰的数学逻辑加以表达;另一方面,为了满足数学推演的逻辑要求,对科学问题讨论的前提条件加以严格限制,使学科本身的理论性和思想性受到削弱,损害了其科学性和解释力。因而也可以

---

[1] 习近平:《坚持党的领导 传承红色基因 扎根中国大地 走出一条建设中国特色世界一流大学新路》,《人民日报》,2022年4月26日,第1版。

[2] 同上。

[3] 保尔·拉法格在《忆马克思》中曾谈到,马克思认为,一门科学只有在成功地运用数学时,才算达到了真正完善的地步。

第一章 "中国特色社会主义政治经济学"范畴的讨论——广义政治经济学创造性发展

说,一门学科的"死亡"程度往往也与数学在其中的应用程度相关联。如何处理学术思想性与数学逻辑性的关系在社会科学中更具不确定性和复杂性。在经济思想史上,自1871年边际革命发生以来,数学逐渐被广泛运用,一方面经济学由此往往被视作在社会科学中最接近自然科学并具有科学范式的学科;另一方面也使经济学中的理论概念推演和数学逻辑推演之间的矛盾更为凸显,并成为一个极具争议的问题。

应当承认,将数学运用于政治经济学,不仅使政治经济学理论被呈现得更为严谨,而且使经济思想体系中的内在联系更加清晰,但实际上,经济理论的逻辑表达本质上是服从思想内容要求的,而思想的价值指向、理论判断及政策倾向又都是受社会历史发展条件规定的,尤其是受相应的阶级利益约束的。数学逻辑推演在经济学中的运用,不仅是适应经济理论提升其严谨性的需要、有经济思想史上的动因,而且有社会经济发展史上的动因。从早期的经济思想产生到英国古典经济学,所运用的方法并不是数学逻辑演绎,思想表述的话语体系也不是数理的结构呈现,而是典型的哲学范畴的概念推演和历史的制度分析,同时具有鲜明的历史批判性。其理论思想的核心是经济学意义上的商品价值学说,其中尤以劳动价值论占据主流地位。之所以如此,是因为处于上升时期的资产阶级的政治经济学要对资本主义生产方式取代封建主义生产方式的合理性和必然性加以论证,特别是处于上升期的资本主义生产方式统治地位还不稳固,因而尤其需要资产阶级政治经济学论证其正义性、公正性和优越性,进而论证其取代封建主义生产方式的必然趋势和历史必然性。为什么说资本主义生产方式的自由竞争是公正的?基础在于自由竞争中的公平,而公平的经济根据在于市场交易中的等价交换,而等价交换的基础和根据在于商品价值。因此,商品的价值本质、价值源泉、价值量的决定、价值的实现形式等问题成为那一时期资产阶级政治经济学关注的基本问题,成为政治经济学的基石。进入19世纪中叶之后,资本主义生产方式的统治地位日趋巩固,尤其是从自由竞争的资本主义进入垄断资本主义之后,资产阶级政治经济学的首要使命不再是论证资本主义制度的优越性和历史必然性(资本主义生产方式替代封建社会生产方式已经成为不可逆转的历史事实),而是要论证如何运用资本主义生产方式实现资本利益的最大化,因而价值命题的讨论被均衡价格的命题所取代,均衡状态被认为是在个体的和总体的资本相互统一中实现利益最大化的状态。所以发现"均衡"的位置,求解实现"均衡"的条件,成为经济学的基本问题。与之相适应,在方法上伴随经济学边际革命的发生,数理的边际分析取代了传统的制度历史分析,数学结构逻辑推演取代哲学概念范畴的推演并成为主流。可见,在经济思想史上,数学分析和逻辑表述是适应经济学所关注的核心命题变化需要而形成的,而经济学所关注的核心命题的变化又是适应资产阶级所代表的资本主义生产方式变化的历史要求而变化的。也就是说,政治经济学的数学结构逻辑推演的引入和运用,并不是单纯出于提升经济学科学性的要求,作为逻辑结构推演呈现的表达方式和话语体系的变化在相当程度上取决于其思想内涵变化的要求,取决于资产阶级利益的历史演变的要求。在经济学中,数学的逻辑分析能够解释量的结构状态,但解释不了质的价值取向。正如习近平同志所指出的:"对现代社会科学积累的有益知识体系,运用的模型推演、数量分析等有效手段,我们也可以用,而且应该好好用。需要注意的是,在采用这些知识和方法时不要忘了老祖宗,不要失去了科学判断力。"①构建反映中国特色社会主义实践的政治经济学必须清醒认识到这种学术思想体系与逻辑结构推演和话语体系之间的深刻联系,不应也不可能用资产阶级政治经济学的逻辑推演方式和话语体系来系统地证明和表达中国特色社会主义经济思想。

事实上,即使在自然科学领域,与科学理论探索需要相比,数学的逻辑推演也面临许多困难,最为显著的即所谓"多维陷阱"。一方面,几乎所有的理学和工程学都可以通过数学方程求解、表达,在当今世界进入数字化时代的背景下,这一点表现得尤为明显;另一方面,几乎所有的科学学科探讨的问题都面临"多维"困扰,求解的目标函数的约束函数总是处于多维的变化中,因而求解本身始终处于不确定的未知状态。政治经济学作为社会科学所面临的"多维灾难"困境要远比自然科学深刻,因为社会矛盾运动的复杂性、能动性和不确定性要远超自然界矛盾的运动,回答社会矛盾和生产方式运动的问题,所需要的变量或维数远远多于自然科学问题,数学的发展可以提供很多方程并通过方程解决复杂的科学问题,在计算机、人工智能等迅速发展的条件下,求解方程的能力获得不断提升,但约束条件和维数的增加成倍地高于运算能力的提升。在高维的条件下求解是非常困难的,社会主义政治经济学发展史上的著名问题,即兰格提

---

① 习近平:《在哲学社会科学工作座谈会上的讲话》(2016年5月17日),北京:人民出版社2016年版,第18—19页。

出来的计算机市场经济命题：以数学算法能力提升支持的计算机模仿市场经济运行的种种状态，并求出资源市场竞争性配置的最优解。但由于市场经济本身涉及的变量太多且充满变化，模拟市场经济的设想即使在进入数字化时代的今天，仍是一种"计算机乌托邦"。数学方程和计算机算法的发展能够成为解释与解决经济问题的重要工具，但必须建立在科学而又深刻的经济科学思想基础之上。社会利益关系的复杂性，社会生产方式矛盾运动的不确定性，使得社会经济发展的约束函数和目标函数以及相互间的关系，很难像处理自然科学问题那样，在原则上将其汇结成偏微分方程的问题，变量和维数的指数增长、信息变化的不确定性和人们掌握信息的不充分性，极大地限制了数学推演在解释和处理社会经济问题上的能力。比数学推演的逻辑证明更加重要的在于政治经济思想的深刻性和理论的创造性。"要推出具有独创性的研究成果，就要从我国实际出发，坚持实践的观点、历史的观点、辩证的观点、发展的观点，在实践中认识真理、检验真理、发展真理"①，包括中国特色社会主义政治经济学在内的中国理论、中国思想，应当是建立在中国自主知识体系基础之上的学科体系、学术体系、话语体系的构建②。

（六）以当代中国马克思主义为指导构建中国特色社会主义政治经济学

政治经济学作为社会科学中的重要学科，作为研究人类社会生产方式历史运动的科学，具有一系列特点。它具有自然性与人文性的双重性质，是科学性与阶级性、继承性与批判性、民族性与世界性、思想性与逻辑性的辩证统一。构建中国特色社会主义政治经济学需要科学把握政治经济学的性质和特点，需要以马克思主义为指导。因为，从理论上来说，马克思主义是科学的学说，"为人类指明了从必然王国向自由王国飞跃的途径，为人民指明了实现自由和解放的道路"③。马克思主义是无产阶级的学说，"马克思主义是人民的理论，第一次

---

① 习近平：《在哲学社会科学工作座谈会上的讲话》（2016年5月17日），北京：人民出版社2016年版，第18—19页。
② 习近平：《坚持党的领导传承红色基因扎根中国大地 走出一条建设中国特色世界一流大学新路》，《人民日报》，2022年4月26日，第1版。
③ 习近平：《在纪念马克思诞辰200周年大会上的讲话》，《人民日报》，2018年5月5日，第2版。

创立了人民实现自身解放的思想体系"①。马克思主义是实践的理论,是在人民求解放的历史实践中形成和发展的,不仅强调认识世界,而且更为强调改造世界。②马克思主义是发展的学说,马克思主义不是教条而是指南,不是静止的而是具有发展时代性的,不是封闭的而是开放的。③马克思主义是科学性、阶级性、实践性、时代性的统一。从实践上来说,马克思主义不仅深刻改变了世界历史,而且深刻改变了中国,没有马克思主义在中国的传播就没有中国共产党的诞生,没有中国共产党将马克思主义与中国具体实践的紧密结合,就不可能有中华民族从站起来、富起来到强起来的伟大历史性飞跃。"中国共产党为什么能,中国特色社会主义为什么好,归根到底是因为马克思主义行。"④

在伟大历史实践中,中国共产党创造了马克思主义中国化的历史性飞跃。"当代中国哲学社会科学是以马克思主义进入我国为起点的,是在马克思主义指导下逐步发展起来的。"⑤马克思主义进入中国并与中国共产党领导的革命和建设具体实践相结合,推动了马克思主义中国化的伟大飞跃,形成了毛泽东思想(第一次飞跃)、中国特色社会主义理论(第二次飞跃),而习近平新时代中国特色社会主义思想则是马克思主义中国化的新飞跃,是当代中国马克思主义、21世纪马克思主义。习近平经济思想开拓了当代中国马克思主义政治经济学新境界,是我们探索和构建中国特色社会主义政治经济学的根本指引和遵循。这一学说源于中国特色社会主义实践,回应中国特色社会主义进入新时代面临的问题,坚持马克思主义基本立场、方法和历史观、世界观,提出了构建中国特色社会主义政治经济学的基本原则,形成了中国特色社会主义政治经济学的重大思想创新和范畴凝练,并在此基础上阐释了中国特色社会主义政治经济学的理论体系,同时把新时代中国特色社会主义政治经济学的理论逻辑运用于具体实践,将历史逻辑(回答新时代的命题,即如何实现中华民族伟大复兴的中国式现代化目标)、理论逻辑(深刻认识和阐释新时代中国特色社会主义生产方式运动规律)、实践逻辑(把握新阶段、贯彻新理念、构建新格局)三者统一起来,形成

---

① 习近平:《在纪念马克思诞辰200周年大会上的讲话》,《人民日报》,2018年5月5日,第2版。
②③ 同上。
④ 习近平:《在庆祝中国共产党成立100周年大会上的讲话》,北京:人民出版社2021年版,第13页。
⑤ 习近平:《在哲学社会科学工作座谈会上的讲话》(2016年5月17日),北京:人民出版社2016年版,第5—6页。

系统的习近平新时代中国特色社会主义经济思想,并成为习近平新时代中国特色社会主义思想体系的重要组成部分,成为实现第二个百年奋斗目标、推动实现中华民族伟大复兴的不可逆转的历史进程的科学指导思想。

坚持马克思主义政治经济学的基本立场方法需要以习近平新时代中国特色社会主义政治经济学为指引,扎根中国大地,深入中国特色社会主义实践,明确探索中国特色社会主义政治经济学的基本原则:始终坚持以人民为中心的发展思想,这是根本立场;坚持新发展理念,这是基本观点;坚持中国特色社会主义基本经济制度,这是基本内涵;坚持对外开放,这是基本国策。构建中国特色社会主义政治经济学的理论体系,要把遵循马克思主义辩证唯物史观,坚持解放和发展生产力根本标准,阐释中国特色社会主义生产方式运动特征和规律作为基本方法;把阐释和探索社会主义与市场经济的有机统一,坚持中国特色社会主义市场经济方向作为核心问题;把分析中国特色社会主义经济发展中的各方面利益关系、矛盾运动,从物质利益关系上调动各方面积极性作为主要任务;把推动新时代中国特色社会主义经济发展,实现中国特色社会主义基本纲领(首先是经济纲领)作为根本目标。为此,需要在中国特色社会主义政治经济学的知识体系、学科体系、学术体系、话语体系等方面进行艰苦探索和创新[①],尤其迫切需要加快构建包括经济学在内的中国特色哲学社会科学的自主知识体系[②]。

第三节　中国特色社会主义政治经济学体系逻辑性[③]

党的十八大以来,习近平同志特别强调中国特色社会主义政治经济学的发展和完善,不仅创造性地明确提出"中国特色社会主义政治经济学"的鲜明主题,而且反复强调学好用好政治经济学,强调政治经济学在马克思主义理论体系中的地位和重要性,强调运用政治经济学分析认识经济规律指导经济工作的

[①] 刘伟:《习近平"中国特色社会主义政治经济学"的学说体系和理论逻辑》,《学术月刊》,2021年第5期,第5—16页。

[②] 《坚持党的领导传承红色基因扎根中国大地　走出一条建设中国特色世界一流大学新路》,《人民日报》,2022年4月26日,第1版。

[③] 本节内容参见刘伟:《习近平"中国特色社会主义政治经济学"的学说体系和理论逻辑》,《学术月刊》,2021年第5期,第5—16页。

必要性。在此基础上,习近平同志系统阐释了中国特色社会主义政治经济学需要坚持的历史观和基本原则,以此为前提展开了一系列学术范畴的创新和凝练,形成了重要的开拓性理论成果。同时,根据理论上的内在逻辑要求,构建了中国特色社会主义政治经济学的学说体系,并把这种理论逻辑转变为实践逻辑。① 习近平"中国特色社会主义政治经济学"开拓了当代中国马克思主义政治经济学新境界。②

本节从习近平"中国特色社会主义政治经济学"的命题提出、理论基石和基本原则、学术范畴的创新和体系构建三个方面展开讨论。

(一)习近平"中国特色社会主义政治经济学"的历史内涵和时代背景

1. 提出"中国特色社会主义政治经济学"范畴是理论上的深刻变革和政治经济学思想史上的创造

从一般范畴上来说,马克思主义经典的政治经济学是关于资本主义生产方式产生、运动直至灭亡的历史发展规律的学说,并在对资本主义生产方式运动规律科学认识的基础上,预测人类未来社会发展的趋势,提出共产主义社会取代资本主义制度的历史必然。因此,马克思主义的代表作《资本论》的副标题为"政治经济学批判"。马克思在《资本论》序言中也明确指出,《资本论》的研究对象是资本主义生产方式。③ 马克思主义经典作家将其称为"狭义的政治经济学",或者如后来的学者所说的"政治经济学(资本主义部分)",也有一般性地称为"资本主义政治经济学"。与这种狭义的政治经济学相对应,研究人类社会

---

① 关于习近平中国特色社会主义政治经济学的创新问题,笔者曾在《政治经济学评论》2021年第1期,以《当代中国马克思主义政治经济学新境界——学习习近平中国特色社会主义政治经济学》为题从基本思想和实践逻辑方面做过初步探讨。本节在此基础上进一步从其理论基础和学术体系方面加以讨论。

② 2015年11月23日,习近平在十八届中央政治局第二十八次集体学习时的讲话中,特别强调指出要学好用好政治经济学,参见中共中央文献研究室编:《习近平关于社会主义经济建设论述摘编》,北京:中央文献出版社2017年版,第327页;2016年7月8日,习近平在经济形势专家座谈会讲话中系统阐释了构建中国特色社会主义政治经济学需要坚持的基本原则和学说体系,参见《人民日报》,2016年7月9日,第1版;2020年8月24日,习近平在经济社会领域专家座谈会的讲话中凝练概括了中国特色社会主义政治经济学的一系列新范畴和创新性思想,参见《人民日报》,2020年8月25日,第2版。

③ 《马克思恩格斯选集》(第二卷),北京:人民出版社2012年版,第28页。

第一章 "中国特色社会主义政治经济学"范畴的讨论——广义政治经济学创造性发展

生产方式历史各类形态的政治经济学则被称为"广义的政治经济学"。不过由于在马克思主义经典作家时代，超越资本主义生产方式的新的社会经济形态还未产生，因而在理论上不可能形成系统的政治经济学，所以马克思主义经典作家指出，广义的政治经济学还有待创造。十月革命之后，伴随着社会主义制度在历史演进中的建立，需要并且逐渐形成了关于社会主义生产方式的政治经济学理论，广义的政治经济学有了进一步产生和发展的实践基础。但在范畴上怎样概括，是称作"政治经济学（社会主义部分）"，还是称作"社会主义政治经济学"？这个问题的答案始终是不确定的。这种不确定，一方面表现出社会主义社会生产方式本身的不成熟，另一方面也表现出对社会主义制度的政治经济学理论的不自信。

明确提出"中国特色社会主义"这一命题是改革开放之后，邓小平同志在1982年党的第十二次全国代表大会的开幕词中首先提出"建设有中国特色的社会主义"，这标志着我们党在理论上的进一步成熟。党的十三大报告特别指出，"有中国特色的社会主义，是马克思主义基本原理同中国现代化建设相结合的产物，是扎根于当代中国的科学社会主义"。在党的十六大报告中，首次使用"中国特色社会主义"范畴（不再保留"有"字），表明我们党在社会主义革命和建设进程中的主体意识和自觉意识进一步提升，"中国特色"与"社会主义"是不可分割的有机整体，"中国特色社会主义"是当代科学社会主义的代表，"中国特色社会主义理论"是当代马克思主义的主流，包括邓小平理论、"三个代表"重要思想、科学发展观，直至习近平新时代中国特色社会主义思想。

政治经济学在中国特色社会主义理论体系中具有重要的地位。正如恩格斯所说，无产阶级政党的"全部理论来自对政治经济学的研究"，政治经济学既是马克思主义辩证唯物史观最充分的运用和最深刻的证明，也是科学社会主义学说的基础，在马克思主义三个组成部分当中具有枢纽性地位。"中国特色社会主义"作为改革开放理论与实践全部探索的主题，在理论上是马克思主义哲学（"实践是检验真理的唯一标准"大讨论开启思想解放）、政治经济学（"社会主义市场经济"的大讨论开启对社会主义基本经济制度的新认识）和科学社会主义（"社会主义初级阶段"的大讨论开启对中国社会主义发展历史方位的新判断）的全面深入的运用，其中政治经济学的探索和运用具有极为重要的意义。早在1984年10月召开的党的十二届三中全会作出《关于经济体制改革的决定》时,邓小平同志就敏锐地指出,这是马克思主义基本原理和中国社会主义实践相结合的政治经济学,写出了一个政治经济学初稿。① 直到党的十九届四中全会召开,经过40年的改革,中国特色社会主义制度中最为重要的基本经济制度更加成熟、更加定型。与这一历史实践进程相一致,政治经济学理论从"初稿"演进为"系统化的学说",而这个"系统化的学说"的经典表达便是习近平"中国特色社会主义政治经济学"。这一学说在理论上,一方面是对党在改革开放以来中国特色社会主义政治经济学思想的系统总结和升华,另一方面又开拓了当代中国马克思主义政治经济学新境界;明确概括为"中国特色社会主义政治经济学",既是基于对中国经济改革实践的理论总结,又是对马克思主义广义政治经济学的重要发展。

2. 提出"中国特色社会主义政治经济学"命题是对时代发展的历史性回应

政治经济学是历史的科学。这种历史性首先体现在政治经济学需要回应不同历史时代的问题才有生命力。时代是出卷人②,我们党走过的百年历史是努力将马克思主义与中国具体实践相结合的历史,其中重要的便是运用马克思主义政治经济学分析中国社会、认识中国国情、寻求革命和建设的科学道路。这种探索的结晶集中体现在三大理论与实践的创造性发展上。

一是新民主主义革命、社会主义革命和建设的理论与实践,其中包含深刻的马克思主义政治经济学的运用和发展,在实践上实现了从几千年的封建专制向人民民主的伟大飞跃,以此为基础向更为先进的社会主义制度过渡,确定了包括社会主义经济制度在内的基本制度,完成了中华民族有史以来最为广泛而深刻的社会变革,奠定了当代中国一切发展进步的根本政治前提和制度基础。二是中国特色社会主义的理论与实践,其中重要的内涵是经济改革的实践和政治经济学理论的发展,"中国特色社会主义"作为改革开放全部探索的主题,基础在于经济改革开放和经济发展,实现了摆脱贫困的伟大奇迹,创造了中国进一步实现现代化的体制基础和发展环境。三是新时代中国特色社会主义理论与实践,面对"两个大局",开拓当代马克思主义政治经济学新境界,探索新时代

---

① 《邓小平文选》(第三卷),北京:人民出版社1993年版,第83、91页。
② 《习近平在学习贯彻党的十九大精神研讨班开班式上发表重要讲话强调:以时不待我只争朝夕的精神投入工作 开创新时代中国特色社会主义事业新局面》,《人民日报》,2018年1月6日,第1版。

第一章 "中国特色社会主义政治经济学"范畴的讨论——广义政治经济学创造性发展

实现中国特色社会主义基本纲领,建成社会主义现代化强国的科学道路。"立足我国国情和我们的发展实践,深入研究世界经济和我国经济面临的新情况新问题,揭示新特点新规律,提炼和总结我国经济发展实践的规律性成果,把实践经验上升为系统化的学说,不断开拓当代中国马克思主义政治经济学新境界,为马克思主义政治经济学创新发展贡献中国智慧。"[①]

这三次马克思主义政治经济学在中国实践中的重大创新和发展的历史逻辑前提,都在于要回答不同历史时代提出的不同发展命题,即如何实现中国"站起来""富起来""强起来"。如果说,以毛泽东同志为代表的我们党面临的时代问题是如何实现中华民族"站起来",实现了新民主主义革命的胜利并建立了社会主义制度;以邓小平同志为代表的我们党面临的时代问题是如何实现"富起来",实现了从贫困向小康的经济发展,开启了中国特色社会主义的伟大实践;那么以习近平同志为代表的我们党面临的时代问题便是如何实现"强起来",在实现全面建成小康社会"第一个百年奋斗目标"基础上,乘势而上实现"第二个百年奋斗目标",把我们国家建成富强、民主、文明、和谐、美丽的社会主义现代化强国。

站在全面建成小康社会新的历史起点上,如何实现现代化强国目标?这是习近平新时代中国特色社会主义思想,尤其是中国特色社会主义政治经济学要回答的根本问题。从发展基础来看,经济社会发展达到新水平,进入新的发展阶段,站在新的发展起点上,不仅具有新的发展机遇和目标,而且必然面对新的矛盾和挑战。从发展条件来看,社会发展进入新时代,经济进入新常态,约束经济发展的基本条件会发生系统性变化。就需求侧变化而言,与以往相比较,由于经济成长水平的提升和体制改革推动的市场约束力度加强,需求膨胀、供给短缺的格局已从根本上改变,消费者的"羊群效应"总体消失,依靠产出规模扩张为主的方式拉动经济增长已不具备市场需求条件。就供给侧变化而言,包括劳动力、土地及自然资源、生态环境承载力、技术进步等各方面生产要素的成本价格系统性地大幅上升,国民经济发展的比较优势发生了深刻的结构性变化,依靠要素投入量扩大为主的经济增长已不具备竞争性和可持续性。就国际经

---

① 习近平:《不断开拓当代中国马克思主义政治经济学新境界》,《求是》,2020年第16期,第4—9页。

济环境变化而言,一方面,伴随着中国经济在世界经济格局中发生的深刻改变,世界经济的变化对中国经济的影响程度,以及中国经济对世界经济的影响程度发生了深刻变化,增强了中国经济的不确定性;另一方面,2008年世界金融危机以来,全球经济长期低迷,尤其是新冠疫情冲击下,全球经济严重受挫,保护主义、单边主义等加剧,中国经济面对的国际经济环境和世界市场条件发生了极大的变化,出口需求拉动增长的动能大幅减弱,因而要求构建新的发展格局,以重塑竞争新优势。上述各方面约束条件的变化,要求必须根本转变发展方式,从主要依靠要素投入量扩张带动经济规模扩张式的高速增长,转变为主要依靠要素效率和全要素生产率提升拉动经济高质量发展。否则,中国实现社会主义现代化的历史进程就会严重受挫。

按照中国特色社会主义基本经济纲领要求的目标实现进程,在2020年全面建成小康社会的"第一个百年奋斗目标"实现之后,首先要从现在的上中等收入水平进一步发展至高收入阶段。之后,再用十年时间,到2035年基本实现现代化,在经济发展水平上赶上中等发达国家。在2035年基本实现现代化基础上到21世纪中叶实现"第二个百年奋斗目标",实现中国特色社会主义基本纲领,把中国建设成为社会主义现代化强国,居世界领先地位。问题的关键在于:如何具体实现上述目标?这是习近平新时代中国特色社会主义思想,尤其是习近平新时代中国特色社会主义政治经济学要回答的根本问题。

(二)习近平"中国特色社会主义政治经济学"的理论基石和基本原则

1. 以马克思主义价值理论为基石

无论是古典经济学还是当代经济学,无论是资产阶级经济学各流派还是马克思主义经济学,都以一定的价值理论作为"最后的基石",即以一定的价值理论奠定其经济理论的历史取向和价值立场。事实上,政治经济学作为社会科学的重要特点便在于其具有鲜明的阶级性。也就是说,一定的政治经济学必定是站在一定的阶级立场和利益上的,因此,价值理论便成为所有经济学的最为深刻的且不容含混的基石,同时也成为经济学讨论的核心问题。

以一定社会生产方式为研究对象的政治经济学,归根结底是研究两个基本

第一章 "中国特色社会主义政治经济学"范畴的讨论——广义政治经济学创造性发展

问题:一是为什么要建立一定的社会生产方式,二是怎样建立和如何运用一定的社会生产方式。这两个基本问题的回答都是以特定的阶级立场和利益选择为前提的。论证为什么选择一定的社会生产方式,说明其历史的进步性、合理性和必然性,要从一定的阶级立场和利益要求出发,考察如何运用一定的社会生产方式,说明怎样才能产生更大的效益,首先必须明确为哪一阶级的利益。而对这两大问题的政治经济学回答,必须以价值理论为基础,价值理论是从根本上对这两个基本问题作出解释,政治经济学研究的核心课题即社会生产和分配问题,因而价值理论成为政治经济学的基本问题。

资产阶级政治经济学自产生起,其基本使命就是论证资本主义生产方式的正义性,进而论证其替代封建主义的历史必然性。为什么说资本主义生产方式是正义的?因为它是公正且是贯彻等价交换的法权规则,是对"不平等"封建等级特权的否定。那么为什么说资本主义生产方式是公平竞争等价交换的经济?这种法权的市场经济的平等依据的基础是什么,等价交换的根据是什么?价值的源泉是什么,什么是价值,价值量如何决定,价值与价格的关系等问题成为焦点,价值理论成为资产阶级政治经济学讨论的核心问题。显然,价值理论被作为核心问题本身就是出于论证资本主义生产方式公平性的需要。在古典经济学时代的价值理论不仅是核心问题,而且占据主流地位的是劳动价值论。它认为劳动是价值的源泉,在价值理论上肯定无产阶级劳动者劳动的正义性和重要性。资产阶级经济学的价值论之所以肯定劳动的正义性,根本原因在于资产阶级在自由竞争的产业革命时代,其所代表的资本主义生产方式取代封建主义生产方式的进程尚未最终实现,资产阶级的统治地位尚不牢固,资本主义生产方式确立下来后面对的最主要的敌对力量仍是封建地主阶级。为战胜封建地主阶级,这一时期的资产阶级需要联合无产阶级,因而在其政治经济学的价值理论上对无产阶级的"劳动"正义性给予历史的承认,但这种承认是有前提的,即承认劳动创造价值的生产性,不能否定资本的生产性,因而在古典经济学代表人物亚当·斯密的著作中,承认劳动是价值的源泉的同时,又提出收入价值论(生产费用价值论),把资本、土地和劳动所获收入同样视为价值的构成,进而把资本、土地、劳动作为生产要素同时视为价值的创造源泉,进而从价值论上肯定资本的正义性和必然性。并且斯密特别指出,在自由竞争早期以劳动价值论为主,但当资本主义生产方式稳定之后则应以收入价值论为主。19世纪下半叶之后,在资产阶级政治经济学中占主流的便是这种源于斯密的生产费用价值论,其本质是肯定资本的合理和公正性(马克思称之为"庸俗经济学")。20世纪以来资产阶级经济学的主流是以"均衡价格论"代替了古典经济学的"价值论",反映了资产阶级政治经济学从论证为什么要建立资本主义生产方式为主题向论证怎样运用资本主义生产方式来实现资本利益最大化为主题的转变。这种转变是对资本主义从自由竞争时代向垄断时代转变的历史呼应,资本主义生产方式未充分确立其历史统治地位之前需要集中论证其必然性,需要强调"为什么需要资本主义",当其历史统治地位稳固之后,则需要更强调如何运用资本主义生产方式,以实现资本利益最大化,而发现均衡的位置、推动经济趋于均衡恰是资本利益最大化的要求,因而一般均衡分析成为其基本方法,均衡价格的发现成为其基本问题。显然,资产阶级政治经济学的价值理论从提出到演变的历史进程始终鲜明地体现着资产阶级的历史要求,这也是价值论的本质。①

马克思主义劳动价值论是在批判继承资产阶级古典经济学劳动价值论基础上发展而来的。马克思通过对商品价值与使用价值、具体劳动与抽象劳动、生产的社会性与私人性质、社会分工和私有制的历史条件等一系列问题的科学阐释,在资产阶级古典经济学劳动价值论破产的基础上,建立了科学的劳动价值论,把劳动归结为价值的唯一源泉,从而以科学的劳动价值论为其剩余价值论奠定了基础,被恩格斯称为"马克思两大发现"之一的剩余价值理论是马克思主义政治经济学的核心,深刻剖析了资本、土地等所得都是对劳动创造的价值的分割,资本主义雇佣劳动的生产方式是资本对无产阶级劳动者的剩余价值无偿占有的过程,也是资本主义社会一切矛盾的根源,是资本主义生产方式与生产力发展必然发生冲突的原因。正是这种矛盾和冲突决定了资本主义社会必然为共产主义(社会主义)社会所取代的历史趋势。显然,马克思主义政治经济学鲜明地体现着无产阶级的历史观和根本利益,而其基础在于科学的劳动价值论。

习近平"中国特色社会主义政治经济学"同样具有价值论基础,正如习近平同志所强调的,中国特色社会主义政治经济学必须坚持马克思主义政治经济学

---

① 刘伟:《中国特色社会主义政治经济学必须坚持马克思劳动价值论》,《管理世界》,2017年第3期,第1—9页。

第一章 "中国特色社会主义政治经济学"范畴的讨论——广义政治经济学创造性发展

的基本立场和方法,其实质是开拓当代中国马克思主义政治经济学新境界①,其价值理论基础在于坚持马克思主义劳动价值论。这是习近平"中国特色社会主义政治经济学"的无产阶级立场和人民根本利益的要求,是科学性与阶级性、人民性的有机统一。也就是说,习近平"中国特色社会主义政治经济学"坚持马克思主义政治经济学的基本立场和观点、方法,坚持劳动价值论就是从政治经济学阐释中证明中国特色社会主义事业的正义性和进步性、科学性、优越性,进而证明人类社会最终以共产主义替代资本主义的历史必然性。一方面,这既是习近平"中国特色社会主义政治经济学"的理论基石,同时也是历史价值取向。另一方面,马克思主义政治经济学的基本原理和方法,同时也是认识和掌握经济运动特点与社会经济发展规律的科学工具,有利于更好地回答中国经济发展的理论和实践问题。② 总之,坚持和发展"中国特色社会主义政治经济学,要以马克思主义政治经济学为指导"③,而这种指导意义核心在于马克思主义政治经济学的历史价值观和科学方法论。

2. 中国特色社会主义政治经济学需要坚持的基本原则

以马克思主义劳动价值论为基石,以马克思主义政治经济学基本原理和方法为指导,体现中国共产党代表的人民根本利益要求的中国特色社会主义政治经济学,需要明确其基本阶级立场和价值取向。习近平同志将这种基本立场和历史取向凝练为发展和完善中国特色社会主义政治经济学必须坚持的若干基本原则。

第一,必须始终坚持以人民为中心的发展思想。习近平同志指出:"要坚持以人民为中心的发展思想,这是马克思主义政治经济学的根本立场。"④一方面,以人民为中心的发展思想体现了我们党全心全意为人民服务的根本宗旨,体现了人民是推动发展的根本力量的唯物史观,反映了我们党坚持和发展中国特色社会主义的根本目的,反映了新发展理念的本质,规定了全面深化改革的价值

---

① 习近平:《不断开拓当代马克思主义政治经济学新境界》,《求是》,2020年第16期,第4—9页。
② 同上。
③ 《习近平在经济形势专家座谈会上的讲话》,《人民日报》,2016年7月9日,第1版。
④ 《习近平主持中共中央政治局第二十八次集体学习时强调:立足我国国情和我国发展实践　发展当代中国马克思主义政治经济学》,《人民日报》,2015年11月25日,第1版。

取向,同时也进一步明确了检验改革成效的标准,体现了马克思主义促进人的全面发展、实现全体人民共同富裕的根本追求。党的十八届五中全会鲜明提出要坚持以人民为中心的发展思想,并把增进人民福祉、促进人的全面发展,朝着共同富裕方向稳步前进作为经济发展的出发点和落脚点。另一方面,坚持以人民为中心的发展思想是解放和发展生产力的根本要求,"无产阶级的运动是绝大多数人的,为绝大多数人谋利益的独立的运动"(恩格斯语),只有坚持以人民为中心,不断实现人民对美好生活的向往,让人民共享改革开放的发展成果,才能激励人民更加自觉地投身中国特色社会主义事业;只有紧紧依靠人民,才能获得不竭的发展动力,战胜前进道路上的种种风险挑战,实现建成中国特色社会主义现代化强国的目标。[1] 习近平同志将以人民为中心的发展思想作为发展和完善中国特色社会主义政治经济学的基本原则,是对中国特色社会主义本质认识的深化,也是对马克思主义政治经济学的重要发展。

第二,必须坚持新发展理念。发展是硬道理,高质量发展更是新时代的硬道理,发展是第一要务,不断解放和发展生产力,逐步走向共同富裕,是中国特色社会主义的本质,是不断改革和完善中国特色社会主义制度的根本动因,是马克思主义唯物主义历史观的基本观点。问题的关键在于,如何实现发展?以怎样的发展方式来实现发展?发展是永恒的主题,但约束发展的社会条件是不断变化的,因此要实现可持续的发展,必须根据约束发展的社会各方面条件的历史变化,根据社会生产力发展水平、性质和要求的历史变化,不断改革和完善生产方式。中国社会经济发展进入新时代,无论是约束条件还是面临的机遇和挑战都发生了深刻的历史性变化,就内部发展而言,"中等收入陷阱"的威胁及可持续发展面临的矛盾越来越现实、尖锐;就外部环境而言,"修昔底德陷阱"的压力及国际经济格局的变化越来越凸显、复杂。不根本改变发展方式难以实现全面建设中国特色社会主义现代化强国目标。因此,党的十八届五中全会明确提出创新、协调、绿色、开放、共享五大新发展理念,以引领发展方式根本转变,

---

[1] 参见《习近平主持召开十九届中央全面深化改革领导小组第一次会议强调:全面贯彻党的十九大精神 坚定不移将改革推向深入》,《人民日报》,2017年11月21日,第1版;《习近平在广东考察时强调:高举新时代改革开放旗帜 把改革开放不断推向深入》,《人民日报》,2018年10月26日,第1版;习近平:《深入理解新发展理念》,《求是》,2019年第10期,第4—16页。

第一章 "中国特色社会主义政治经济学"范畴的讨论——广义政治经济学创造性发展

实现从高速增长向高质量发展的转变,以适应建设富强、民主、文明、和谐、美丽的社会主义现代化强国的要求。一方面,"这五大发展理念,是在深刻总结国内外发展经验教训,深入分析国内外发展大势的基础上提出来的,集中反映了我们党对中国经济发展规律的新认识,同马克思主义政治经济学的许多观点是相通的"[①]。另一方面,"这五大发展理念也是对我们在推动经济发展中获得的感性认识的升华,是对我们推动经济发展实践的理论总结"[②],是把马克思主义政治经济学基本原理同中国社会经济发展具体历史实践紧密结合的理论总结。习近平同志将其概括为中国特色社会主义政治经济学必须坚持的基本原则,是对中国特色社会主义经济发展规律认识的升华,也是对马克思主义政治经济学理论的重要创新。

第三,必须坚持中国特色社会主义基本经济制度。中国特色社会主义政治经济学的研究,旨在通过对社会生产方式的研究,揭示生产关系与生产力矛盾运动规律,推动生产关系的变革和完善,以不断解放和发展生产力,而生产关系主要体现为基本经济制度。党的十九届四中全会深刻总结了新中国成立以来特别是改革开放以来的实践,把中国特色社会主义基本经济制度概括为三个方面:一是生产资料所有制,包括所有制结构和实现形式,即以公有制为主体、多种所有制经济共同发展;二是收入分配制度,包括由所有制决定的分配方式和实现机制,即以按劳分配为主体、多种分配方式并存;三是资源配置机制,包括经济运行机制和调控方式,即社会主义市场经济体制。上述三个方面是有机统一的整体,这一基本经济制度体现了社会主义制度的根本优势和最为本质的特征,同时又与中国特色社会主义初级阶段社会生产力性质和发展要求相适应,是党和人民在改革开放伟大实践中的创造。这一探索进程在实践上是"中国特色社会主义"从"破题"到基本稳定和成熟的过程,同时在理论上也是马克思主义政治经济学从"初稿"到形成"系统化学说"的过程。习近平同志将其作为中国特色社会主义政治经济学必须坚持的基本原则,既是基于对改革开放历史实践的深刻总结,也是对中国特色社会主义本质特征认识的深化,从而为形成和

---

① 习近平:《不断开拓当代马克思主义政治经济学新境界》,《求是》,2020年第16期,第4—9页。
② 同上。

发展中国特色社会主义政治经济学系统化的学说提供了重要的实践基础和思想基础,是中国共产党人开拓当代中国马克思主义政治经济学新境界的重要结晶。

第四,必须坚持对外开放的基本国策。实践表明,改革、发展、开放是有机整体,开放是基本国策,是中国特色社会主义现代化的题中应有之义。"现代化"命题本身在本质上就是开放的全球化意义上的现代化,而不可能是封闭的。经济全球化是不可逆转的时代潮流,是社会生产力发展的客观要求和必然结果,为世界经济发展提供了强劲动力,经济全球化发展是不以人的意志为转移的历史规律。① 因此,中国特色社会主义现代化建设进程,"必须主动顺应经济全球化潮流,坚持对外开放,充分运用人类社会创造的先进科学技术成果和有益管理经验"②。尽管经济全球化进程会遇到挫折,出现逆全球化的浪潮,但经济全球化的历史潮流是阻挡不住的。③ 马克思主义政治经济学的一个基本观点和基本逻辑便是认为,"人类社会最终将从各民族的历史走向世界历史"④。中国特色社会主义的历史进程也必然是中华民族的现代化融入经济全球化并根本改变和深刻影响人类现代化格局的进程。中国特色社会主义的发展趋势必然是社会主义从国别(中国)走向全球,进而最终实现全人类理想社会(共产主义大同世界)目标的发展历史。习近平同志将坚持对外开放基本国策作为中国特色社会主义政治经济学的重要原则,不仅是基于对马克思主义政治经济学理论逻辑的科学理解,同时也是对中国特色社会主义实践历史逻辑的深刻把握。

上述四个方面的基本原则,既是习近平"中国特色社会主义政治经济学"的历史观和阶级立场的集中体现,也是开拓当代马克思主义政治经济学新境界的重要理论概括,为发展和完善中国特色社会主义政治经济学明确了价值取向和宗旨要义。

---

① 《习近平出席首届中国国际进口博览会开幕式并发表主旨演讲》,《人民日报》,2018 年 11 月 6 日,第 1 版。

② 习近平:《深入理解新发展理念》,《求是》,2019 年第 10 期,第 4—16 页。

③ 《习近平出席第二届中国国际进口博览会开幕式并发表主旨演讲》,《人民日报》,2019 年 11 月 6 日,第 1 版。

④ 习近平:《不断开拓当代马克思主义政治经济学新境界》,《求是》,2020 年第 16 期,第 4—9 页。

（三）习近平"中国特色社会主义政治经济学"的范畴创新和体系构建

1. 中国特色社会主义政治经济学在学术范畴上的创新和凝练

习近平"中国特色社会主义政治经济学"理论源于中国特色社会主义实践，在总结实践经验的基础上运用马克思主义政治经济学的基本方法和基本原理，从具体上升到抽象，从实践升华为理论，形成了一系列政治经济学思想的新突破，形成了一系列政治经济学的学术新范畴。进而，从基本理论到学术范畴全面推进了中国特色社会主义政治经济学的发展和完善。

这些重要理论和学术范畴的形成，是我们党开拓当代中国马克思主义政治经济学新境界的结晶，主要包括："关于社会主义本质的理论，关于社会主义初级阶段基本经济制度的理论，关于创新、协调、绿色、开放、共享发展的理论，关于发展社会主义市场经济、使市场在资源配置中起决定性作用和更好发挥政府作用的理论，关于我国经济发展进入新常态、深化供给侧结构性改革、推动经济高质量发展的理论，关于推动新型工业化、信息化、城镇化、农业现代化同步发展和区域协调发展的理论，关于农民承包的土地具有所有权、承包权、经营权属性的理论，关于用好国际国内两个市场、两种资源的理论……关于促进社会公平正义、逐步实现全体人民共同富裕的理论……等等"[①]。上述九个方面的概括是习近平同志在 2015 年 11 月 23 日十八届中央政治局第二十八次集体学习时的讲话中做出的，近些年的实践，尤其是党的十九大以来的实践探索，不仅对已有的关于中国特色社会主义政治经济学理论又有所深化，而且进一步形成了马克思主义政治经济学中国化的许多新成果，进一步丰富了中国特色社会主义政治经济学的内容。比如：关于深化供给侧结构性改革的理论，关于建设现代化经济体系的理论，关于新发展格局的理论，关于脱贫攻坚的理论，关于现代化的目标和方略的理论，等等。[②]

党的二十大又进一步丰富了这一思想体系，尤其是"初步构建中国式现代化理论体系"，系统性地阐释了以中国式现代化推进中华民族伟大复兴历史进

---

① 习近平：《不断开拓当代马克思主义政治经济学新境界》，《求是》，2020 年第 16 期，第 4—9 页。
② 《习近平谈治国理政》(第三卷)，北京：外文出版社 2020 年版，第 231—275 页。

程的不可逆转性、面临挑战的历史空前性、实现目标的历史阶段性,明确了中心任务和首要任务,阐释了实现中国式现代化的途径、道路,剖析了作为人类文明新形态的中国式现代化的本质要求和基本特征,等等。作为当代中国马克思主义政治经济学最新理论成果,不仅源于中国特色社会主义最新历史实践,而且不断被实践证明其具有科学性和强大的生命力。这种科学性和创造性首先集中体现在一系列学术范畴的凝练和阐释上。恩格斯指出:"一门科学提出的每一种新见解都包含这门科学的术语的革命。"①也就是说一门科学的形成和发展需要相应的学术范畴的凝练和变革,作为社会科学的学术范畴既是对相应的科学所考察的客观世界的历史回应,也是对相应社会科学最为本质和最具特殊性的思想的高度概括,没有独特的学术范畴,就不可能构成相应的科学学说,没有学术范畴的变革("术语的革命"),就不可能推动相应的科学发展。马克思主义政治经济学之所以能够在批判继承资产阶级古典经济学的基础上形成崭新的科学学说,重要的便在于其深刻的"术语的革命"。比如,古典经济学有"劳动价值"范畴,但却没有"劳动二重性"范畴,而恰恰是"劳动二重性"范畴的提出,成为理解政治经济学的枢纽,成为把古典经济学劳动价值论转变为马克思主义科学的劳动价值论的关键;又比如,古典经济学有"劳动工资"范畴,但却没有"劳动力商品"范畴,而正是马克思主义政治经济学"劳动力商品"范畴的提出,成为解释雇佣劳动之所以具有剥削性质的钥匙,进而揭示雇佣劳动、等价买卖背后的"不等价"交换的实质;再比如,古典经济学有利润、利息、地租、工资等范畴,但却没有概括这些现象性范畴本质特征的"剩余价值"范畴,而恰恰是"剩余价值"范畴的创立和理论的阐释,才真正形成了马克思主义政治经济学,真正从无产阶级立场科学地阐释了资本主义生产方式运动规律。同样,中国特色社会主义政治经济学作为历史的社会科学,必须提出自身特有的科学范畴。比如,中国特色社会主义、社会主义初级阶段、中国特色社会主义基本经济制度、社会主义市场经济、新发展理念、经济新常态、混合所有制改革、农地三权分置、新四化协调、(在资源配置中起决定性作用的)市场与(更好发挥作用的)政府、供给侧结构性改革、脱贫攻坚、(国内大循环为主体,国内国际双循环相互促进的)新发展格局、现代化经济体系、经济高质量发展、稳中求进、乡村振兴、"一带一路"

---

① 《马克思恩格斯全集》(第四十四卷),"英文版序言",北京:人民出版社 2001 年版,第 32 页。

第一章 "中国特色社会主义政治经济学"范畴的讨论——广义政治经济学创造性发展

"人类命运共同体",等等。显然,这一系列中国特色社会主义政治经济学范畴的形成,最深刻的根源在于中国特色社会主义伟大实践,同时又是对实践提出的问题做出的马克思主义政治经济学的时代回应。① 当然,科学总是在批判继承中发展的。马克思主义政治经济学在批判继承资产阶级古典经济学的过程中,不仅在一系列重要和关键性理论范畴上进行了革命性变革和根本性创新,而且继承使用了大量以往经济学已有的学术范畴,比如商品、货币、劳动、价值、价格、市场、工资、地租、利润、企业、资本等许多基本经济学范畴,都是在马克思主义政治经济学产生之前就已经形成了,马克思主义政治经济学并没有排斥对这些范畴的借鉴和运用。中国特色社会主义政治经济学同样需要借鉴和运用经济学发展的各方面成果,包括资产阶级经济学的有借鉴意义的理论和范畴。正如习近平同志所指出的:"我们坚持马克思主义政治经济学基本原理和方法论,并不排斥国外经济理论的合理成分。西方经济学关于金融、价格、货币、市场、竞争、贸易、汇率、产业、企业、增长、管理等方面的知识,有反映社会化大生产和市场经济一般规律的一面,要注意借鉴。"②

2. 中国特色社会主义政治经济学在理论逻辑上的升华和构建

习近平同志对中国特色社会主义政治经济学的理论体系作出了清晰的概括,即基本方法、核心问题、主要任务、根本目标等四个方面,进而明确了中国特色社会主义政治经济学的逻辑结构。③

基本方法是遵循马克思主义辩证唯物史观,坚持解放和发展生产力的根本标准和原则,在生产力与生产关系、经济基础与上层建筑的矛盾运动分析中,阐释中国特色社会主义生产方式,尤其是基本经济制度的发展特征及运动规律,以适应社会经济发展的历史要求。这种关于中国特色社会主义政治经济学基本方法的概括有三个突出特点:一是坚持马克思主义的历史观和方法论,在马克思主义哲学与政治经济学、科学社会主义学说有机统一中展开中国特色社会主义政治经济学分析;二是克服了以往割裂生产力与生产关系有机统一性的关

---

① 《习近平在经济社会领域专家座谈会上的讲话》,《人民日报》,2020年8月25日,第2版。
② 习近平:《不断开拓当代马克思主义政治经济学新境界》,《求是》,2020年第16期,第4—9页。
③ 《习近平主持召开经济形势专家座谈会强调:坚定信心增强定力 坚定不移推进供给侧结构性改革》,《人民日报》,2016年7月9日,第1版。

于政治经济学研究对象究竟是生产关系还是包括生产力在内的社会生产方式的长期分歧,从方法论上将生产力与生产关系的研究统一起来,使中国特色社会主义政治经济学的研究对于指导社会经济发展更具建设性;三是把解放和发展生产力、推动社会主义现代化强国目标的实现作为政治经济学研究中国特色社会主义基本经济制度的出发点和落脚点,着眼于发展,并以发展作为检验中国特色社会主义制度建设和完善的根本标准。

核心问题是如何统一社会主义与市场经济,如何完善中国特色社会主义基本经济制度,坚持社会主义市场经济方向。这一核心问题包括两个基本方面:一是社会主义制度与市场经济机制的有机统一问题;二是怎样处理好政府与市场的关系问题。社会主义制度与市场经济机制能否统一?这在思想史上和经济史上是长期争论的问题。我们党对这一问题的认识经历了从根本否定到充分肯定的艰苦探索过程,直到党的十四大正式提出"社会主义市场经济"命题,并以此作为改革的方向。这是中国特色社会主义伟大实践对马克思主义政治经济学和科学社会主义做出的重要突破性发展。党的十九届四中全会总结概括了中国特色社会主义基本经济制度,把社会主义市场经济与公有制为主体、多种所有制经济共同发展的所有制结构和按劳分配为主体、多种分配方式并存的分配制度统一在一起,作为基本经济制度的内涵,基本经济制度的这三个方面形成有机统一。没有中国特色社会主义的所有制及其改革和完善,就不可能有社会主义市场经济的运行机制和以按劳分配为主体、多种分配方式并存的分配制度;没有社会主义市场经济机制,就不可能有中国特色社会主义的所有制和个人收入分配制度的实现方式;没有按劳分配为主体、多种分配方式并存的分配制度,就没有所有制利益要求的实现和社会主义市场经济不同于资本主义的本质特征的体现。因此,必须在完善中国特色社会主义基本经济制度的基础上,切实有机统一社会主义与市场经济。"什么时候都不能忘了'社会主义'这个定语"[①],在此基础上,处理好政府与市场的关系,政府与市场在资源配置上的关系如何处理在历史上和现实中是各国面临的普遍难题,"处理好政府和市场的关系,实际上就是要处理好在资源配置中市场起决定性作用还是政府起决定

---

① 中共中央文献研究室编:《习近平关于社会主义经济建设论述摘编》,北京:中央文献出版社2017年版,第64页。

第一章 "中国特色社会主义政治经济学"范畴的讨论——广义政治经济学创造性发展

性作用这个问题"①,党的十九大总结了在这一问题上的理论与实践探索进程,将中国特色社会主义的政府与市场关系概括为:在资源配置上市场起决定性作用,更好发挥政府作用。这一概括是运用马克思主义政治经济学阐释中国特色社会主义经济运行和调控机制的重要理论创新,是我们党在理论和实践上的又一重大推进。

主要任务是调动各方面的积极性。分析中国特色社会主义经济发展和运行过程中的各种利益关系,以指导处理各种矛盾。所谓"政治经济学"就是要从根本物质利益(经济)上调动广泛(政治)的积极性(毛泽东同志曾说过,习近平同志曾引用过,"政治"就是把拥护自己的人搞得多多的)。中国特色社会主义政治经济学就是要根据最广大的人民群众最根本的利益要求,建立和完善利益分配机制,包括国民收入宏观上的分配和再分配,居民收入微观上的分配和再分配,尤其需要处理好承认差距与最终实现共同富裕的辩证关系。中国特色社会主义的本质是解放和发展生产力,逐渐实现共同富裕的目标,否则就不成其为"社会主义"。同时,我国处于社会主义初级阶段并且将长期处于初级阶段的现实,使得在社会主义市场经济条件下,各方面的利益实现必须在原则上通过社会主义市场机制,因而在社会主义市场经济竞争中就必须承认差别,否则便会破坏生产力的发展,不仅按劳分配本身有差异,而且公有制为主体、多种所有制经济共同发展的所有制结构也会产生利益差异,即使是公有制经济本身在市场竞争中也会存在利益差异。调动各方面积极性的关键是处理好多方面的利益差异与矛盾。中国特色社会主义政治经济学的主要任务就是科学阐释各种利益关系的矛盾运动规律,充分调动积极性,最大限度地激励社会经济发展,最广泛地使人民公平地共享发展成果,进而使中国特色社会主义为解放和发展生产力获得最为强劲的不竭动力。这种关于中国特色社会主义经济发展动力的分析,既尊重客观历史条件规定的经济规律,注重克服空想社会主义超越发展阶段的不切实际,又以人民为发展中心,以人民利益为发展根本,坚持朝着共同富裕的方向不断努力,把实现共同富裕的目标与解放和发展生产力的要求历史地统一起来,把贯彻共享理念与充分调动共建积极性统一起来,把体现社会主

---

① 中共中央文献研究室编:《习近平关于社会主义经济建设论述摘编》,北京:中央文献出版社2017年版,第52页。

义的公平正义与培育和完善社会主义市场经济机制统一起来。这是开辟当代中国马克思主义政治经济学新境界的重要成果。

根本目标是推动经济发展。习近平"中国特色社会主义政治经济学"回答的时代课题是如何实现中国特色社会主义基本纲领,把中国建设成为富强民主文明和谐美丽的社会主义现代化强国。这就从根本上规定了其目标是推动经济发展。"发展是永恒的主题",但处理和实践这一"主题"的历史条件是不断变化的,包括"发展"的目标函数和约束函数都具有鲜明时代性。习近平"中国特色社会主义政治经济学"就是回应中国特色社会主义进入新时代的新的发展主题。面对新的约束条件变化,面对新的挑战,统筹"两个大局",以把握实现社会主义现代化强国的历史性机遇,在建党100周年实现全面建成小康社会目标的基础上,乘势而上开启现代化新征程,实现"第二个百年奋斗目标",到新中国成立100周年,即21世纪中叶,把我国建成社会主义现代化强国。

特别需要指出的是,马克思主义的理论不同于其他学说和理论的重要之处在于,它不仅是思想,同时更是无产阶级人民群众的革命运动和历史创造。同样,习近平"中国特色社会主义政治经济学"不仅是学说,同时更是实践。理论源于实践,又以指导实践为初衷,最终接受实践的检验。中国特色社会主义政治经济学产生于中国特色社会主义伟大实践并指导实践,中国经济社会发展,特别是改革开放以来的发展成就,证明中国特色社会主义理论,包括政治经济学理论,是科学的;证明中国特色社会主义道路,包括发展方式的不断变革,是正确的;证明中国特色社会主义制度,包括基本经济制度,是适应解放和发展生产力的历史要求。习近平"中国特色社会主义政治经济学"的时代实践性,集中体现在其实现新时代经济发展目标的实践方略上。

实践证明,习近平"中国特色社会主义政治经济学"的这种理论逻辑和实践逻辑是正确的,具有强大的生命力。伴随中国特色社会主义现代化事业的发展和基本纲领的实现,习近平新时代中国特色社会主义思想,包括政治经济学理论,在实践中必将不断发展和完善,其科学性和开拓性必将进一步为中国现代化发展历史所证明。

第二章
"社会主义初级阶段"范畴的讨论
——中国特色社会主义进程的历史方位*

第一节 社会主义的阶段问题及其划分依据

党的二十大擘画了以中国式现代化全面推进中华民族伟大复兴的宏伟蓝图,为新时代全面建设社会主义现代化国家、实现第二个百年奋斗目标指明了前进方向、确立了行动指南。中国特色社会主义进入新时代,中国进入新发展阶段,党提出了一系列治国理政新理念新思想新战略。党的二十大报告明确指出,"未来五年是全面建设社会主义现代化国家开局起步的关键时期"①,强调不断谱写马克思主义中国化时代化新篇章,继续推进实践基础上的理论创新。在全面建设社会主义现代化国家新征程上,如何正确认识我国所处的历史方位和发展阶段,是坚持和发展中国特色社会主义的重大理论问题,关乎以中国式现代化全面推进中华民族伟大复兴的历史进程,关乎第二个百年奋斗目标的实现。

(一)发展阶段的提出

马克思主义经典作家讨论过从资本主义到实现共产主义的阶段问题,即所

---

* 本章主要内容刊于刘伟、刘守英:《论新发展阶段与社会主义初级阶段》,《经济研究》,2023年第3期,第4—22页。

① 《高举中国特色社会主义伟大旗帜 为全面建设社会主义现代化国家而团结奋斗——在中国共产党第二十次全国代表大会上的报告》,《人民日报》,2022年10月26日,第1版。

谓过渡时期、共产主义低级阶段（社会主义）、共产主义高级阶段的三阶段论。马克思在《哥达纲领批判》中对资本主义社会之后人类社会形态的发展阶段首次进行了划分，一是对资本主义社会到共产主义社会之间存在过渡时期做出了明确阐释，"在资本主义社会和共产主义社会之间，有一个从前者变为后者的革命转变时期。同这个时期相适应的也有一个政治上的过渡时期"[①]。应当说，这一"过渡时期"并不是共产主义社会性质的，也不是马克思所说的科学社会主义性质的。马克思主义经典作家所说的社会主义与共产主义是同义语，不应把这里所说的"过渡时期"理解为人们后来所说的"社会主义社会"时期。这种从资本主义社会向共产主义社会的过渡时期，准确地说是无产阶级革命推翻资本主义生产方式和资产阶级统治之后，为建立共产主义（社会主义）社会政治、经济等制度而进行的一种"革命转变时期"，这一"革命转变时期"有着不同于共产主义（社会主义）社会的政治、经济等方面的制度特点。在马克思主义经典作家的论述中，这一"革命转变时期"具有旧社会（资本主义）向新社会（共产主义）过渡的性质，因而不是一种稳定的长期的社会形态。二是对经过"革命转变时期"实现向新社会过渡之后的共产主义社会，马克思进一步提出了阶段划分，即"共产主义社会第一阶段"，这一阶段具有共产主义社会性质，但生产力水平还不够发达，虽然在制度上取消了一切凭借生产资料资本私有制而产生的剥削，但仍只能实行按劳分配，而在劳动面前平等的以劳动为尺度的按劳分配，本质上仍是一种形式上的而并非真正事实上的平等。在经过"共产主义社会第一阶段"的发展之后的共产主义社会，马克思将其划分为"共产主义社会高级阶段"，具备了不同于第一阶段的一系列新特征，具有不同的社会生产力发展基础，在分配制度上以"按需分配"取代"按劳分配"[②]。《哥达纲领批判》中虽然对共产主义社会做出"第一阶段"和"高级阶段"的划分，但仍统称为"共产主义社会"，并未以"社会主义社会"来区别于"共产主义社会"，没有将所谓"共产主义社会第一阶段"称为"社会主义社会"。

列宁首次严格区分了"共产主义"与"社会主义"不同范畴及不同历史阶段的特点。列宁在《国家与革命》中，把马克思所说的"共产主义第一阶段"称为

[①] 《马克思恩格斯文集》（第三卷），北京：人民出版社2009年版，第445页。
[②] 同上书，第435—436页。

第二章 "社会主义初级阶段"范畴的讨论——中国特色社会主义进程的历史方位

"社会主义",指出:"在共产主义社会的第一阶段(通常称为社会主义),'资产阶级权利'没有完全取消,而只是部分地取消,只是在已经实现的经济变革的限度内取消,即只是在同生产资料的关系上取消。"①但是社会主义同共产主义在科学上的差别是很明显的。他在《国家消亡的经济基础》一章中论述了在无产阶级专政建立以后要经历三个发展阶段,一是从资本主义向共产主义第一阶段的社会主义过渡;二是"共产主义社会第一阶段";三是"共产主义社会高级阶段"。② 同时,列宁也预见到经济发展和制度发育落后国家发展阶段过渡的难易程度是不一样的。

(二)发达程度决定发展阶段

马克思所设想的发达的社会主义,不仅包括经济发展水平的提高,也包括思想层面的升华,前者表现为生产力有很大的发展,机械化、自动化程度有很大的提高,物质产品极为丰富;后者体现为共产主义觉悟大大提高,精神产品大为丰富。马克思设想资本主义发达国家将最先进入这一阶段,美国和西欧资本主义高度发达的国家取得无产阶级社会主义革命的胜利,可能经过一个较短的"阵痛期"以后,不经过不发达的社会主义社会,而直接进入发达的社会主义社会。在俄国、中国这样小资产阶级占优势的国家里,即使生产资料所有制的社会主义改造完成以后,还要经过很长的不发达的社会主义阶段才能进入发达的社会主义。

列宁对落后国家通过无产阶级推翻资产阶级统治进入发达社会主义阶段的理论与实践做出了突破性贡献。一是指出无产阶级推翻资本主义生产方式的革命可以发生在(或者说首先发生在)资本主义世界链条上的薄弱环节。比如当时的俄国,因而尽管推翻资本主义生产方式的根本动因在于生产力与生产关系的矛盾对立,在于解放和发展社会生产力的根本要求,但生产力水平并不是必须(或只有)达到最发达的资本主义国家的社会经济水平。相反,是在社会生产力水平相对落后的资本主义世界链条上的薄弱环节上更可能首先发生变革,突破了马克思主义经典作家关于无产阶级革命首先在最发达的进而生产力

---

① 《列宁全集》(第三十一卷),北京:人民出版社2017年版,第90、94页。
② 同上书,第82—98页。

与生产关系矛盾最尖锐的资本主义国家（如当时的西欧国家）发生的预测。二是指出通过无产阶级革命实践推翻资本主义统治、建立社会主义社会，可以是个别国家首先实践的事情（如当时的俄国），只要这种革命所需要的条件在个别国家具备就可能发生革命的实践运动，因而社会主义制度替代资本主义制度的变革实践并非从一开始就是国际性的，或者说并不是各国普遍发生的运动，而是个别国家的国别性的，如俄国十月革命。正如列宁所说："由于我们在报刊上屡次说过而大家都已知道的那些经济和政治性质的原因，由于发展的速度和基础与西欧不同，我们的俄罗斯社会主义苏维埃共和国暂时还是处在帝国主义强盗势力的波涛汹涌的大海中的一个孤岛。"①所谓"孤岛"形成的原因主要有两方面：一方面，当时苏维埃俄国本身经济社会发展水平相对落后于资本主义生产力发展水平更高的西欧，因此难以在经济发展上产生更重要和广泛的国际影响力；另一方面，十月革命建立的苏维埃政权是社会主义在一个国家内取得的胜利，并未根本改变资本主义的世界体系，社会主义国家还处于世界资本主义体系包围之中，还是一种孤立的存在。要实现社会主义的"孤岛"在资本主义的"汪洋"包围下的生存、发展和突破，必须首先在经济发展方面赶上并超过发达的资本主义国家，同时必须努力实现国际无产阶级共产主义运动与本国的社会主义革命的相互支持和结合，并且在这一历史进程中需要妥善处理社会主义制度的国家与资本主义世界体系的关系。三是在俄国十月革命建立苏维埃政权基础上建立的"军事共产主义"社会遭受严重挫折之后，列宁提出了"新经济政策"，在理论和实践上对马克思主义经典作家关于从资本主义到共产主义（社会主义）存在"过渡期"的思想做出了新发展，指出这个具有向社会主义社会过渡性质的"革命转变时期"不同于社会主义社会，在生产资料所有制上不是单纯的公有制，而是多种性质的所有制组合为特定的结构；在资源配置方式上不是单纯的中央计划经济，而是存在市场机制，并通过市场交易来实现工农、城乡之间和各方面的经济联系；在对外经济关系上不是孤立地发展经济，而是与资本主义世界经济体系建立广泛的联系，包括利用资本主义世界市场和引进外资等；这些特点之所以存在，根本原因在于社会生产力发展水平相对落后。

---

① 《列宁全集》（第三十四卷），北京：人民出版社2017年版，第307页。

(三) 发展阶段决定制度性质

由生产力发展水平不同带来的发展阶段的变化,必然带来与之相适应的制度结构和制度安排的变化。马克思在《哥达纲领批判》中所说的共产主义社会,是刚刚从资本主义社会中产生出来的,这一社会的制度特征是,生产资料是集体共同占有的方式,生产者不交换自己的产品,耗费在产品生产上的劳动也不表现为这些商品的价值和它们所具有的某种物的属性,个人的劳动直接地作为总劳动的构成部分存在。每个生产者在作了各项扣除之后,从社会方面正好领回他所给予社会的一切,他所给予社会的就是他个人的劳动量。在这样的社会里已不承认任何阶级差别,因为每人都像其他人一样只是劳动者。但是,这一阶段还默认不同等的个人天赋,也即默认不同等的工作能力是天然特权。[①] 列宁在《国家与革命》中明确给出了"共产主义社会的第一阶段"的制度特点,即生产资料已经不是个人的私有财产,已归整个社会所有。人剥削人已经不可能了,因为那时已经不能把工厂、机器、土地等生产资料视为私有了;国家正在消亡,因为资本家已经没有了,阶级已经没有了,因而也就没有什么阶级可以镇压了。但是,国家还没有完全消亡,因为还要保卫容许事实上存在不平等的"资产阶级权利"。但是,在共产主义第一阶段(社会主义),劳动者因为不同等的个人天赋从而不同等的工作能力,不平等的权利不可避免。[②] 只有到了共产主义高级阶段,社会生产力迅速发展,脑力劳动和体力劳动对立消失,劳动本身成了生活第一需要,随着个人全面发展和生产力增长,社会才能实现各尽所能,按需分配。

(四) 超越阶段导致发展后果

阶段问题的判定与实施直接影响了社会主义制度的探索进程和发展绩效,正确判定发展阶段并采取具有适当性质的制度安排就能够促进生产力发展;反之,超越发展阶段并采取超越该阶段制度性质的制度安排就会阻碍生产力发展。

马克思主义经典作家曾在理论上设想过这种阶段划分的历史进程。在1850年3月的《中央委员会告共产主义者同盟书》中就指出:从资本主义到共

[①] 《马克思恩格斯文集》(第三卷),北京:人民出版社2009年版,第434—435页。
[②] 《列宁全集》(第三十一卷),北京:人民出版社2017年版,第89—92页。

产主义要经历不同的发展阶段,第一阶段是民主主义共和国阶段,民主派将会取得统治,但"不得不提出一些多少带点社会主义性质的措施";第二阶段是社会共和国,是"带有社会主义倾向的共和国"(向共产主义第一阶段过渡时期);第三阶段是社会共产主义共和国,是"带有共产主义倾向的共和国"(共产主义第一阶段);第四阶段是纯粹的共产主义共和国(共产主义高级阶段)。①

十月革命将"跨越资本主义卡夫丁峡谷"的设想从理论变成了现实,但是,苏联的社会主义建设经历了从直接过渡到间接过渡的演化。俄国无产阶级革命胜利后,列宁曾提出"直接过渡到国家按共产主义原则进行生产和分配"②的设想,以战时共产主义政策推动俄国无产阶级直接将落后的生产关系变革为社会主义生产关系,但最后又不得不采取新经济政策,退回到间接过渡,即在无产阶级专政条件下发展市场经济和一定程度的私人资本主义,为俄国无产阶级通向社会主义寻找可行道路。直接过渡忽视了俄国生产力落后和发达程度不足以支持俄国直接进入社会主义阶段的现实,列宁指出社会主义不可能最终确立在小生产的落后基础之上,没有高度发达的大工业,那就根本谈不上社会主义,而对于一个农民国家来说就更是如此,因此,苏维埃俄国的社会主义建设必须依据生产力落后的程度确定苏维埃俄国所处的阶段是不发达的社会主义阶段,必须采用与不发达社会主义相适应的制度安排来发展不发达社会主义苏维埃俄国的生产力,即通过资本主义商品生产,逐步过渡到没有商品货币关系的"纯社会主义的经济形式"。列宁反复强调指出:"必须善于考虑那些便于从宗法制度、从小生产过渡到社会主义的中间环节。""既然我们还不能实现从小生产到社会主义的直接过渡,所以作为小生产和交换的自发产物的资本主义,在一定程度上是不可避免的,所以我们应该利用资本主义(特别是要把它纳入国家资本主义的轨道)作为小生产和社会主义之间的中间环节,作为提高生产力的手段、途径、方法和方式。"③在列宁看来,新经济政策就是过渡性的政策,就是过渡到社会主义所需要的"中间环节","新经济政策的俄国将变成社会主义的俄国"④。列宁指出:"我们不得不承认我们对社会主义的整个看法根本改变了。"

---

① 《苏联理论界论社会主义》,北京:人民出版社1983年版,第13—14页。
② 《列宁专题文集·论社会主义》,北京:人民出版社2009年版,第250页。
③ 《列宁全集》(第四十一卷),北京:人民出版社2017年版,第217页、第301—302页。
④ 《列宁全集》(第四十三卷),北京:人民出版社2017年版,第306页。

第二章 "社会主义初级阶段"范畴的讨论——中国特色社会主义进程的历史方位

同时,列宁强调"在任何一次深刻的政治变革以后,人民需要用很长时间来消化这种变革""使它为人民群众所理解",包括"他们所得到的教训"[①]。

斯大林领导下的苏联社会主义革命和建设在理论与实践探索中对阶段划分问题也十分重视,但总的判断是经过新经济政策等不长的过渡时期之后,苏联即已建成社会主义社会,并且很快将过渡到共产主义社会。1936年11月,斯大林在《关于苏联宪法草案》的报告中正式宣布:"苏联社会已经做到在基本上实现了社会主义,建立了社会主义制度,即实现了马克思主义者又称为共产主义第一阶段或低级阶段的制度。这就是说,我们已经基本上实现了共产主义第一阶段,即社会主义。"[②]在斯大林看来,从1917年十月革命发生并取得推翻资本主义的胜利,到1936年建成社会主义制度,苏联从资本主义向社会主义社会过渡的"革命转变时期"已经结束。[③] 进一步,斯大林认为社会主义作为共产主义的第一阶段或者说低级阶段,并不是一个长期过程,而是很快就能进入共产主义阶段的短期发展过程。到1939年,斯大林即宣布苏联已进入了"共产主义阶段",指出:苏联在第三个五年计划中进入新的发展阶段,即完成无产阶级的社会主义社会建设,亦从社会主义逐渐过渡到共产主义阶段。也就是说,社会主义阶段已经完成,开始向共产主义过渡。

赫鲁晓夫对苏联已进入共产主义阶段的判断继承了斯大林的观点,并且提出苏联进入了"一个新的、极重要的发展时期——全面开展共产主义社会建设的时期"[④]。勃列日涅夫虽然从进入"共产主义阶段"的判断上有所倒退,但仍坚持苏联"已建成发达社会主义社会"。历史表明,苏联关于社会主义发展阶段的划分和进入共产主义高级阶段的历史判断,从已进入共产主义阶段到进入全面开展共产主义社会建设时期到修正的"已建成发达社会主义社会",对于作为共产主义低级阶段的社会主义社会历史长期性明显估计不足,不符合科学社会主义发展的客观历史规律。邓小平在总结苏联社会主义经验教训时指出:"社会主义究竟是个什么样子,苏联搞了很多年,也并没有完全搞清楚。可能列宁

[①] 《列宁专题文集·论社会主义》,北京:人民出版社2009年版,第262、354页。
[②] 《斯大林选集》(下卷),北京:人民出版社1979年版,第399页。
[③] 关于这一过渡期应当为多长的问题,在当时苏联领导者和学术界之中存在分歧,如布哈林等与斯大林的分歧。
[④] 《苏联共产党中央委员会的报告(之一)》(中文版),《人民日报》,1956年2月18日,第2版。

的思路比较好,搞了个新经济政策,但是后来苏联的模式僵化了。"①

中国共产党关于从新民主主义革命胜利到进入社会主义社会的过渡期的理论和实践,发展了马克思主义关于从资本主义社会到社会主义社会革命转变期的思想。一是论证了不仅在资本主义个别国家,在资本主义链条的薄弱环节,而且在半殖民地半封建社会的中国进行无产阶级领导的革命的可能和必然,论证了这种革命在中国社会的特殊性质,即新民主主义革命,并提出了新民主主义革命纲领,明确了革命所要达到的目标和实现革命的途径、方式,形成了新民主主义的《共同纲领》。二是在"一化三改"的历史实践中探索并发展了马克思主义经典作家关于向社会主义社会过渡的理论。新中国成立不久,经过三年国民经济恢复发展,我国即开始从新民主主义社会向社会主义社会过渡。按照开始的设想,这一过渡期大约要15年的时间,但在后来的实践中,仅用3年时间便完成了生产资料所有制的社会主义改造,到1956年即进入了社会主义社会。尽管针对这一过渡时期是否过短,新民主主义社会是否应作为相对独立的社会形态保持更久,我国生产资料所有制社会主义改造是否过快等问题存在不同的认识,但是在这一过渡期内,无论是与此前的我国经济发展历史相比,还是与苏联等社会主义国家由资本主义进入社会主义社会的过渡期相比,我国社会生产力水平均获得了空前高速的发展,表明在这一过渡时期的制度变革和方针政策总体上是适应我国社会生产力发展历史要求的。②

毛泽东在取得土地改革、国民经济恢复、"一化三改"的胜利后,就开始考虑社会主义阶段和制度建构以推进现代化的问题。他提出,从资本主义过渡到共产主义,有可能分成两个阶段:一是由资本主义到社会主义,这可以叫作不发达的社会主义;二是由社会主义到共产主义,即由不发达的社会主义到比较发达的社会主义。后一阶段可能比前一阶段需要更长的时间。经过了后一阶段,物质产品、精神财富都极为丰富,人们的共产主义觉悟极大提高,就可以进入共产主义的高级阶段了。③ 毛泽东于1953年将新中国成立到社会主义改造基本完成设定为社会主义社会的过渡时期。

---

① 《邓小平文选》(第三卷),北京:人民出版社1993年版,第139页。
② 刘伟、范欣:《党的基本纲领的政治经济学分析——学习党的十九届六中全会精神的体会》,《管理世界》,2022年第2期,第1—15页。
③ 《毛泽东文集》(第八卷),北京:人民出版社1999年版,第116页。

第二章 "社会主义初级阶段"范畴的讨论——中国特色社会主义进程的历史方位

遗憾的是,后来的探索实践中出现了偏差,一种历史偏差是在实现向社会主义过渡后,否定社会主义不发达阶段的客观性、长期性,急于进入共产主义,刮"共产风"。另一种历史偏差则是将"过渡时期"错解为过渡到共产主义高级阶段。曾经主导的看法是,从资本主义社会向共产主义社会过渡是一个历史时期,这个历史时期都叫作社会主义社会。在发展阶段上的错误不仅导致理论上的误导,而且造成实践上的极其严重的后果。在理论上,把从资本主义到不发达的社会主义,从不发达的社会主义到发达的社会主义看作同一个历史时期,就把某个阶段的矛盾贯穿到整个历史时期;不分阶段、混淆阶段,就把某一阶段存在的现象、因素扩大成为社会主义几个发展阶段都有的现象或因素,认为按劳分配、社会主义商品货币是产生新资产阶级分子的原因,从而根本否定社会主义的按劳分配和社会主义的商品货币关系,逻辑地得出社会主义生产关系中必然产生资本主义生产关系的荒谬结论。在实践上,不分阶段、混淆阶段,导致工作重点重心转移的滞后,贻误经济发展机遇,甚至出现偏离社会主义建设这一工作重点;不区分阶段、混淆阶段,把发达的社会主义阶段才应该做的事拿到不发达社会主义阶段来做,过早地消灭个体经济,取消自留地和家庭副业,取消按劳分配、商品生产和商品交换,反对物质利益……由此挫伤了人民群众的社会主义积极性,破坏了生产关系,也严重地破坏了生产力。这个教训我们在社会主义探索的任何时期都要深刻汲取。

第二节 社会主义初级阶段的本质特征

(一)社会主义初级阶段的判定

改革开放伊始,中国共产党吸取过去的惨痛教训,将确立我国社会主义阶段作为推进现代化首先需要明确的基本问题。[①] 社会主义初级阶段的确立与坚持成为中国人民制定从站起来到富起来的基本制度、基本路线、基本方略的基石。1981年6月党的十一届六中全会通过的《关于建国以来党的若干历史问题

[①] 改革开放初期,围绕我国社会主义发展阶段问题,学术界展开了热烈的争论。参见苏绍智、冯兰瑞:《无产阶级取得政权后的社会发展阶段问题》,《经济研究》,1979年第5期;朱述先:《也谈无产阶级取得政权后的社会发展阶段问题——与苏绍智、冯兰瑞同志商榷》,《经济研究》,1979年第8期。

的决议》第一次以党中央文献提出"我们的社会主义制度还是处于初级的阶段",并以此作为我国社会主义事业的国情依据,同时强调社会主义是向共产主义高级阶段前进的历史运动。党的十三大确立了社会主义初级阶段作为党的基本路线,论证了阶段问题的重要性和核心要义,论述了社会主义初级阶段的基本理论,一是明确"正确认识我国社会现在所处的历史阶段,是建设有中国特色的社会主义的首要问题,是我们制定和执行正确的路线和政策的根本依据"[①]。二是给出了社会主义初级阶段的内涵,一方面,我国社会已经是社会主义社会,我们必须坚持而不能离开社会主义;另一方面,我国的社会主义社会还处在初级阶段,我们必须从这个实际出发,而不能超越这个阶段。三是强调社会主义初级阶段的阶段特性,即不是泛指任何国家进入社会主义都会经历的起始阶段,而是特指我国在生产力落后、商品经济不发达条件下建设社会主义必然要经历的特定阶段。四是规定了社会主义初级阶段的任务和时间区间,即从20世纪50年代生产资料私有制的社会主义改造基本完成,到社会主义现代化的基本实现,至少需要上百年时间,都属于社会主义初级阶段。党的十四大肯定了在社会主义发展阶段问题上做出的我国还处在社会主义初级阶段的科学论断,重申了这是一个至少上百年的很长的历史阶段,第一次提出社会主义初级阶段是我国的基本国情并应据此制定基本路线。党的十五大提出中国现在处于并将长时期处于社会主义初级阶段是最大的实际,强调了社会主义初级阶段的不可逾越性,即社会主义是共产主义的初级阶段,中国处在社会主义的初级阶段,就是不发达的阶段,是不可逾越的历史阶段。

我们党对社会主义社会的历史阶段性是存在一个不断深化的认识过程的。1956年我国社会主义改造基本完成,过渡时期结束,进入社会主义社会之后,受到了国际国内各种因素的影响。在国际方面,苏联等社会主义国家在建立社会主义制度之后不久便宣布开始向共产主义高级阶段过渡,并宣布已建成共产主义社会;国内在"大跃进"等浪潮冲击下,人们对于经济发展的客观规律性缺乏清醒认识,因而产生了急于进入共产主义的思想倾向和政策追求。虽然后来我们党纠正了这种思想情绪和冒进"共产风",强调要把马克思主义同中国社会主义革命和建设具体实践结合起来(毛泽东同志称之为"第二次结合"),但在指

[①] 《中国共产党第十三次全国代表大会文件汇编》,北京:人民出版社1987年版,第8页。

第二章 "社会主义初级阶段"范畴的讨论——中国特色社会主义进程的历史方位

导思想和政策倾向上对社会主义社会的长期性以及社会主义在中国的历史特殊性仍缺乏系统的科学认识。这种科学认识真正系统性的开启是在进入改革开放新历史时期之后。一方面是关于社会主义初级阶段的认识。应当说关于"社会主义初级阶段"的思想提出,是我们党对社会主义发展历史阶段性、长期性和艰巨性的科学认识上的重要升华。另一方面是关于"中国特色社会主义"的认识。1982年9月党的十二大上,邓小平同志首先提出"建设有中国特色的社会主义"命题。正如习近平同志所总结的:"改革开放40年来,我们党全部理论和实践的主题是坚持和发展中国特色社会主义。"①

探索"中国特色社会主义"重要的在于认识中国特色社会主义与社会主义、社会主义初级阶段及共产主义高级阶段之间的历史逻辑关系。概括而言,社会主义是共产主义的初级阶段,即低级阶段(列宁语),或称为共产主义的第一阶段(马克思语)。不同国家不同历史条件下的社会主义又分为不同的发展阶段。我们现阶段是社会主义初级阶段,"社会主义初级阶段,是整个建设有中国特色社会主义的很长历史过程中的初始阶段"②。因此,所谓"社会主义初级阶段",是指中国特色社会主义所特有的。中国特色社会主义是一个可以划分为不同发展阶段的长期历史过程,社会主义初级阶段是这一长期历史过程中的初始阶段,我们现在正处于并将长期处于社会主义初级阶段,实现了社会主义初级阶段的发展目标和基本纲领之后,中国特色社会主义伟大事业还要经过几代、十几代甚至几十代人的长期努力和艰苦奋斗才可能进入共产主义社会。

(二)不发达是判定社会主义初级阶段的依据

作为一个特定历史阶段,社会主义初级阶段的存在依据是这一阶段所面对的主要矛盾以及与其所要实现的现代化目标相比所存在的不发达的差距。党的十三大对社会主义初级阶段的论述,重要依据就是这一阶段所要面对的主要矛盾——人民日益增长的物质文化需要同落后的社会生产之间的矛盾。我们的社会主义是脱胎于半殖民地半封建社会,生产力水平远远落后于发达的资本

---

① 习近平:《在庆祝改革开放40周年大会上的讲话》,北京:人民出版社2018年版,第27页。
② 江泽民:《在庆祝中国共产党成立八十周年大会上的讲话》,北京:人民出版社2001年版,第42页。

主义国家,这就决定了我们必须经历一个很长的初级阶段,去实现别的许多国家在资本主义条件下实现的工业化和生产的商品化、社会化、现代化。① 党的十五大明确人民日益增长的物质文化需要同落后的社会生产之间的矛盾这一社会主义初级阶段的主要矛盾要贯穿我国社会主义初级阶段的整个过程和社会生活的各个方面,明确提出"中国又处在社会主义的初级阶段,就是不发达阶段。在我们这样的东方大国,经过新民主主义走上社会主义道路,这是伟大的胜利。但是,我国进入社会主义的时候,就生产力发展水平来说,还远远落后于发达国家。这就决定了必须在社会主义条件下经历一个相当长的初级阶段,去实现工业化和经济的社会化、市场化、现代化。这是不可逾越的历史阶段"②。为此强调以经济建设为中心的工作总方针,明确社会主义初级阶段的根本任务是发展社会生产力。提出发展是硬道理,中国解决所有问题的关键在于依靠自己的发展。党的十六大在承认我国改革开放以来已经取得巨大进步的同时,明确要正视仍然存在的不发达和与现代化目标的差距,承认当时达到的小康还是低水平的、不全面的、发展很不平衡的小康。不发达的主要表现是,我国生产力和科技、教育还比较落后,实现工业化和现代化还有很长的路要走;城乡二元经济结构还没有改变,地区差距扩大的趋势尚未扭转,贫困人口还为数不少;人口总量继续增加,老龄人口比重上升,就业和社会保障压力增大;生态环境、自然资源和经济社会发展的矛盾日益突出;我们仍然面临发达国家在经济科技等方面占优势的压力;巩固和提高目前达到的小康水平,还需要进行长时期的艰苦奋斗。正因为存在这些差距,我国正处于并将长期处于社会主义初级阶段。党的十七大分析了我国进入新世纪新阶段后发展呈现的一系列新的阶段性特征,如经济实力显著增强,人民生活总体上达到小康水平,协调发展取得显著成绩,社会主义文化更加繁荣,社会活力显著增强,对外开放日益扩大。但是,我们与现代化目标还存在较大差距,表现为生产力水平总体上还不高,自主创新能力还不强,长期形成的结构性矛盾和粗放型增长方式尚未根本改变;收入分配差距拉大趋势还未根本扭转,城乡贫困人口和低收入人口还有相当数量,统筹兼顾各方面利益难度加大;农业基础薄弱、农村发展滞后的局面尚未改变,缩小城

---

① 《十三大以来重要文献选编》(上),北京:人民出版社1991年版,第10页。
② 《中国共产党第十五次全国代表大会文件汇编》,北京:人民出版社1997年版,第15页。

第二章 "社会主义初级阶段"范畴的讨论——中国特色社会主义进程的历史方位

乡、区域发展差距和促进经济社会协调发展任务艰巨;人民精神文化需求日趋旺盛,人们思想活动的独立性、选择性、多变性、差异性明显增强,对发展社会主义先进文化提出了更高要求;社会结构、社会组织形式、社会利益格局发生深刻变化,社会建设和管理面临诸多新课题;我们面临的国际竞争日趋激烈,发达国家在经济科技上占优势的压力长期存在,可以预见和难以预见的风险增多,统筹国内发展和对外开放要求更高。为此我们党提出了在社会主义初级阶段的科学发展观。党的十八大以来,党和国家事业取得历史性成就、发生历史性变革,推动我国迈上全面建设社会主义现代化国家新征程。党的二十大报告充分肯定了党和国家事业取得的举世瞩目的成就,同时强调"必须清醒看到,我们的工作还存在一些不足,面临不少困难和问题",包括发展不平衡不充分问题仍然突出,推进高质量发展还有许多卡点瓶颈,科技创新能力还不强,城乡区域发展和收入分配差距仍然较大等。

（三）改革是社会主义初级阶段发展的根本动力

马克思主义经典作家对社会主义制度创新的认识是非常深刻的。恩格斯曾说过:"所谓'社会主义社会'不是一种一成不变的东西,而应当和任何其他社会制度一样,把它看成是经常变化和改革的社会。"①这可以看作马克思主义关于社会主义制度创新的经典阐述。在领导中国社会主义改革时,邓小平也提出,"社会主义基本制度确立以后,还要从根本上改变束缚生产力发展的经济体制,建立起充满生机和活力的社会主义经济体制,促进生产力的发展,这是改革"②。适应社会主义事业发达程度,对社会主义基本制度予以确立和不断完善,是实现社会主义初级阶段发展任务的根本保障。1986年9月党的十二届六中全会确立了社会主义初级阶段的基本制度原则:一是明确在相当长历史时期内,还要在公有制为主体的前提下发展多种经济成分;二是必须实行按劳分配;三是发展社会主义的商品经济和竞争,以所有制、分配制度和经济体制三位一体的架构确立了社会主义基本经济制度的雏形。党的十三大依据当时中国发展社会主义公有制所必需的生产社会化程度还很低,商品经济和国内市场很不

---

① 《马克思恩格斯文集》(第十卷),北京:人民出版社2009年版,第588页。
② 《邓小平文选》(第三卷),北京:人民出版社1993年版,第370页。

发达,自然经济和半自然经济占相当比重,社会主义经济制度还不成熟不完善,提出社会主义初级阶段要通过改革来解决制度问题。党的十四大明确提出经济体制改革的目标是:"在坚持公有制和按劳分配为主体、其他经济成分和分配方式为补充的基础上,建立和完善社会主义市场经济体制。"①党的十五大依据中国的社会主义制度还不完善、社会主义市场经济体制还不成熟的情况,提出需要进一步完善社会主义基本经济制度。党的十六大提出了完善社会主义基本经济制度的思路:一是坚持和完善公有制为主体、多种所有制经济共同发展的基本经济制度;二是深化分配制度改革,健全社会保障体系;三是不断完善社会主义市场经济体制,坚持社会主义市场经济的改革方向,使市场在国家宏观调控下对资源配置起基础性作用。党的十七大提出把坚持社会主义基本制度同发展市场经济结合起来,推动社会主义基本经济制度发展完善。一是完善所有制,"坚持和完善公有制为主体、多种所有制经济共同发展的基本经济制度,毫不动摇地巩固和发展公有制经济,毫不动摇地鼓励、支持、引导非公有制经济发展,坚持平等保护物权,形成各种所有制经济平等竞争、相互促进新格局"。二是深化收入分配制度改革,"坚持和完善按劳分配为主体、多种分配方式并存的分配制度,健全劳动、资本、技术、管理等生产要素按贡献参与分配的制度,初次分配和再分配都要处理好效率和公平的关系,再分配更加注重公平"。尤其是要逐步提高居民收入在国民收入分配中的比重,提高劳动报酬在初次分配中的比重,提高低收入者收入,建立企业职工工资正常增长机制和支付保障机制,创造条件让更多群众拥有财产性收入,逐步扭转收入分配差距扩大趋势。三是加快形成统一开放竞争有序的现代市场体系,发展各类生产要素市场,完善反映市场供求关系、资源稀缺程度、环境损害成本的生产要素和资源价格形成机制。②

(四)实现社会主义现代化是社会主义初级阶段的根本任务

在社会主义初级阶段,中国共产党一以贯之地领导全国各族人民奋力走向现代化,结合各个阶段的中国实际,确立与各个阶段相适应的实现现代化的历

---

① 《中国共产党第十四次全国代表大会文件汇编》,北京:人民出版社1992年版,第13页。
② 《中国共产党第十七次全国代表大会文件汇编》,北京:人民出版社2007年版,第10、25、37页。

第二章 "社会主义初级阶段"范畴的讨论——中国特色社会主义进程的历史方位

史任务。党的十二届三中全会指出,社会主义的根本任务就是发展社会生产力,就是要使社会财富越来越多地涌现,不断地满足人民日益增长的物质和文化需要。党的十三大提出要大力发展商品经济,提高劳动生产率,逐步实现工业、农业、国防和科学技术的现代化,通过改革和探索实现中华民族的伟大复兴。党的十四大明确指出社会主义的本质是解放生产力,发展生产力,消灭剥削,消除两极分化,最终达到共同富裕,通过三步走战略到21世纪中叶新中国成立一百周年时基本实现社会主义现代化。党的十五大强调社会主义初级阶段是基本实现社会主义现代化的历史阶段,作为处于社会主义初级阶段的中国特色社会主义的最高纲领是逐步实现共产主义远大目标,基本纲领是实现社会主义现代化(即第二个百年奋斗目标)。实现了这一基本纲领,即实现了社会主义现代化目标(中华民族伟大复兴),意味着党在中国特色社会主义的初始阶段,即社会主义初级阶段基本纲领所规定的历史使命已经达成。从社会主义制度在中国建立到实现社会主义现代化强国目标的百年历程是中国特色社会主义事业的伟大历程中极为重要的阶段,是社会主义初级阶段的历史内涵和时代节点,实现了社会主义初级阶段的基本纲领、建成社会主义现代化强国之后,中国特色社会主义伟大事业仍需长期艰苦奋斗。实现社会主义现代化,在经济社会发展上赶上世界发达国家水平,只是中国特色社会主义初始阶段的目标。党的十五大报告明确指出,社会主义初级阶段是"在社会主义基础上实现中华民族伟大复兴的历史阶段。这样的历史进程,至少需要一百年时间。至于巩固和发展社会主义制度,那还需要更长得多的时间,需要几代人、十几代人,甚至几十代人坚持不懈地努力奋斗"[①]。党的十六大提出社会主义初级阶段的历史任务是"全面建设小康社会,加快推进社会主义现代化,使社会主义中国发展和富强起来,为人类进步事业作出更大贡献"[②],到21世纪中叶基本实现现代化,把我国建成富强民主文明的社会主义国家。党的十七大明确"我们已经朝着十六大确立的全面建设小康社会的目标迈出了坚实步伐,今后要继续努力奋斗,确保到二〇二〇年实现全面建成小康社会的奋斗目标""实现人均国内生产总值

---

① 《十五大以来重要文献选编》(上),北京:人民出版社2000年版,第15—16页。
② 《中国共产党第十六次全国代表大会文件汇编》,北京:人民出版社2002年版,第55页。

到二○二○年比二○○○年翻两番。"①

社会主义初级阶段理论,是中国特色社会主义理论体系的重要组成部分,是中国实行改革开放的理论基石,是中国从20世纪50年代建立起社会主义基本制度到建成发达的社会主义现代化国家基本国情的科学概括,是党和国家制定社会主义现代化建设发展战略和各项方针政策的根本出发点。

第三节　新发展阶段与社会主义初级阶段

(一)新发展阶段的判定

习近平总书记指出:"正确认识党和人民事业所处的历史方位和发展阶段,是我们党明确阶段性中心任务、制定路线方针政策的根本依据,也是我们党领导革命、建设、改革不断取得胜利的重要经验。"党的十九届五中全会提出,全面建成小康社会、实现第一个百年奋斗目标之后,我们要乘势而上开启全面建设社会主义现代化国家新征程、向第二个百年奋斗目标进军,这标志着我国进入了一个新发展阶段。②

与经典理论和社会主义初级阶段理论相对应,新发展阶段的判定依据主要是发达程度、主要矛盾和制度特征。

第一,发达程度有所提升。经过改革开放四十多年的不懈奋斗,我国综合国力、经济实力跃上了新的大台阶,成为世界第二大经济体、第一大工业国、第一大货物贸易国、第一大外汇储备国,国内生产总值(GDP)超过100万亿元,人均GDP超过1万美元,城镇化率超过60%,中等收入群体超过4亿人。人民生活水平显著提高,全国居民人均可支配收入从1978年的171元增加到2020年的32 189元,城乡居民恩格尔系数分别由1978年的57.5%和67.7%下降到2020年的29.2%和32.7%。③党的二十大报告指出,我们"打赢了人类历史上规

---

① 《中国共产党第十七次全国代表大会文件汇编》,北京:人民出版社2007年版,第18—19页。
② 习近平:《把握新发展阶段,贯彻新发展理念,构建新发展格局》,《求是》,2021年第9期,第4—18页。
③ 国务院新闻办公室:《中国的全面小康》白皮书,http://www.gov.cn/zhengce/2021-09-28/content_5639778.htm,2021年9月28日。

第二章 "社会主义初级阶段"范畴的讨论——中国特色社会主义进程的历史方位

模最大的脱贫攻坚战,全国832个贫困县全部摘帽,近1亿农村贫困人口实现脱贫,960多万贫困人口实现易地搬迁,历史性地解决了绝对贫困问题,为全球减贫事业作出了重大贡献"。这些实质性变化为我国进入新发展阶段、朝着第二个百年奋斗目标进军奠定了坚实基础,表明中华民族伟大复兴向前迈出了新的一大步,实现了从大幅落后于时代到大踏步赶上时代的新跨越。

第二,主要矛盾发生了深刻历史性变化。随着经济社会的重大变迁,我国社会主要矛盾也从原来的人民日益增长的物质文化需要同落后的社会生产之间的矛盾,转化为人民日益增长的美好生活需要同不平衡不充分的发展之间的矛盾。一方面,生产力水平的变化要求对主要矛盾的表述发生改变。中国的科技创新和应用在很多方面进入世界前列,截至2021年,全国研发经费支出达到2.8万亿元,基础研究经费增长到1 817亿元。[1] 中国已拥有世界上最完整的工业产业链条、最强大的工业制造能力,220多种主要工农业产品生产能力稳居世界第一位,长期存在的短缺经济和供给不足状况已经发生根本性变化。[2] 另一方面,需求结构和内涵的变化也要求对主要矛盾的表述发生改变。随着人们生活水平显著提高,人民群众的需要不仅仅限于单纯的物质文化的层次和范畴,而是呈现多样化、多层次、多方面的特点,他们期盼有更好的教育、更稳定的工作、更满意的收入、更可靠的社会保障、更高水平的医疗卫生服务、更舒适的居住条件、更优美的环境、更丰富的精神文化生活。人民群众不仅对物质文化生活提出了更高要求,而且在物质文化需要之外的民主、法治、公平、正义、安全、环境等方面的要求日益增长。因此,制约日益增长的人民对美好生活的需要的关键因素,不再是单纯的"社会生产"因素,而是扩展到包括生产发展因素在内的整体社会发展的不平衡和不充分。不平衡不充分,突出表现为区域之间、城乡之间、产业之间发展失衡,实体经济与虚拟经济脱节,经济增长与资源环境矛盾凸显,创新能力和高端产业发展不足,实体经济水平有待提高,低端供给过剩而高端供给不足,等等。要注意的是,新发展阶段主要矛盾的表述尽管发生变化,但它与初级阶段的主要矛盾本质上一脉相承,都是面对经济社会发

---

[1] 国家统计局、科学技术部、财政部:《2021年全国科技经费投入统计公报》,http://www.gov.cn/xinwen/2022-08/31/content_5707547.htm,2022年8月31日。

[2] 《习近平新时代中国特色社会主义思想学习问答》,北京:学习出版社、人民出版社2021年版,第47、132页。

展与人民群众需求之间的矛盾,是在把握客观现实下对初级阶段主要矛盾的递进和升华。人民群众日益增长的物质文化需要和落后的社会生产之间的矛盾在一定范围和一定程度上依然存在,但是它已经不构成当前和今后一段时期中国社会发展的主要矛盾。新发展阶段中国社会的结构性矛盾更加突出,也就是人民多样化的、多层次的、不断变化的物质文化需要与社会生产力发展不均衡、不充分之间的矛盾日益突出。

第三,基本制度定型与完善。要实现社会主义现代化强国目标,必须通过更完善的中国特色社会主义体制提供制度保障。党的十九届四中全会根据中国处于社会主义初级阶段的现实,把按劳分配为主体、多种分配方式并存的分配制度和社会主义市场经济体制,同公有制为主体、多种所有制经济共同发展的所有制结构一起,确立为社会主义基本经济制度①,这是进一步完善中国特色社会主义基本经济制度的重大举措。新发展阶段中国特色社会主义基本制度的定型与完善,三项制度相互支撑、相互促进,不仅有利于更好地发挥社会主义的优越性,而且有利于防止因忽视阶段性国情和跨越社会发展阶段等问题而出现不切实际的超前、过快、违背规律地变革社会主义制度的错误倾向,也为新时代进一步完善以所有制、分配制度和市场经济体制为主要内容的基本经济制度奠定了基础。其一,生产资料所有制是社会主义经济体制的根基,社会主义初级阶段的鲜明特征是在坚持公有制的前提下发挥非公有制经济在发展生产力上的作用。新发展阶段的生产资料所有制不仅强调公有制经济和非公有制经济都是社会主义的重要组成部分,明确了国有企业做大做强的思路和路径,而且明确了混合所有制经济是基本经济制度的实现形式,更加有利于巩固和发展公有制经济,也更加有利于鼓励、支持和引导非公有制经济发展。其二,基本分配制度是社会主义生产发展壮大的保障,社会主义初级阶段基本分配制度的着力点是既保证做大蛋糕,又保证分好蛋糕。新发展阶段的基本分配制度一方面坚持按生产要素分配,通过要素配置市场化体制的进一步完善,健全劳动、资本、土地、知识、技术、管理和数据等生产要素按贡献参与分配的机制;另一方面强调健全再分配调节机制和重视第三次分配作用,尤其是强调收入分配秩序,要求收入分配体现公平正义,逐渐实现共同富裕。其三,社会主义市场经济体

---

① 《中共十九届四中全会在京举行》,《人民日报》,2019 年 11 月 1 日,第 1 版。

制是社会主义经济运行的机制,市场经济体制的核心问题是正确处理政府与市场的关系。新发展阶段的社会主义市场经济体制更好地处理了政府与市场的关系,使"看得见的手"和"看不见的手"相得益彰。一方面将市场的"基础性作用"进一步升级为"决定性作用","有利于转变经济发展方式,有利于转变政府职能,有利于抑制消极腐败现象"。另一方面强调市场决定作用和更好发挥政府作用相辅相成,"强调科学的宏观调控,有效的政府治理,是发挥社会主义市场经济体制优势的内在要求"①。新发展阶段基本制度的定型与完善,是根据国情和发展阶段的变化,对社会主义初级阶段社会主义基本经济制度做出的有机调整和优化,有利于更好地解放和发展社会主义生产力,进而推动高质量发展。

(二) 新发展阶段的目标、任务和分阶段推进

1. 目标

党的二十大向全世界宣示:"从现在起,中国共产党的中心任务就是团结带领全国各族人民全面建成社会主义现代化强国、实现第二个百年奋斗目标。"并且明确提出以中国式现代化实现这一宏伟目标。社会主义初级阶段的最根本任务是实现现代化,新发展阶段作为社会主义初级阶段的一个阶段,其主要任务是全面建设社会主义现代化国家。新发展阶段的奋斗目标是对初级阶段根本任务的更加明确和进一步实现,其着力点仍然是发展出超越资本主义的、能够体现社会主义优越性的社会生产力,走出一条将马克思主义与中国国情结合、与中华优秀传统文化相结合的中国式现代化道路。

2. 任务

在社会主义初级阶段的新发展阶段,我们要实现的中国式现代化一是人口规模巨大的现代化。影响一国现代化的最大因素是国情,中国式现代化所面临的最大国情是十四亿多人口要整体迈入现代化社会,其规模超过现有发达国家人口的总和。这个超大人口规模既涵养了几千年的农业文明,又要接受现代文明的洗礼,这是一场人类史上具有世界意义,也面临巨大挑战的现代化冲刺。党的二十大报告提醒全党和全国人民要实现超大人口规模的现代化"艰巨性和

---

① 中共中央文献研究室编:《习近平关于社会主义经济建设论述摘编》,北京:中央文献出版社2017年版,第52—53页。

复杂性前所未有,发展途径和推进方式也必然具有自己的特点。我们始终从国情出发想问题、作决策、办事情,既不好高骛远,也不因循守旧,保持历史耐心,坚持稳中求进、循序渐进、持续推进"。二是全体人民共同富裕的现代化。党的二十大报告强调:"共同富裕是中国特色社会主义的本质要求,也是一个长期的历史过程。"中国特色社会主义制度特性决定了中国式现代化必须坚持以人民为中心的发展思想,坚持把实现人民对美好生活的向往作为现代化建设的出发点和落脚点,着力维护和促进社会公平正义,着力促进全体人民共同富裕,坚决防止两极分化。三是物质文明和精神文明相协调的现代化。物质富足、精神富有是社会主义现代化的根本要求。物质贫困不是社会主义,精神贫乏也不是社会主义。我们要不断厚植现代化的物质基础,不断夯实人民幸福生活的物质基础,同时大力发展社会主义先进文化,加强理想信念教育,传承中华文明,促进物的全面丰富和人的全面发展。四是人与自然和谐共生的现代化。人与自然是生命共同体,我们要同步推进物质文明和生态文明相协调,构建生态文明,坚持可持续发展,坚持节约优先、保护优先、自然恢复为主,走生产发展、生活富裕、生态良好的文明发展道路。五是走和平发展道路的现代化。中国式现代化不走一些国家通过战争、殖民、掠夺等方式实现现代化的老路,与坚持扩张主义、霸权主义和文明冲突论、国强必霸论的西方现代化路径不同,强调同世界各国互利共赢,推动构建"人类命运共同体",努力为人类和平与发展作贡献。[①]在坚定维护世界和平与发展中谋求自身发展,又以自身发展更好维护世界和平与发展。

3. 分阶段推进

分阶段是中国特色社会主义现代化建设的鲜明特征,既体现了对基本国情与时俱进的把握,也体现了对社会主义本质要求一以贯之的追求。党的二十大对全面建成社会主义现代化强国作出分两步走的战略安排,即从2020年到2035年基本实现社会主义现代化,从2035年到21世纪中叶把我国建成富强民主文明和谐美丽的社会主义现代化强国。到2035年,使我国经济实力、科技实力、综合国力大幅跃升,人均GDP迈上新的大台阶,达到中等发达国家水平;实

[①] 习近平:《把握新发展阶段,贯彻新发展理念,构建新发展格局》,《求是》,2021年第9期,第4—18页。

第二章 "社会主义初级阶段"范畴的讨论——中国特色社会主义进程的历史方位

现高水平科技自立自强,进入创新型国家前列;建成现代化经济体系,形成新发展格局,基本实现新型工业化、信息化、城镇化、农业现代化;人民生活更加幸福美好,居民人均可支配收入再上新台阶,中等收入群体比重明显提高,基本公共服务实现均等化,农村基本具备现代生活条件,社会保持长期稳定,人的全面发展、全体人民共同富裕取得更明显的实质性进展。在基本实现现代化的基础上,到 21 世纪中叶,把我国建设成为综合国力和国际影响力领先的社会主义现代化强国。

(三)新发展阶段要正确认识和处理的若干重大问题

党的二十大提醒全党全国人民"我国是一个发展中大国,仍处于社会主义初级阶段"。新发展阶段是我们迈向社会主义现代化强国新征程的关键阶段。正如习近平总书记指出的,"行百里者半九十。中华民族伟大复兴,绝不是轻轻松松、敲锣打鼓就能实现的。全党必须准备付出更为艰巨、更为艰苦的努力"①。我们在"新征程"中,一方面要按照所设定的目标努力,另一方面也要行稳致远、防范风险,尤其是防止出现超越发展阶段的冒进和不切实际,否则欲速则不达。在新发展阶段,我们要立足中国处于并将长期处于社会主义初级阶段的最大实际和仍是并将长期是世界上最大发展中经济体的国际地位不会变这个基本格局,正确解决好我们在新阶段必须面对的影响全局和前程的重大问题。

第一,牢牢把握高质量发展是全面建设社会主义现代化国家的首要任务的理念。以经济建设为中心是中国共产党在社会主义初级阶段的基本路线的要求。这条基本路线,是党的十一届三中全会以来以邓小平为代表的中国共产党人解放思想,实事求是,在深刻总结社会主义建设正反两方面经验的基础上逐步形成的。1987 年 10 月党的十三大对中国社会主义初级阶段的基本路线作出概括:领导和团结全国各族人民,以经济建设为中心,坚持四项基本原则,坚持改革开放,自力更生,艰苦创业,为把中国建设成为富强、民主、文明的社会主义现代化国家而奋斗。② 邓小平在 1992 年年初南方谈话中指出:"基本路线要管

---

① 《十九大以来重要文献选编》(上),北京:中央文献出版社 2019 年版,第 11 页。
② 《中国共产党第十三次全国代表大会文件汇编》,北京:人民出版社 1987 年版,第 15 页。

一百年,动摇不得。"①1992年10月党的十四大把这条基本路线正式载入《中国共产党章程》。2021年12月中央经济工作会议再次强调"坚持以经济建设为中心是党的基本路线的要求,全党都要聚精会神贯彻执行"②。党的二十大坚定不移地提出,"发展是党执政兴国的第一要务。没有坚实的物质技术基础,就不可能全面建成社会主义现代化强国。必须完整、准确、全面贯彻新发展理念,坚持社会主义市场经济改革方向,坚持高水平对外开放,加快构建以国内大循环为主体、国内国际双循环相互促进的新发展格局""坚持以推动高质量发展为主题,把实施扩大内需战略同深化供给侧结构性改革有机结合起来,增强国内大循环内生动力和可靠性,提升国际循环质量和水平,加快建设现代化经济体系,着力提高全要素生产率,着力提升产业链供应链韧性和安全水平,着力推进城乡融合和区域协调发展,推动经济实现质的有效提升和量的合理增长"。

第二,正确理解和扎实推进共同富裕。在我国社会主义制度下,既要不断解放和发展社会生产力,不断创造和积累社会财富,又要防止两极分化,切实推动人的全面发展、全体人民共同富裕取得更明显的实质性进展。新发展阶段的共同富裕有其自身的阶段性特征,即在更高层次上推进的共同富裕,要从中等收入阶段迈向高收入阶段,基本实现社会主义现代化,在更大范围推进共同富裕,覆盖城乡、区域和全体人民,在更广泛含义上推进共同富裕,不仅实现物质生活富裕,更要实现精神富裕和人的全面发展。实现共同富裕首先要通过全国人民共同奋斗把"蛋糕"做大做好,然后通过合理的制度安排正确处理增长和分配关系,把"蛋糕"切好分好。共同富裕,一是"富裕",在社会生产力发展的基础上实现全体人民生活质量的全面提升;二是"共同",全体人民共享经济发展成果,不平等程度缩小,防止贫富差距越来越大、富人和穷人之间出现不可逾越的鸿沟。具体来讲,共同富裕就是要实现"幼有所育、学有所教、劳有所得、病有所医、老有所养、住有所居、弱有所扶"③,保证全体人民在共建共享发展中有更多获得感、幸福感、安全感。需要强调的是,社会主义是共产主义低级阶段,中

---

① 中共中央文献研究室编:《邓小平关于建设有中国特色社会主义的论述专题摘编》,北京:中央文献出版社1992年版,第37页。
② 《中央经济工作会议举行,习近平李克强作重要讲话》,http://www.news.cn/politics/leaders/2021-12/10/c_1128152219.htm,2021年12月10日。
③ 《中国共产党第十九次全国代表大会文件汇编》,北京:人民出版社2017年版,第19页。

第二章 "社会主义初级阶段"范畴的讨论——中国特色社会主义进程的历史方位

国特色社会主义又处于社会主义初级阶段,新发展阶段的共同富裕是在中国特色社会主义下社会主义初级阶段的共同富裕。在新发展阶段,中国不能超越阶段片面追求"共同",而是根据现有条件追求"富裕",这是一个长期的历史过程,我们要创造条件、完善制度,积小胜为大胜,分阶段实施。同"两步走"现代化目标相适应,到"十四五"时期末,全体人民共同富裕迈出坚实步伐,居民收入和实际消费水平差距逐步缩小;到 2035 年,全体人民共同富裕取得更为明显的实质性进展,基本公共服务实现均等化;到 21 世纪中叶,全体人民共同富裕基本实现,居民收入和实际消费水平差距缩小到合理区间。[①] 不断朝着全体人民共同富裕的目标前进。新发展阶段推进共同富裕必须把促进效率和维护公平更好地统一起来,提高实现共同富裕的生产力,构筑推进共同富裕的制度保障。要认识到共同富裕不是均等富裕,不是同步富裕,更不是"劫富济贫",要在准确把握发展阶段的基础上对共同富裕的长期性、艰巨性、复杂性有充分估计,坚持"尽力而行量力而为"的共同富裕观。强调发挥劳动者的积极性和创造性,全面贯彻各种生产要素按贡献参与分配的原则,使各种生产要素的报酬与各自的贡献相一致,以生产能力和生产效率的提高将财富蛋糕进一步做大,形成共同富裕的社会生产力基础;提高发展的平衡性、包容性和协调性,建构初次分配、再分配、三次分配协调配套的基础性制度安排,着力推动中等收入人群规模扩大化、城乡和区域基本公共服务均等化,构筑共同富裕的制度保障。促进共同富裕,不能搞"福利主义"那一套、靠高福利养一批"懒人"和不劳而获者,避免国家财政不堪重负,落入"中等收入陷阱",带来严重的经济和政治问题。

第三,正确处理政府与市场的关系。社会主义制度建立以后,选择什么样的经济体制,是一个重大的理论和实践问题,核心是如何认识和处理政府与市场的关系。中国特色社会主义取得成功的制度创新关键是在坚持社会主义制度下发展市场经济,不断理顺政府和市场的关系。社会主义初级阶段解放和发展生产力要求市场在资源配置中起决定性作用,更好发挥政府作用,这是党的十八大以来对社会主义市场经济规律认识的一个新突破,是习近平新时代中国特色社会主义经济思想的重要内容。更好认识和处理政府和市场的关系,对于在新时代新发展阶段全面建设社会主义现代化国家具有重大意义。使市场在

---

① 习近平:《扎实推动共同富裕》,《求是》,2021 年第 20 期,第 4—8 页。

资源配置中起决定性作用是进一步完善社会主义市场经济体制的关键。市场经济本质上是市场决定资源配置的经济,市场决定资源配置是市场经济的一般规律,市场是配置资源最有效的形式,企业是市场配置资源的主体,价格机制是市场配置资源的核心。更好发挥政府作用是社会主义市场经济的突出优势。我国在中国共产党领导和社会主义制度下发展市场经济,就必须充分发挥社会主义制度的优越性,坚持党的领导,更好发挥政府的作用。当前仍然存在不少束缚市场主体活力、阻碍市场和价值规律充分发挥作用的弊端。社会主义市场经济运行中既存在市场分割和地方保护、市场运行缺乏透明度、要素市场发展滞后、市场无形壁垒森严、准入制度含糊不清等市场机制不健全的问题,也存在地方政府直接干预导致市场秩序不稳定的问题。新发展阶段处理政府和市场关系的关键,是建立成体系的高标准市场经济体制,提高满足人民日益增长高品质需求的供给能力和经济效率,解决发展不平衡不充分的矛盾。高水平社会主义市场经济体制是一整套关于产权—市场—秩序的制度规范和体制安排,其核心是现代市场经济产权制度、高标准市场体系和交易规则,建立现代产权制度,确保产权界定清晰和权能完整以充分发挥产权的制度约束和激励功能,健全产权配置及交易制度以充分发挥产权制度有效配置资源的功能,健全以公平为原则的产权保护制度以激发各类市场主体的市场活力;形成高标准的市场体系和交易规则以促进要素自由流动、经济活动缔约自由和要素市场化配置以及实现非人格化交易与平等准入。更好发挥政府职能的核心是以公平竞争为导向,建立法治化的良好营商环境,维持高水平市场经济秩序,尤其要防止政府滥用公权、乱作为。通过法治手段保持宏观经济稳定,优化公共服务、加强市场监管、保障公平竞争,弥补市场失灵。在保护产权、维护契约、统一市场的基础上,以平等交易和公平竞争为基本导向,完善竞争政策框架,建立健全竞争政策实施机制,促进公平竞争和创新。

第四,正确认识资本与社会主义市场经济。"搞社会主义市场经济是我们党的一个伟大创造。既然是社会主义市场经济,就必然会产生各种形态的资本。资本主义社会的资本和社会主义社会的资本固然有很多不同,但资本都是要追逐利润的。"[①]马克思主义政治经济学分析了资本的逐利性、积累性、扩张性

[①] 习近平:《习近平谈治国理政》(第四卷),北京:外文出版社2022年版,第211页。

第二章 "社会主义初级阶段"范畴的讨论——中国特色社会主义进程的历史方位

和流动性,肯定了资本作为生产要素的客观作用,也揭示了资本野蛮生长的弊端。在中国特色社会主义理论中,我们党进行了社会主义与市场经济相结合的伟大创造,同时进行了社会主义与资本这种生产关系结合的伟大实践。资本是现代市场经济运行的纽带,同市场一样,不是资本主义制度和社会主义制度的分水岭。在社会主义初级阶段,包括新发展阶段,由于存在多种所有制经济共同发展的所有制结构、多种分配方式并存的分配结构以及社会主义市场经济体制,不可避免地会出现资本逐利性和社会主义生产根本目的之间的矛盾,这就需要趋利避害、辩证处理。改革开放以来,资本作为一种要素创造财富、作为要素组合黏合剂改善资源配置,起到了提高社会生产力的作用。我们要探索如何在社会主义市场经济条件下发挥资本的积极作用,同时有效控制资本的消极作用,认识到资本不仅仅是一种生产要素,还是一种生产关系。《资本论》指出:"资本不是一种物,而是一种以物为中介的人和人之间的社会关系。"① 也就是说,资本并不抽象地存在于市场经济中,而是依赖于由生产资料所有制性质决定的一定经济关系。资本在资本主义生产关系和社会主义生产关系中的特性及运动规律是不尽相同的,社会主义生产关系中,社会主义公有制占主体地位,资本运动带来资本增殖的根本目的是满足人民对美好生活的需要。近年来,由于认识不足、监管缺位,我国一些领域出现资本无序扩张、肆意操纵、牟取暴利的现象。这就要求规范资本行为,趋利避害,既不让"资本大鳄"恣意妄为,又要发挥资本作为生产要素的功能。② 这是一个不容回避的重大政治和经济问题。必须正视在资本逐利、积累、扩张和流动过程中造成的资本垄断、贫富两极分化以及资本扩张和企业并购带来的系统性金融风险等消极作用。必须充分认识和把握资本的二重性。一方面,资本能够与社会主义相统一,这是中国特色社会主义初级阶段的基本经济制度的重要特征,必须正视并重视资本的积极作用。按照社会主义市场经济的要求,为不同性质的资本提供同等的产权保护、公正的契约执行、统一的市场体系、平等的市场交换、公平的竞争环境,破除对私营企业和民营企业的歧视,利用好资本的逐利性更好地满足人民对美好生活的需求;另一方面,发挥社会主义制度的优越性,加强对资本的有效监管,防止

---

① 《马克思恩格斯文集》(第五卷),北京:人民出版社2009年版,第877—878页。
② 习近平:《正确认识和把握我国发展重大理论和实践问题》,《求是》,2022年第10期,第4—9页。

资本野蛮生长。党的二十大报告强调:"加强反垄断和反不正当竞争,破除地方保护和行政性垄断,依法规范和引导资本健康发展。"要坚持和完善社会主义基本经济制度,毫不动摇巩固和发展公有制经济,毫不动摇鼓励、支持、引导非公有制经济发展,促进非公有制经济健康发展和非公有制经济人士健康成长。要防止出现只重视国有企业而轻视民营企业、令民营企业家们预期不稳定的现象。

第五,正确认识和把握发展模式转型的规律。中国经济发展已由高速增长阶段转向了高质量发展新阶段。随着经济发展阶段转换,劳动力成本上升、资源环境约束增大、粗放的发展方式难以为继,中国经济发展面临结构性矛盾加剧、内生增长动力不足、经济循环不畅等问题。中国处于转变发展方式的关键阶段,必须实现从量的扩张向质的提高的根本性飞跃,在高速增长向高质量发展转变中实现从中等收入迈进高收入社会发展阶段。在经济发展模式转型进程中,一定要把握经济系统的适配性和协调性,注重新旧动能转换的节奏。比如,实现碳达峰、碳中和是一场发展方式与生活方式的深刻革命。我国的现代化作为人类文明新形态,不同于西方发达国家随着现代化的实现"自然达峰",我们要更主动更自觉地协同推进降碳与发展,统筹发展与安全,推动绿色发展方式转型,激励以减排和绿色为导向的技术创新。但是,双碳目标提出以来,全国各地出现了一些超越发展阶段、缺乏科学认识的错误做法,"碳冲锋""一刀切"式减碳、运动式"减碳",对减碳目标层层加码,甚至出现"拉闸限电"现象,这些脱离实际的做法企图一蹴而就地减污降碳,反而给社会经济造成了巨大损失。绿色低碳发展是经济社会发展全面转型的复杂工程和长期任务,能源结构、产业结构调整不可能一蹴而就,更不能脱离实际,必须量力而行,必须平衡好经济增长和低碳发展的关系,必须循序渐进,坚持降碳、减污、增绿、增长四位一体协同推进,实现协调可持续发展。又比如,随着"以地谋发展"模式的衰竭,数字经济正在成为新的发展引擎。以数字化信息技术等为载体的数字化革命催生了数字经济,以人工智能、区块链、云计算、大数据为代表的信息和通信技术(ICT)形成新的经济形态。数字正在带来经济、社会、治理方式的深刻革命,数字化革命有利于提高政府效能,多维多层数据能提高政府的宏观分析预测能力,提高市场监管水平。但是,数字化革命也产生了对数字技术和治理的"乌托邦式"崇拜,甚至出现通过海量的数据、强大的计算、集中的控制实现计划经济对市场经济的超越的幻想。事实上,资源配置和社会经济发展及其背后复杂的

第二章 "社会主义初级阶段"范畴的讨论——中国特色社会主义进程的历史方位

利益矛盾,远远复杂于算法和数据处理能力,"多维陷阱"是客观的,当年人们对兰格"计算机乌托邦"的质疑现阶段依然成立,不能以数字化、信息化能力的提升否定中国特色社会主义初级阶段市场经济的决定作用。人工智能的基础是大数据,大数据是在市场经济中产生的,如果以计划经济替代市场经济,大数据和人工智能的基础将不再存在,以人工智能和大数据支撑的计划经济自然也就不复存在。计划经济的弊端不仅仅在于信息不足,还存在激励不足,大数据、人工智能仅仅能够解决计划经济用以决策的信息搜集和计算等问题,难以解决计划经济缺乏激励的问题。因此,数字化革命带来的人工智能和大数据等技术进步,并不能成为计划经济替代市场经济的基础。最后,需要强调的是,尽管政府在人工智能和大数据的支持下能够进行更加准确的经济调节和更加有力的市场监管,但是仍需谨慎,不能随意干预市场机制正常发挥作用。

新发展阶段的判定和提出,体现了社会主义初级阶段的动态性和发展性,但其并没有超出社会主义初级阶段的范畴。也就是说,新发展阶段是社会主义初级阶段中的一个阶段。中国特色社会主义是一个长期发展的历史过程,我们现阶段建设的中国特色社会主义是这一长期发展过程中的初始阶段。这一初始阶段大体上需要百年时间,即从社会主义制度建立到建成社会主义现代化强国,在实现这一目标之前,都还属于社会主义初级阶段。

社会主义初级阶段既具有长期性,又具有动态性,新发展阶段的判断是在坚持社会主义初级阶段长期性的基础上体现了社会主义初级阶段的发展变化和动态特征。建立和发展中国特色社会主义不仅是一个长期历史过程,而且需要根据发达程度将社会主义事业划分为不同的历史阶段。新发展阶段,是我们党带领人民迎来从站起来、富起来到强起来历史性跨越的新阶段,是社会主义初级阶段经过几十年积累、站到了新的起点上的一个阶段。

第一,社会主义初级阶段是长期性和动态性的辩证统一。一方面,社会主义初级阶段具有长期性,必须长期坚持社会主义初级阶段的社会主义制度。邓小平同志指出:"我们搞社会主义才几十年,还处在初级阶段。巩固和发展社会主义制度,还需要一个很长的历史阶段,需要我们几代人、十几代人,甚至几十代人坚持不懈地努力奋斗,决不能掉以轻心。"[①]也就是说,在中国经济基础薄

[①] 《邓小平文选》(第三卷),北京:人民出版社1993年版,第379—380页。

弱、发达程度还不够高的情况下,需要很长时间的艰苦奋斗才能实现现代化。即使实现社会主义初级阶段的发展目标之后,中国特色社会主义还需要经过长期发展,从初级阶段不断成长至新的阶段。另一方面,社会主义初级阶段不是一成不变的,在这一阶段内具有动态性。习近平同志深刻阐释了"社会主义初级阶段"的历史方位和特性,指出:"社会主义初级阶段不是一个静态、一成不变、停滞不前的阶段,也不是一个自发、被动、不用费多大气力自然而然就可以跨过的阶段,而是一个动态、积极有为、始终洋溢着蓬勃生机活力的过程,是一个阶梯式递进、不断发展进步、日益接近质的飞跃的量的积累和发展变化的过程。"[①]必须深刻认识到,社会主义初级阶段本身作为一个长期历史阶段,不是一成不变的。中国处于并将长期处于社会主义初级阶段,但是在这一较长历史时期的每一个小阶段中,中国的发达程度、制度性质都会随着社会生产力的发展而相应地发展变化,尽管这种发展变化没有突破从初级阶段向高级阶段的阈值,但绝不是一成不变的,而是在每一个小阶段中表现出不同的特征。正如党的二十大报告指出的,我国所处的社会主义初级阶段,仍在"经历广泛而深刻的社会变革,推进改革发展、调整利益关系往往牵一发而动全身"。

第二,新发展阶段是社会主义初级阶段中从站起来、富起来到强起来历史性飞跃的新阶段,是中国社会主义发展进程中具有承前启后、继往开来性质的新阶段,体现了社会主义初级阶段长期性和动态性的统一。新发展阶段是基本实现社会主义现代化和中华民族伟大复兴的新阶段,"全面建设社会主义现代化国家、基本实现社会主义现代化,既是社会主义初级阶段我国发展的要求,也是我国社会主义从初级阶段向更高阶段迈进的要求"[②]。一方面,新发展阶段体现了社会主义初级阶段的长期性。在建成社会主义现代化强国和实现中华民族伟大复兴之前,新发展阶段的社会主义制度坚持了党在初级阶段的基本制度、基本路线、基本方略,强调通过高质量发展提高社会生产力;另一方面,新发展阶段体现了社会主义初级阶段的动态性。党的十八大以来,中国的经济实力、科技实力、综合国力和人民生活水平在新发展阶段跃上了一个新的大台阶,

---

① 习近平:《把握新发展阶段,贯彻新发展理念,构建新发展格局》,《求是》,2021年第9期,第4—18页。
② 同上。

第二章 "社会主义初级阶段"范畴的讨论——中国特色社会主义进程的历史方位

全面建成小康社会取得决定性成就。这些社会主义初级阶段发达程度的新变化,使得新发展阶段有别于之前的小阶段而体现出发展性。从趋势来看,社会主义初级阶段历史目标达成之后(2050年前后),中国特色社会主义"从初级阶段向更高阶段迈进"。需要强调的是,这一"更高阶段"仍将是社会主义性质的,并且具有一系列有别于共产主义社会的特征。因此,在这一阶段需要在长期艰苦实践中探索和认识其历史性质与发展规律,不断推动中国特色社会主义发展的进程,最终实现从中国特色社会主义逐渐向共产主义发展的远大理想。必须清醒认识到,中国特色社会主义从社会主义初级阶段向社会主义更高阶段迈进的历史进程具有长期性,这种长期性不仅取决于社会主义发展阶段矛盾运动的复杂性和历史使命的艰巨性,不仅受我国经济社会发展水平与发达国家和世界先进水平相比的相对落后性的深刻影响[1],而且受国际经济社会格局变化的影响。

新发展阶段仍然处于社会主义初级阶段,主要是由我国现阶段的经济发展水平和实现现代化时我国与世界发达国家的相对经济发展水平所决定的。一般认为,基本实现现代化经济方面的重要标准是人均GDP达到2万美元以上(2019年美元,下同)。2020年我国人均GDP已达10 500美元,根据我国潜在增长率测算,年均GDP增速仍可保持5%左右,而只要人均GDP增速年均达到4.8%,15年即可翻番,达到人均2万美元以上,因此2035年基本实现现代化是可以做到的。[2] 习近平总书记在《关于〈中共中央关于制定国民经济和社会发展第十四个五年规划和二〇三五年远景目标的建议〉的说明》中指出:"从经济发展能力和条件看,我国经济有希望、有潜力保持长期平稳发展,到'十四五'末达到现行的高收入国家标准、到2035年实现经济总量或人均收入翻一番,是完全有可能的。"[3] 党的二十大报告指出:"今天,我们比历史上任何时期都更接近、更有信心和能力实现中华民族伟大复兴的目标,同时必须准备付出更为艰

---

[1] 《习近平新时代中国特色社会主义思想学习问答》,北京:学习出版社、人民出版社2021年版,第49页。

[2] 刘伟、陈彦斌:《2020—2035年中国经济增长与基本实现社会主义现代化》,《中国人民大学学报》,2020年第4期,第54—68页。

[3] 《中共中央关于制定国民经济和社会发展第十四个五年规划和二〇三五年远景目标的建议》,北京:人民出版社2020年版,第54页。

巨、更为艰苦的努力。"2035年我国基本实现现代化后,再奋斗15年,年均GDP增速争取保持在5%左右,到2050年能够达到人均4万美元以上的目标,建成富强民主文明和谐美丽的社会主义现代化强国,实现中华民族伟大复兴,从而实现党在社会主义初级阶段的基本纲领。需要强调的是,虽然新发展阶段能够在2035年和2050年分别达成基本实现社会主义现代化和建成社会主义现代化强国的目标,但与发达国家的现代化水平仍有较大差距,2020年美国人均GDP达到63 543美元,是中国同期人均GDP的6.05倍。2035年,中国人均GDP有望达到3.15万美元,但预计仍仅为美国的38.29%。[①] 因此,新发展阶段仍然是社会主义初级阶段中的一个阶段,新发展阶段必须坚持中国特色社会主义初级阶段的基本制度、基本路线、基本方略,遵循初级阶段历史发展客观规律,只有在实践中国特色社会主义初级阶段基本纲领,实现建成现代化强国的中华民族伟大复兴目标基础上,才能推动中国特色社会主义从初级阶段向新的更高级阶段发展。

---

① 刘伟、范欣:《中国发展仍处于重要战略机遇期——中国潜在经济增长率与增长跨越》,《管理世界》,2019年第1期,第13—24页。

第三章
"社会主义基本经济制度"范畴的讨论
——经济改革和制度创新的历史特征

第一节 基本经济制度的内涵和特征①

基本经济制度的建设和探索,是我国社会主义发展实践的基本内容,也是马克思主义与中国具体实践相结合过程中不断形成马克思主义中国化历史性飞跃的重要方面。中国特色社会主义基本经济制度的形成和完善,在理论上是马克思主义辩证唯物史观、科学社会主义和政治经济学原理的运用与创造性发展,在实践上是中国共产党领导中国人民的伟大历史创造,在人类社会制度文明史上打破了"华盛顿共识"所概括的"现代化等于西方化"的迷思,开辟了实现发展的崭新的经济制度文明道路,并且,在中国式现代化推进过程中,这一基本经济制度的解放和发展生产力推进人类文明进步的优势会进一步显现,同时在发展历史实践中基本经济制度本身也会更加完善和巩固。

(一)中国特色社会主义基本经济制度在长期探索中形成

中国特色社会主义的本质特征首先体现在基本经济制度的本质及特征上,同时基本经济制度在中国特色社会主义制度体系和治理结构中具有基础性地

---

① 本节参见刘伟:《中国特色社会主义基本经济制度是中国共产党领导中国人民的伟大创造》,《中国人民大学学报》,2020年第1期,第20—26页。

位。就基本经济制度的内容而言,无论是在生产资料所有制方面,还是在所有制所规定和要求的利益实现及分配制度方面,以及所有制动态运动机制即资源配置方式上,在我国经济社会实践探索中都是不断演进和发展的,在理论认识上都是不断深化和丰富的。就基本经济制度的结构而言,同样存在一个发展过程,从最初将基本经济制度明确为社会主义社会生产资料所有制,到形成基本经济制度体系,将所有制、分配方式和运行机制三者作为有机整体,统一构成基本经济制度,一方面使基本经济制度内涵更为系统,另一方面使社会经济制度的各方面内在联系更为清晰。而这种更为系统更为清晰的认识又是建立在对于中国特色社会主义基本经济制度各个主要方面的认识不断深入基础之上的。基本经济制度的实践和理论探索充分体现了马克思主义基本原理与中国特色社会主义具体实践与中国优秀传统历史文化紧密结合的鲜明特点。从这一意义上讲,尽管"中国特色社会主义"以及与之相适应的"中国特色社会主义基本经济制度"的命题和范畴,是在进入改革开放新时期之后才提出的,但其探索进程可以追溯久远,在思想理论上可以追溯到新民主主义革命时期,在建设实践上,至少在新中国成立之后就开始了这一探索。早在1956年,我国生产资料所有制社会主义改造基本完成,社会主义经济制度即将确立时,毛泽东同志就深刻地指出:不要再硬搬苏联的一切了,应该把马克思主义基本原理同中国革命和建设的具体实际结合起来,探索在我们国家里建设社会主义的道路了。① 毛泽东特别指出,相对于夺取政权的革命战争年代我们走出了把马克思主义与中国实际相结合的"农村包围城市"的中国革命道路,即第一次结合,在夺取政权之后的经济建设中,"我们要进行第二次结合,找出在中国怎样建设社会主义的道路"②。后来,毛泽东关于苏联《政治经济学教科书》的读书笔记等,进一步体现了把马克思主义与中国具体实践相结合探索建立社会主义基本经济制度的追求。在实践上,虽然受到种种主观和客观条件的约束,我国社会主义经济制度总体上是受苏联传统经济制度的影响,在生产资料社会主义公有制基础上(包括国有制和集体所有制)建立起来的集中计划经济体制,但在这一过程中也

---

① 中共中央文献研究室编:《毛泽东年谱(一九四九——一九七六)》第二卷,北京:中央文献出版社2013年版,第550—557页。

② 同上。

第三章 "社会主义基本经济制度"范畴的讨论——经济改革和制度创新的历史特征

体现了一些中国特色,包括在社会主义经济制度形成的生产资料所有制改造过程中的总体战略方针和政策安排,包括计划经济体制中的中央与地方之间相互关系的界定上等,都具有自身的特色。

应当说这种探索开启了中国特色社会主义经济制度创造性建设的先河,但真正建设性的发展是改革开放以来的实践。正如习近平同志所总结的:"改革开放40年来,我们党全部理论和实践的主题是坚持和发展中国特色社会主义。"①

明确提出"中国特色社会主义"这一命题是改革开放以后的事情。② 改革开放伊始展开的"实践是检验真理的唯一标准"的大讨论,明确了解放思想、实事求是的思想路线,明确提出建设"中国特色社会主义"命题,为引领中国的改革开放奠定了马克思主义哲学世界观和方法论的辩证唯物主义基础。③ 接着展开的关于社会主义初级阶段的大讨论,明确中国特色社会主义是社会主义初级阶段的历史方位,为确立社会主义初级阶段党的基本路线提供了马克思主义科学社会主义根据。④ 同时展开的关于"社会主义市场经济"的大讨论,探索社会主义制度与市场经济有机结合,明确中国特色社会主义基本经济制度改革的目

---

① 习近平:《在庆祝改革开放40周年大会上的讲话》,北京:人民出版社2018年版,第27页。
② 同上。1982年9月在党的十二大的开幕词中,邓小平首先提出"建设有中国特色的社会主义"命题;党的十三大报告明确提出"有中国特色的社会主义是马克思主义基本原理同中国现代化建设相结合的产物,是扎根于当代中国的科学社会主义";党的十四大报告明确了邓小平对建设有中国特色社会主义理论的创立做出了历史性的重大贡献,提出了"邓小平同志建设有中国特色社会主义理论"概念;从党的十五大开始使用"邓小平理论"的概念,并将其确立为党的指导思想写入党章;党的十六大首次使用"中国特色社会主义"(不再保留"有"字);党的十七大报告总结改革开放以来取得成绩和进步的根本原因,归结起来就是开辟了中国特色社会主义道路,形成了中国特色社会主义理论体系(包括邓小平理论、"三个代表"重要思想和科学发展观);2011年7月,在纪念中国共产党成立90周年大会上,胡锦涛同志把"中国特色社会主义"概括为中国特色社会主义道路、中国特色社会主义理论体系、中国特色社会主义制度三方面内容;党的十八大报告则进一步阐释了三方面的特征和相互关系,提出"道路"是实现途径,"理论体系"是行动指南,"制度"是根本保障,三者统一于中国特色社会主义伟大实践。(参见余翔、陈金龙:《中国特色社会主义:"概念演变与内涵升华"》,《光明日报》,2013年1月16日,第11版)。
③ 1978年5月10日,党的十一届三中全会召开之前,中共中央党校内部理论刊物《理论动态》发表"实践是检验真理的唯一标准"(胡福明投稿《光明日报》文章,经《理论动态》和《光明日报》编辑讨论和修改后发表),随后在《光明日报》上以"特约评论员"名义公开发表并由各大报刊转载,引发了著名的真理标准的大讨论。
④ "社会主义初级阶段"范畴见之于党的文件是1981年中共中央《关于建国以来党的若干历史问题的决议》,党的十二大报告予以特别强调,党的十三大报告则对社会主义初级阶段的历史客观性、特点和任务做出系统阐释。

标导向，为经济改革历史进程提供了马克思主义政治经济学的指引。① 正是在这种把马克思主义哲学、科学社会主义、政治经济学基本原理全面运用于中国具体实践的过程中，1984年10月党的十二届三中全会作出了《关于经济体制改革的决定》。邓小平敏锐地指出，这是马克思主义基本原理和中国社会主义实践相结合的政治经济学，写出了一个政治经济学的初稿。② 邓小平同志在1992年春发表的南方谈话中预计，再过30年左右的时间，我们能够形成较为成熟、较为定型的中国特色社会主义制度；1992年秋党的十四大提出社会主义市场经济的改革目标，进一步明确了大约需要30年的改革时间表。

党的十八大以来，中国特色社会主义实践进入新时代。中国特色社会主义理论发展形成了习近平新时代中国特色社会主义思想，成为马克思主义中国化时代化的最新成果，成为21世纪马克思主义的经典体现。就中国特色社会主义基本经济制度而言，在理论探索上，从"政治经济学的初稿"到形成系统化的中国特色社会主义政治经济学说。正如习近平所强调的，要不断完善中国特色社会主义政治经济学理论体系，推进充分体现中国特色、中国风格、中国气派的经济学科建设。③ 同时习近平系统阐释了中国特色社会主义政治经济学需要坚持的方法、原则和需要研究的基本命题，为形成中国特色社会主义政治经济学的"系统化学说"奠定了科学基础。④ 在改革实践上，2013年党的十八届三中全

---

① 关于社会主义制度与市场经济的争论由来已久，传统的观点认为二者是根本对立的。早在20世纪50年代，陈云同志率先提出在社会主义经济中可以运用市场。到改革开放时期，1979年3月，陈云提出社会主义经济必须有计划经济和市场经济两部分，计划经济部分是主要的，市场经济部分是次要的，但是必需的。陈云提出计划经济为主，市场调节为辅，并且以著名的"鸟笼"论比喻计划与市场的关系。邓小平强调社会主义可以搞市场经济，1979年11月，邓小平在接见外宾谈话时指出，社会主义为什么不可以搞市场经济，这个不能说是资本主义，我们是计划经济为主，也结合市场经济，但这是社会主义的市场经济。这打破了长期把社会主义与市场经济对立起来的传统。在1992年南方谈话中，他特别指出计划经济不等于社会主义，资本主义也有计划，市场经济不等于资本主义，社会主义也有市场，计划和市场都是手段。党的十四大明确提出社会主义市场经济范畴，十九届四中全会《中共中央关于坚持和完善中国特色社会主义制度、推进国家治理体系和治理能力现代化若干重大问题的决定》则进一步把社会主义市场经济作为中国特色社会主义基本经济制度的有机组成部分。

② 《邓小平文选》（第三卷），北京：人民出版社1993年版，第83、91页。

③ 中共中央文献研究室编：《十八大以来重要文献选编》（下），北京：中央文献出版社2018年版，第6—8页。

④ 刘伟：《习近平"中国特色社会主义政治经济学"的学说体系和理论逻辑》，《学术月刊》，2021年第5期，第5—16页。

第三章 "社会主义基本经济制度"范畴的讨论——经济改革和制度创新的历史特征

会做出全面深化改革的决定,特别强调全面深化改革的目标在于坚持和完善中国特色社会主义制度,实现国家治理体系和治理能力的现代化,明确提出到2020年实现全面小康发展目标的同时,使包括基本经济制度在内的各方面中国特色社会主义制度及治理体系趋于更加成熟、更加定型。到2019年召开的党的十九届四中全会《中共中央关于坚持和完善中国特色社会主义制度、推进国家治理体系和治理能力现代化若干重大问题的决定》(以下简称"十九届四中全会《决定》"),进一步明确了总体目标。指出,到我们党成立一百年时,在各方面制度更加成熟、更加定型上取得明显成效;到2035年,各方面制度更加完善,基本实现国家治理体系和治理能力现代化;到新中国成立一百年时,全面实现国家治理体系和治理能力现代化,使中国特色社会主义制度更加巩固,优越性充分展现。为实现这一目标,十九届四中全会《决定》提出十三个方面的"坚持和完善",明确了新时代坚持和完善中国特色社会主义制度和国家治理体系的历史任务,党的二十大进一步强调"坚持和完善社会主义基本经济制度,毫不动摇巩固和发展公有制经济,毫不动摇鼓励、支撑、引导非公有制经济发展"①,以高水平社会主义市场经济体制作为保障,推动经济高质量发展。这一总体目标的明确和历史任务的提出,既是对新中国成立以来,特别是改革开放以来中国特色社会主义探索的历史回应和深刻总结,更是对新时代中国特色社会主义发展的庄严宣誓和战略部署。

(二)中国特色社会主义基本经济制度的内涵

基本经济制度在中国特色社会主义制度和治理体系中具有重要的基础性地位。从辩证唯物史观出发,生产力与生产关系的矛盾运动构成社会发展的基本矛盾,一切社会制度的演变,包括上层建筑和意识形态等,从根本上来说都要服从社会基本矛盾运动的要求,而基本经济制度正是社会生产关系的总和,是生产关系本质及特征系统的制度体现。因此基本经济制度作为社会经济基础,对于上层建筑具有决定性作用,同时其的巩固和完善也离不开上层建筑方面的支持、保护等。中国特色社会主义基本经济制度为政治、民主、法治、文化等制

---

① 习近平:《高举中国特色社会主义伟大旗帜 为全面建设社会主义现代化国家而团结奋斗——在中国共产党第二十次全国代表大会上的报告》,《人民日报》,2022年10月26日,第1版。

度创造经济基础并提出要求,同时中国特色社会主义的政治、民主、法治、文化等方面的制度建设对基本经济制度的巩固和完善又起着不可或缺的推动保障作用。基本经济制度的现代化离不开民主和法治化,市场经济本身就是法治经济,以中国特色社会主义基本经济制度为基础的法治应当是建立在更为深刻的人民当家作主的根本政治制度基础上的更为公正的法治;离不开以先进文化构筑社会追求现代化发展的共同思想基础,市场经济本身就是信用经济,建立在中国特色社会主义基本经济制度基础上的市场经济道德,应当是建立在更为先进的文化基础上的"诚信";离不开国家治理体系和治理能力的现代化,社会发展的现代化所要求的基本经济制度现代化,以及与基本经济制度现代化相适应的经济机制上的市场化,民主基础上的法治化,道德秩序上的信用化,必然面临既得利益的特权力量以及传统道德秩序的极力阻挠。只有最大限度地调动一切进步力量,充分凝聚社会发展共识,才可能战胜现代化发展面临的阻力。这就要求实现现代化的历史进程中必须形成坚强的政治领导核心和适应现代化发展要求的政治能力。中国近代以来之所以难以形成发展的合力,关键在于缺乏这种政治上的核心和能力。当代许多发展中国家之所以陷入"中等收入陷阱"或长期难以摆脱"贫困陷阱",在制度创新上的重要原因在于其难以满足现代化对市场化、民主化、法治化和思想文化现代化的要求。而之所以如此,根本原因是缺乏富有牺牲精神,真正能够代表社会进步要求、代表广大人民利益的政治核心和能力。中国特色社会主义最为突出的特点和优势在于具有中国共产党领导这一根本制度。党的十九届四中全会《决定》特别强调坚持和完善中国特色社会主义制度,推进国家治理体系和治理能力现代化,是全党的一项重大战略任务。只有在中国共产党领导下中国人民才能够坚持和完善中国特色社会主义基本经济制度,并在这一基本经济制度基础上推进政治制度等根本制度和民主法治等重要制度的现代化,进而以制度和国家治理体系及能力的现代化丰富现代化的内涵,同时支持社会经济发展等方面现代化目标的实现。

党的十九届四中全会《决定》把中国特色社会主义基本经济制度的内涵概括为三个基本方面:生产资料所有制,即所有制结构和实现形式等;收入分配制度,即与生产资料所有制性质和结构相适应的分配方式;资源配置机制,即经济运行方式和调控机制。从上述三个方面看,中国特色社会主义基本经济制度的特征和优势在于:公有制为主体、多种所有制经济共同发展,按劳分配为主体、

第三章 "社会主义基本经济制度"范畴的讨论——经济改革和制度创新的历史特征

多种分配方式并存,社会主义市场经济体制等社会主义基本经济制度,既体现了社会主义制度优越性,又同我国社会主义初级阶段生产力发展水平相适应。基本经济制度的上述三方面内涵是相互联系的有机整体,其中生产资料所有制是最为重要、具有决定性作用的基础。正是中国特色社会主义公有制为主体、多种所有制经济共同发展的所有制关系规定并决定了其他方面的经济制度的本质特征。按劳分配为主体、多种分配方式并存的收入分配制度是受所有制本质和结构所规定的,在相当大的程度上是所有制关系在利益分配上的实现方式。正是由于这种所有制关系和分配关系的本质及特征规定并要求资源配置方式上必须坚持和巩固社会主义市场经济体制,同时为在经济运行机制和调控方式上把社会主义制度和市场经济有机结合创造了制度可能,使充分发挥市场在资源配置中的决定性作用、更好发挥政府作用具有更为坚实的制度条件。把中国特色社会主义基本经济制度概括为所有制、分配制度和资源配置方式三个方面的有机统一,是对基本经济制度的认识深化,相对于以往长期把基本经济制度归结为所有制,而把分配制度和社会主义市场经济作为建立在所有制这一基本经济制度基础之上但不同于基本经济制度的认识来说是一个重大突破。①

(三)中国特色社会主义基本经济制度的特征

中国特色社会主义基本经济制度是适应中国社会生产力发展要求,扎根中国大地,由中国的历史文化、发展水平和基本国情决定的,根本目的是更充分地解放和发展中国社会生产力。因此,一方面,中国特色社会主义基本经济制度的建设是对传统僵化的"斯大林模式"的深刻变革,是对经典的马克思主义关于未来社会经济制度设想的突破,不是在所有制结构上追求单一的公有制,不是在公有制实现形式上追求"一大二公",而是以公有制为主体、多种所有制经济共同发展,以适应中国社会生产力的多层次多元性不均衡发展要求。相应地,在分配方式上不是否定按劳分配中的差距,而是坚持按劳分配原则,多种分配

---

① 江泽民:《高举邓小平理论伟大旗帜,把建设中国特色社会主义事业全面推向21世纪》,人民网,中国共产党历次全国代表大会数据库,http://cpc.people.com.cn/GB/64162/64168/64568/65445/4526287/.html,2018年10月19日。

方式并存,以激励多方面要素的效率,与这种所有制和分配制度相适应,不再把社会主义制度与市场经济机制对立起来,而是作为有机统一整体。因而,中国特色社会主义基本经济制度根本不同于传统的集中计划经济制度。另一方面,中国特色社会主义基本经济制度根本不同于资本主义经济制度,其基础和主体不是建立在资本私有制基础上的剩余价值生产,不是资本雇佣劳动的剥削制度。其形成过程也不是遵照西方资产阶级主流经济学所设计的"华盛顿共识",即在资本主义私有化基础上的市场化和自由化,而是强调公有制为主体及相应的按劳分配为主体,强调社会主义制度与市场经济的有机结合,打破了西方资产阶级主流经济学把公有制与市场对立起来的传统。因此,就制度特征而言,中国特色社会主义基本经济制度既不同于传统僵化的计划经济体制,更区别于当代西方资本主义市场经济。正如党的十九届四中全会《决定》所概括的,中国特色社会主义基本经济制度既体现了社会主义制度的优越性,又同我国社会主义初级阶段社会生产力发展水平相适应,是党和人民的伟大创造。在中国式现代化发展进入新阶段后,包括中国特色社会主义基本经济制度在内的更加成熟、更加定型的社会主义制度体系建设和不断深入的高水平的经济改革与开放,"为中国式现代化提供了更为完善的制度保证"[①]。

实践证明,中国特色社会主义基本经济制度最为显著的优势在于极大地解放和发展了中国社会生产力。一是推动经济发展水平的空前提高,创造了经济快速发展的奇迹,我国 GDP 总量 40 多年平均增长率达到 9% 以上,从改革开放初期占全球比重不到 1.8%(1978 年)上升到现阶段的 18% 以上(2022 年),稳居世界第二大经济体位置(2010 年超过日本成为第二大经济体);人均 GDP 水平持续上升,从改革开放初期的低收入贫困阶段成长为上中等收入小康阶段,超过当代世界人均 GDP 的平均水平(2022 年)。二是推动经济质态结构发生深刻变化,农业劳动生产率及现代化水平显著上升,农业劳动力就业比重从改革开放初期的 70% 以上降至 23% 左右(2022 年);工业化基本实现,构建起完整的制造业经济体系(联合国划分的 44 个大类、666 个小类工业部门齐全);服务业迅速发展,在国民经济中占比已列首位,开始呈现"后工业化"结构演进特征;新型

[①] 《习近平在学习贯彻党的二十大精神研讨班开班式上发表重要讲话强调:正确理解和大力推进中国式现代化》,《人民日报》,2023 年 2 月 8 日,第 1 版。

工业化、智能化、数字化、信息化、网络化等"并联式"结构优化不断加速。三是推动广大人民群众生活水平大幅提高,恩格尔系数从初期的60%以上(1978年)的深度贫困状态上升为30%以下的小康富足状态(根据联合国划分标准),实现了第一个百年奋斗目标,摆脱了绝对贫困,创造了当代发展中国家克服贫困的奇迹,全面建成了小康社会。四是推动经济增长稳定性增强,降低宏观经济波动性的同时,运行质量上升,承受和防范系统性风险能力逐渐加强,经济增长波动幅度较改革开放之前明显减弱,在20世纪末亚洲金融危机和21世纪初世界金融危机冲击下表现出稳健强劲的增长势头,尤其是在新冠疫情叠加的各种风险冲击下,能够成为唯一保持正增长的主要经济体(2020年),体现了中国特色社会主义基本经济制度和经济体制承受抗击打能力的优势。五是推动根据目标函数和约束函数变化不断调整的制度弹性上升,尤其是进入新时代以来,根据经济新常态的新变化,提出"五位一体"总体布局,适应从高速发展向高质量发展转变的历史要求。为引领发展方式根本转变,党的十八届五中全会提出新发展理念(五大理念),为贯彻新发展理念,党的十九大提出建设现代化经济体系,并将其作为我国发展的战略目标。为实现这一战略目标,党的二十大强调加快构建新发展格局,并且明确提出在2035年基本实现中国式现代化的同时,形成新发展格局,建成现代化经济体系。这种发展理念、战略和方式的根本转变,需要有基本经济制度保证,中国特色社会主义基本经济制度的完善和巩固,高水平的社会主义市场经济体制改革和建设,这种制度创新是中国特色社会主义基本经济制度适应解放和发展我国社会生产力要求的巨大优势。

(四)中国特色社会主义基本经济制度的实践是马克思主义广义政治经济学基本原理创造性的发展

第一,中国特色社会主义基本经济制度的价值立场在于坚持马克思主义的辩证唯物史观。

马克思主义基本理论包括马克思主义哲学、科学社会主义、政治经济学[①],但基础的东西是马克思主义哲学,因为马克思主义理论的科学性和革命性源于

---

① 中共中央编译局:《列宁专题文集·论马克思主义》,北京:人民出版社2009年版,第66—72页。

辩证唯物主义与历史唯物主义的科学世界观和方法论①。之所以说中国特色社会主义基本经济制度是马克思主义基本原理同中国具体实践的紧密结合,首先就在于这一基本经济制度扎根中国大地,以马克思主义辩证唯物史观作为价值立场。这种价值立场集中体现在:一是始终坚持"实践是检验真理的唯一标准"的观点,新时期改革开放也是以"实践是检验真理的唯一标准"的讨论作为解放思想的动员的。二是始终以解放和发展生产力作为坚持与完善基本经济制度的根本目的及检验标准。生产关系的变革和完善说到底要适应生产力的性质和发展要求,因此,发展是硬道理,发展是永恒的主题,成为中国特色社会主义基本经济制度建设的根本遵循。新中国成立以来,特别是改革开放以来,解放和发展生产力的事实是中国特色社会主义基本经济制度优越性的最有力的证明。三是始终围绕社会主要矛盾的演变和转化推动基本经济制度的变革和发展方式的转变。根据生产力与生产关系这一社会基本矛盾的运动,以及基于这一基本矛盾运动的社会主要矛盾的变化,不断调整发展理念,确立不同时期的发展目标,推进发展方式的转变。四是始终把以人民为中心作为坚持和完善中国特色社会主义基本经济制度的政治立场,这是马克思主义唯物史观阶级性的集中体现,也是中国可持续发展的最深刻的动力根源,正如十九届四中全会《决定》所总结的,中国特色社会主义制度的显著优势之一便在于紧紧依靠人民推动国家发展。

第二,中国特色社会主义基本经济制度的历史方位在于坚持马克思主义的科学社会主义发展观。②

马克思主义的科学社会主义发展观要求客观地认识和把握社会主义发展所处的阶段,科学地认识在一定历史方位上的客观规律,历史地制定发展基本方略、基本路线。之所以说中国特色社会主义基本经济制度的坚持和完善体现了马克思主义的科学社会主义发展观,一是明确我们所从事的是中国特色的社会主义,中国特色社会主义命题的提出表明我们党对科学社会主义的认识和实践的深化,也是对马克思主义科学社会主义理论的极为重要的发展。二是明确

---

① 习近平:《学习马克思主义基本理论是共产党人的必修课》,《求是》,2019年第22期,第4—11页。
② 刘伟:《应当充分认识社会主义初级阶段的历史长期性》,《政治经济学评论》,2018年第6期,第11—18页。

第三章 "社会主义基本经济制度"范畴的讨论——经济改革和制度创新的历史特征

中国特色社会主义是初级阶段的社会主义,明确社会主义是共产主义的初级阶段,中国特色社会主义是社会主义的初级阶段,并且我国将长期处于社会主义初级阶段。因此,发展中国特色社会主义是一项长期的艰巨的历史任务。① 三是明确中国仍是发展中国家,无论是生产力的发展还是生产关系的变革,无论是经济基础的巩固还是上层建筑的建设,都必须清醒地认识并遵循社会主义初级阶段的客观规律。四是明确中国特色社会主义进入新时代,时代是出卷人,问题是时代的口号,进而不断明确中国特色社会主义事业在不同时期的不同使命,明确中国特色社会主义是党的最高纲领和基本纲领的统一。基本纲领即建立富强、民主、文明、和谐的社会主义现代化强国(第二个百年奋斗目标)。

第三,中国特色社会主义基本经济制度的目标取向在于坚持马克思主义政治经济学的制度观。②

运用马克思主义辩证唯物主义的世界观和方法论,坚持马克思主义科学社会主义的发展观,确立中国特色社会主义的历史方位,构建中国特色社会主义基本经济制度,集中起来体现在运用马克思主义政治经济学的立场、观点和方法,认识中国特色社会主义经济规律,并以此为根据建设真正适应生产力发展要求的中国特色社会主义基本经济制度及体制、机制上。在中国特色社会主义基本经济制度的探索中,这种制度观的坚持集中体现在以下几方面:一是始终坚持公有制为主体、多种所有制经济共同发展的所有制基础,以适应生产力发展的社会化和多元化的发展要求。二是始终坚持按劳分配为主体、多种分配方式并存的分配制度,以适应调动多方面积极性并逐渐实现共同富裕的发展趋势。三是努力推进公有制为主体、多种所有制经济共同发展的所有制与市场经济有机结合,坚持社会主义市场经济改革方向,把社会主义制度与市场经济有机统一起来,在经济制度和运行机制上闯出一条既不同于传统僵化的集中计划经济的"老路",又不同于改旗易帜的资本主义"邪路"的中国特色社会主义基本经济制度的"新路"。尤其是在经济体制机制改革进程上,把所有制结构及实现方式的改革与市场配置资源的机制创新统一起来,既坚持所有制上的社会主

---

① 习近平:《在2018年春节团拜会上的讲话》,《人民日报》,2018年2月15日,第2版。
② 刘伟:《坚持社会主义市场经济的改革方向——中国特色社会主义经济转轨的体制目标》,《中国高校社会科学》,2019年第2期,第16—20页。

义性质,又坚持发挥市场在资源配置中的决定性作用;在企业所有制及产权制度改革上,把国有企业产权制度改革及公司治理结构完善与国有经济分布结构调整统一起来,既坚持"两个毫不动摇",又坚持增强和发挥国有企业在市场竞争中的竞争力、创新力、控制力、影响力、抗风险能力[①];在调控机制上把现代化经济体系中的市场体系培育与宏观调控方式转变统一起来,推动市场秩序完善,在培育商品和要素市场的同时转变政府职能,完善宏观调控机制,努力构建"市场机制有效,微观主体有活力,宏观调控有度"的经济体制。

总之,中国特色社会主义伟大实践,包括中国特色社会主义基本经济制度的探索,是马克思主义基本原理与中国具体实际全面深入创造性结合的探索。中国特色社会主义科学理论发展,包括中国特色社会主义政治经济学的发展,从毛泽东时代的"第二次结合",到改革开放时代的"邓小平理论""三个代表"重要思想和科学发展观等构成的中国特色社会主义理论体系,再到习近平新时代中国特色社会主义思想,是马克思主义中国化时代化的发展进程。

第二节 基本经济制度的运行机制和实现方式

"社会主义市场经济"既是基本经济制度的内在有机组成部分,又是所有制关系和分配制度得以实现和运行的体制。

习近平同志指出:"要坚持社会主义市场经济改革方向,坚持辩证法、两点论,继续在社会主义基本制度与市场经济的结合上下功夫,把两方面优势都发挥好。"[②]中国特色社会主义基本经济制度的重要创造在于将社会主义制度与市场经济机制有机统一起来,构成相互联系的经济制度体系,同样,社会主义市场经济改革的深化,真正的难题也在于如何将两者结合好,切实有效发挥两方面优势。这既是具有根本性意义的实践问题,更是马克思主义政治经济学中国化时代化的基本理论问题,也是改革史和思想史上长期争论的热点问题。[③]

---

① 《中共中央关于坚持和完善中国特色社会主义制度 推进国家治理体系和治理能力现代化若干重大问题的决定》,《人民日报》,2019年11月6日,第1版。
② 《习近平在中共中央政治局第二十八次集体学习时强调:立足我国国情和我国发展实践 发展当代中国马克思主义政治经济学》,《人民日报》,2015年11月25日,第1版。
③ 刘伟:《中国经济改革对社会主义政治经济学根本性难题的突破》,《中国社会科学》,2017年第5期,第23—43页。

第三章 "社会主义基本经济制度"范畴的讨论——经济改革和制度创新的历史特征

（一）否定社会主义与市场经济的统一具有深刻的历史和理论传统

在经济史上，市场机制作为资源配置的基本机制是在资本主义制度基础上首先确立起来的，虽然关于资本主义制度的起源、资本主义生产方式与商品货币市场交换关系之间谁为因谁为果等问题上存在不同的认识[①]，但作为生产方式的历史发生，资本主义与市场经济是有机统一的整体，开创了人类制度文明，进而开启了人类现代化的历史进程。一方面，资本主义生产资料私有制不同于人类社会以往的私有制，前者能够适应市场经济关系运动的基本要求；另一方面，市场经济作为资源配置机制，又是资本运动的实现方式，是资本利益实现的体制条件。因而，在思想史上便形成了相应的传统，即把市场经济与资本主义等同起来，进而将其与社会主义对立起来，认为只有在资本主义私有制基础上才可能建立市场竞争机制，取消私有制，或私有制不够纯粹，就不可能存在市场机制，更不可能获得市场竞争性效率。从早期（20世纪初）的关于社会主义制度前途的争论中米塞斯、哈耶克等人对社会主义的根本否定，到后来（20世纪末）的关于经济转轨的讨论中所谓"华盛顿共识"，正统的西方经济学都是沿袭着这一传统。[②] 而第二次世界大战后许多社会主义计划经济国家的改革尝试，始终围绕着兼得社会主义基本制度和市场竞争机制两方面优势这一目标而努力，但都以失败告终，最终放弃了社会主义制度。[③]

从马克思主义经典作家的观点来看，其也是把市场经济机制与资本主义基本制度视为统一整体，同时认为当社会主义制度取代资本主义制度之后，商品货币关系和市场竞争机制将不复存在。一是从逻辑结构上来说，马克思劳动价值论把商品、货币、价值、价格、交换、市场之所以产生的根本制度条件归结为资本主义私有制，产品之所以变成商品，是由于它不再是单纯的物品，而是使用价值和价值的对立统一，商品之所以是使用价值和价值的对立统一，是由于生产商品的人类劳动过程性质发生了变化，不再是单纯的人与自然之间的物质变

[①] 厉以宁：《资本主义的起源》，北京：商务印书馆2003年版。
[②] 刘伟、平新乔：《经济体制改革三论：产权论·均衡论·市场论》，北京：北京大学出版社1990年版，第6—106页。刘伟、方敏：《中国经济改革历史进程的政治经济学分析》，《政治经济学评论》，2016年第2期，第3—48页。
[③] 同上。

化,而是具体劳动与抽象劳动的对立统一;人类劳动过程之所以发生这种性质变化,根本原因在于社会生产的性质发生了历史变化,不再是单独为满足生产者本人需要的自然经济性质的生产,而是首先要以满足他人(社会)需要为目的,因而社会生产具有了私人性和社会性的矛盾;社会生产之所以发生性质变化,根本原因则在于社会经济发展形成了两个基本条件,即生产资料的私有制和生产的社会分工。私有制决定了生产只能是在私有制基础上进行,因而具有排他的"私人性质",而社会分工规定了人们需要相互交换,因而具有相互联系的"社会性"。这一矛盾运动的逻辑表明,市场经济关系之所以存在,最为深刻的制度基础在于生产资料的私有制。或者说,私有制和社会分工决定了生产的性质转变为私人性与社会性的矛盾统一体,生产性质的转变决定了实现生产目的的劳动过程发生了变化,具有了两重性,而劳动过程的两重性决定了劳动结果——产品的特征发生了变化,成为使用价值与价值对立统一的商品。人类历史发展取消了生产资料私有制之后,商品货币及市场经济的制度基础将不复存在,构成商品货币关系矛盾运动的全部逻辑结构也将不再成立。① 二是从历史条件上来说,没有生产资料私有制和社会分工就不可能具备形成商品货币关系及其市场机制的基本条件,但具备这两方面的基本条件也并不必然产生商品货币关系及其运动方式——市场经济机制,也就是说私有制和分工并不是产生市场关系的充要条件。生产资料私有制在人类历史上古已有之,按照马克思的社会形态划分历史,早在原始社会末期奴隶社会产生时就形成了私有制(在欧洲对应的生产力是铁器时代,在东方——亚细亚社会对应的则是青铜时代),但并未真正形成市场经济关系,商品货币关系形成并普遍化,进而推动市场机制培育并成为资源配置的基本方式,是在资本主义生产方式基础上开始的。或者说,市场经济关系不是可以建立在一切私有制基础之上,而是首先建立在资本主义私有制基础之上,在马克思主义经典作家看来,也只能建立在资本私有制基础之上,重要原因在于资本主义社会之前的中世纪封建社会的生产资料所有制,尽管是私有制(在农耕社会主要生产资料即为土地),但却是封建的私有制。在欧洲中世纪封土封臣的制度下,人们对于生产资料的权利具有超经济性质,并不是纯粹的经济性质权利,政治的、司法的、行政的、宗法的、经济的各种权利

---

① 马克思:《资本论》(第一卷),北京:人民出版社2004年版,第47—102页。

第三章 "社会主义基本经济制度"范畴的讨论——经济改革和制度创新的历史特征

性质交织在一起,共同体现为对于生产资料(土地)的占有权、生产资料所有权具有超经济性质,甚至首先要服从超经济规则约束,而不首先接受经济规则规定,市场规则不可能成为配置资源的基本规则,土地具有不可交易性。资产阶级革命建立起来的资本生产方式,最为重要的历史变化便在于破除了这种"超经济强制",使得生产资料作为私有资本,不仅具有独立存在的经济性质,而且成为支配其他各方面社会权利的统治力量,即形成"资本主义",进而在此基础上,市场规则成为配置资源和资本运动的首要准则,市场机制与资本主义私有制形成有机统一。三是从价值取向上来说,在马克思主义经典作家看来,以资本主义私有制为基础的商品货币关系与实现这种经济关系的运动机制——市场机制,存在深刻的矛盾,即生产的私人性与社会性的对应,这种对应要求商品生产者私人的生产必须被社会承认,才能实现其价值,而这一实现过程作为市场竞争过程,生产者是不能预知和控制的,要完成"惊险的一跳",具有极大的不确定性和风险。而这外在于生产者的盲目的市场竞争和极大的风险又决定着商品生产者的命运,由此便会产生严重的"拜物教",即生产者对市场、货币、商品关系的盲目崇拜,这是人类历史活动的严重扭曲和异化,人类发展进步的趋势要求根本扭转这种异化,把颠倒的关系重新匡正。人类创造并进行着社会生产,却不能自觉地决定和支配生产,而是由外在的市场异己力量来支配命运。要纠正这种异化,在制度上必须消灭私有制,进而根本改变社会生产的性质。[①]就是说从价值取向的历史合理性意义上说,应当最终消灭一切私有制,相应地应当取消资本私有制的运动实现机制——市场竞争机制。四是从生产力发展上来讲,从辩证唯物史观出发,人类社会发展的基本矛盾在于生产力与生产关系的对立统一,生产关系的历史进步性和生产方式的正义性最根本的标准在于其解放和发展社会生产力的能力,资本主义生产方式之所以能够取代封建主义社会生产方式,根本动因在于其较以往的生产方式具有更强的推动社会发展的能力,创造了前所未有的人类文明。但随着社会生产力的进步和发展,资本主义生产方式内在的矛盾,特别是以资本私有制为基础的生产的私人性质与生产力不断进步基础上的生产的社会化程度不断提高之间存在根本冲突,这种根本冲突形成资本积累和贫困积累的鲜明对立,这种深刻的对立构成资本主义市

---

① 马克思:《资本论》(第一卷),北京:人民出版社2004年版,第47—102页。

场经济运动周期性危机的根源。而这种周期性的危机对生产力的发展形成严重的破坏,表明资本主义制度与生产社会化和生产力发展之间存在内在的深刻的历史性矛盾。基于这种矛盾运动,资本主义私有制及与之相联系的市场竞争机制被历史地否定并被新的生产方式所取代成为客观趋势。就是说从唯物观的生产力发展趋势上说,必然取消资本主义生产资料私有制及市场经济机制。

按照马克思主义经典作家的理论逻辑和价值取向,资本主义社会作为人类私有制社会的最后的也是以私有制推动生产力发展取得最高成就的生产方式,将被"共同占有制"基础上的直接体现生产社会性要求的共产主义生产方式所取代(社会主义是其第一阶段)。在未来理想社会(共产主义,包括作为共产主义第一阶段的社会主义社会)是资本主义生产方式矛盾运动的必然结果,建立在资本主义社会所创造的生产力水平高度发达的基础上,消灭了与这种发达生产水平性质和发展要求根本矛盾并严重束缚其发展的资本主义制度,在资源配置方式上相应地也就取消了市场经济机制。虽然马克思主义经典作家指出资本主义与共产主义(包括社会主义)之间存在过渡时期,后来列宁根据十月革命后的实践,对这一过渡时期的理论和实践又有所发展,但严格地说,包括马克思主义经典作家和列宁在内的关于过渡时期的认识,都不是指作为共产主义社会第一阶段的社会主义社会;虽然马克思主义经典作家指出在过渡时期存在多种性质的经济,也存在市场关系,但对进入社会主义社会(共产主义社会第一阶段)之后的经济结构,都认为不再存在任何私有经济,也不再存在商品货币关系。后来在斯大林领导下建立起来的苏联经济体制,以国有制为主体,以集体所有制为支撑,以集中计划经济为资源配置方式,尽管承认商品货币市场等形式上的存在,但否定市场规律对社会生产的调节作用。[①]

(二)提出"社会主义市场经济"是中国特色社会主义发展的创造

中国特色社会主义命题最初是由改革开放总设计师邓小平在党的十二大开幕式上提出的,进而成为改革开放探索的主题。社会主义市场经济则是中国特色社会主义的重要特征,与中国特色社会主义的提出和深入探索相适应,我

---

① 斯大林:《苏联社会主义经济问题》(中译本),北京:人民出版社1976年版。

第三章 "社会主义基本经济制度"范畴的讨论——经济改革和制度创新的历史特征

们党关于社会主义初级阶段的经济制度的认识和实践不断深化,特别是关于社会主义基本制度与市场经济机制之间的相互关系的探索不断发展,不仅打破了西方资产阶级经济学关于市场经济只能建立在资本主义私有制基础上的迷思,而且突破了马克思主义经典作家的社会主义社会不存在市场的论断和预测。党的十二大报告首次打破了将社会主义与市场体制根本对立起来的传统,指出应当建立"计划经济为主,市场调节为辅"的经济机制,从而突破性地把市场作为调节机制引入社会主义经济,以"主辅论"替代了以往的"对立论"。党的十三大报告中进一步强调了市场调节对于社会主义经济的重要性,指出社会主义经济应具有"计划经济与市场调节相结合"的特性,以"结合论"推进了"主辅论"。党的十四大报告进一步明确社会主义经济应是"社会主义市场经济",社会主义市场经济既是社会主义基本经济制度的重要特征,更是经济改革的基本目标导向,以"市场论"发展了"结合论",使市场经济机制作为资源配置方式成为社会主义经济制度的有机组成部分。党的十五大报告强调了社会主义市场经济体制的生产资料所有制基础,指出以公有制为主体、多种所有制经济共同发展是社会主义社会生产资料所有制的基本经济制度安排。党的十六大报告再进一步强调与社会主义市场经济相对应的生产资料所有制结构必须坚持"两个毫不动摇"。党的十八届三中全会在强调坚持社会主义生产资料所有制基础上,进一步明确市场在资源配置中起决定性作用并更好地发挥政府作用。党的二十大报告则把构建高水平社会主义市场经济体制作为构建新发展格局、推动高质量发展的重要条件和战略举措。

社会主义市场经济的实践,在逐渐承认市场机制对社会主义经济资源配置的调节作用甚至是决定性作用的同时,要在制度上为市场机制发挥作用提供保证,尤其需要深化所有制的改革。传统"一大二公"式的社会主义社会生产资料所有制是无法适应市场竞争机制要求的。中国特色社会主义改革进程突出的特点之一,便是不断在所有制改革与市场机制培育的相互统一中推进制度创新,并且直至把生产资料所有制以及其利益实现所要求的分配制度与资源配置机制三者统一起来,形成具有深刻内在联系的有机统一体——社会主义基本经济制度。

生产资料所有制的改革集中体现在两个方面:一方面是整个社会所有制结构的改革,另一方面是具体的企业制度,包括企业产权关系和治理结构的改革。

我们首先分析所有制结构改革与市场机制培育的关系。所有制结构改革的基本依据在于中国特色社会主义在社会主义初级阶段发展的社会生产力的性质和要求,基本原则在于坚持公有制为主体、多种所有制经济共同发展。统一社会主义与市场经济首先必须使所有制结构能够提供制度支撑,而这种所有制结构上的变革是经济改革艰苦的创造性探索。改革开放初期,1982 年党的十二大报告中,首次承认个体经济是社会主义公有制经济的有益补充,与之相适应,在经济运行机制上首次提出"计划经济为主,市场调节为辅",将市场调节突破性地引入社会主义经济,并据此,在 1984 年党的十二届三中全会做出全面开展经济体制改革的决议。1986 年党的十二届六中全会决议首次承认私人经济是社会主义公有经济的必要补充;与之相适应,1987 年党的十三大报告在经济运行机制上首次提出"计划经济与市场调节相结合",指出社会主义经济是"有计划的商品经济",计划和市场都是覆盖全社会的,不分主辅。1992 年党的十四大首次明确非公有制经济(包括个体、私营、外资等)是社会主义市场经济的重要组成部分,指出所有制结构应当是公有制为主体、多种经济成分长期共同发展,与之相适应,在经济运行机制上首次明确建立社会主义市场经济体制。1997 年党的十五大将"公有制为主体、多种所有制经济共同发展"概括为社会主义基本经济制度,与之相适应,提出经济改革的根本任务在于实现基本经济制度与市场经济的有机统一。2002 年党的十六大首次明确强调坚持"两个毫不动摇",2007 年党的十七大重申公有制为主体、多种所有制经济共同发展作为基本经济制度的重要性。2012 年党的十八大以来,特别是在十八届三中全会在党的十二届三中全会做出全面开展经济体制改革决议 30 年之后再次做出全面深化经济改革的决定,强调坚持公有制为主体、多种所有制经济共同发展的历史长期性,强调坚持"两个毫不动摇"的客观必要性,强调进行混合所有制经济改革的迫切性及重要性。与之相适应,在经济运行机制上进一步强调"市场在资源配置中起决定性作用,更好发挥政府作用",进一步深化了对于社会主义经济与市场机制的内在联系的认识。① 党的十九大以后尤其是党的十九届四中全会深刻总结改革历史进程,把社会主义基本经济制度的内涵进一步拓展,将社会主义市场

---

① 刘伟:《中国经济改革对社会主义政治经济学根本性难题的突破》,《中国社会科学》,2017 年第 5 期,第 34—35 页。

第三章 "社会主义基本经济制度"范畴的讨论——经济改革和制度创新的历史特征

经济作为经济运行和资源配置机制,与公有制为主体、多种所有制经济共同发展的所有制结构及按劳分配为主体、多种分配方式并存的分配制度三方面统一起来,概括为社会主义"基本经济制度",极大地推进了关于社会主义与市场经济相互关系认识的科学性。党的二十大报告在提出构建高水平社会主义市场经济体制这一新时代历史性任务时,特别提出要在坚持"两个毫不动摇"基础上,推动国有资本和国有企业做强做优的同时,"优化民营企业发展环境,依法保护民营企业产权和企业家权益,促进民营经济发展壮大"[①]。把国有经济做优做强与民营经济发展壮大统一起来,使社会主义基本经济制度更为牢固,更具活力。从理论逻辑上来说,所有制改革与市场化进程具有深刻的内在联系,中国特色社会主义改革实践也是在这两方面的统一中展开的,不同的是,我们追求的不是资本主义的私有化与市场化的统一,而是坚持社会主义公有制为主体、多种所有制经济共同发展基础上的市场化,坚持在构建社会主义基本经济制度体系整体进程中培育市场竞争机制并使之起到资源配置的决定性作用。这是根本性的理论创新和实践突破。

第三节 基本经济制度的微观基础

在社会主义市场经济中,企业制度,特别是企业的产权制度及相应的公司治理结构是市场竞争中的主体制度,这一主体制度规定谁能够进入市场竞争,或者说必须在所有制和产权制度上具备怎样的条件及能力,才可以进入市场;规定进入市场竞争具有怎样的权利和相应的责任,或者说权利与责任是否对等;规定竞争主体(企业)能否真正接受市场规则硬约束,或者说首先接受市场约束;市场秩序混乱根本在于企业制度混乱,在于竞争主体秩序失序。社会主义基本经济制度作为生产资料所有制、分配制度和经济运行机制三方面的有机统一,是具有深刻内在联系的不可分割的整体,其具体的运动形式和实现机制,在于企业制度的结构和特性,企业制度特别是企业所有制性质和产权结构,是基本经济制度的具体运动体现,也可以说是基本经济制度的微观基础。

---

① 习近平:《高举中国特色社会主义伟大旗帜　为全面建设社会主义现代化国家而团结奋斗——在中国共产党第二十次全国代表大会上的报告》,《人民日报》,2022年10月26日,第1版。

（一）基本经济制度是不可分配的统一体，特别是在生产资料所有制结构上是有机整体，将其中的某一部分独立出来或从统一整体中分割出来，都不能称其为中国特色社会主义基本经济制度。同时，公有制为主体、国有制为主导是建构基本经济制度体系的核心

如果是就其中占据主体的公有制经济而言，尤其是就其中占支配和主导地位并直接集中体现公有制经济对整个国民经济控制力的国有制而言，若整个社会生产资料所有制的结构都是公有制或国有制，那么，从历史实践上看，显然不符合我国现阶段作为发展中国家生产力发展的多层次和多元性的要求；从理论逻辑上看，纯粹的公有制甚至是国有制社会，也就不再是作为共产主义低级阶段的社会主义社会，更不可能是作为社会主义初级阶段的经济形态；从实现形式上看，纯粹的公有制（国有制）经济不需要也难以通过市场经济机制实现其利益。其实，若根据马克思主义经典作家的理论和预测，在共产主义高级阶段不再存在阶级、国家等，那么，在共产主义一开始（社会主义）就需要推进这一过渡，逐渐实现国家的消亡。因而，以国家为主体占有生产资料的制度安排也将伴随国家的逐渐消亡而消失，而以社会"共同占有制"作为社会经济基础。从产权主体意义上可以说，"国有制"是一种国家现象，有国家就可能有国有制，不仅在我国现阶段，而且即使是当代资本主义国家，甚至在前资本主义经济形态中，如奴隶社会、封建社会等也都存在不同形式的国有制。不同的是，一方面，国有制的性质取决于国家的性质，不同国家，其国有制的目的和利益实现方式有根本不同；另一方面，国有制建立在一定历史的社会经济所有制结构上，在不同社会经济所有制结构中国有制的地位和作用有极大差别。也就是说，国有制经济的性质和地位及相应的功能及作用，并不是自身可以决定的，而是受国家的性质和所有制结构所约束的。同时国有制经济又对国家职能的实现和所有制结构的巩固起着重要作用。

科学社会主义的历史实践与马克思主义经典作家的预期有所差异，无产阶级对资产阶级的革命以及相应的推翻资本主义生产方式建立社会主义经济制度，并不是首先更不是同时发生在世界资本主义经济发达国家。尤其中国是在半殖民地半封建社会条件下发生的新民主主义革命而后过渡到社会主义革命，建立起社会主义制度，因此中国特色社会主义客观上要有一个漫长的"社会主

第三章 "社会主义基本经济制度"范畴的讨论——经济改革和制度创新的历史特征

义初级阶段",这一阶段从社会主义基本制度建立到建成社会主义现代化强国,即实现我们党的社会主义初级阶段的基本纲领和目标,至少需要百年进程(第二个百年奋斗目标),并且,即使建成社会主义现代化强国,实现了社会主义初级阶段的基本纲领,中国特色社会主义距离共产主义目标也还有漫长的历史距离,需要几代、十几代,甚至几十代人的长期不懈努力。在这一历史进程中,国家和阶级以及各方面的矛盾及差别仍然长期存在。在国家的经济职能上,国有企业就是公有制的重要实现形式,是实现公有制经济地位和对国民经济主体作用及控制能力的重要方式,特别是在社会主义初级阶段,坚持所有制结构上的公有制为主体必须坚持国有制在控制力上的主导作用。

在社会主义基本经济制度统一体当中,各种制度安排包括生产资料所有制、个人收入分配方式,资源配置机制等三方面的制度安排,特别是在所有制结构中各种不同所有制经济之间的相互结构关系,一方面是一个不可分割的有机整体,统一于"社会主义基本经济制度",另一方面又有区别。因而三方面制度安排之所以能够统一为一个整体,存在内在理论和实践上的逻辑,即以所有制为基础,分配方式不过是所有制的利益实现形式,社会主义市场经济作为资源配置机制不外是社会主义生产资料所有制的运动方式。不同所有制经济之所以能够构成有机体系,需要明确构建体系的基点和内核,即以公有制为主体,脱离这一主体,其他各种经济成分不可能形成完整的统一系统,否定这一主体,也就不再是社会主义基本经济制度,而这一"主体"客观上要求国有经济为"主导",以国有经济的控制力为支撑。

(二)社会主义基本经济制度的实现方式重要的在于占据主体地位的公有制经济(企业)如何在体制上保证其接受社会主义市场经济规则的有效约束

1. 最为关键的在于国有企业如何真正有效地接受社会主义市场经济规则约束

无论国有企业在法律制度安排上是独立还是国有控股,只要是国家作为企业所有制主体,控制企业的"剩余索取权",承担企业的全部或主要风险,国家就有权也必须控制和支配企业行为,包括行为目标、行为方式等。我国社会主市场经济中国有企业不同于资本主义国家国有企业行为的特殊性主要在于以下几个方面：

第一，我国国有企业既要接受国家（政府）约束，体现国家利益和意志，体现政府目标和要求，接受政府准则和行政规则的约束，同时又要接受市场（竞争）约束，必须在总体上或普遍意义上具有市场竞争性。通过或主要通过市场竞争机制实现其生产和再生产循环周转，在市场公平竞争中求生存并实现其利益目标，就需要处理好国家（政府）约束与市场（竞争）约束之间的关系，处理好企业目标与国家目标之间的关系。客观地说，国有企业的占有主体是国家，而国家并非纯粹的经济性质主体，而具有政治、行政、法律等一系列超经济性质的权利，企业要接受市场"硬"约束，或者说首先接受市场规则约束，在所有制和产权制度方面原则上不应当具有超经济强制的性质，或者说历史地看国有企业的制度上的超经济性质与市场竞争要求的所有制和产权上的经济性质之间存在矛盾。"社会主义市场经济"作为科学社会主义发展史在中国的创造，从微观基础上说，重要的便是使国有企业在制度上能够实现这两方面的有机有效的统一。我国国有企业的改革和创新探索，就是围绕这一根本性问题展开的，并且不断取得突破性进展。

第二，我国国有企业改革重要的途径在于探索"建立现代企业制度"，在党的十四大明确以社会主义市场经济为改革目标导向之后，党的十四届三中全会就明确提出了培育现代企业制度的历史性任务，而推进这一历史性任务的基本方式便是对国有企业进行股份制改革。同时，股份制的演进还催生了多种形式的新型产权结构的企业，尤其是国有企业改制后的混合所有制企业，混合所有制企业改革早在党的十三大报告中就曾被提出，但在实践上真正积极推进，则是在党的十八大之后。伴随中国特色社会主义基本经济制度改革的深化和不断完善，对发展混合所有制企业提出了新的历史要求，进一步强调国有资本、集体资本、非公有资本等各种资本交叉持股，发展相互融合的混合所有制经济，进而与社会主义基本经济制度相适应，与资本主义股份制企业治理结构上的重要区别在于，我国国有企业进行混合所有制改革进程中，坚持党对国有企业的领导，坚持全心全意依靠工人阶级和广大人民群众。在此基础上界定企业内部不同所有者之间权力、责任、利益的边界，构建国有企业混合所有制下所有者终极所有权，企业法人产权（董事会作为企业法人代表对公司产权的支配权）、公司

第三章 "社会主义基本经济制度"范畴的讨论——经济改革和制度创新的历史特征

管理经营权、企业职工权益等各方面权益的制约和均衡体系,进而更为有效地防止马克思所指出的股份制企业的制度漏洞,即在股份制所有权与法人产权(支配权)和经营管理权相互分离的条件下,使一部分人获得拿他人或社会的资产冒险而又不负责任的可能。[1]

第三,我国国有企业在国民经济中的地位和作用与当代资本主义社会国有企业的不同,在资本主义社会经济中,之所以兴办国有企业,主要原因在于它是克服市场失灵,或者说作为克服市场失灵而必须采取的政府调控和干预经济的重要途径,能为政府宏观干预纠正市场失灵提供相应必要的微观支持。与我国社会主义基本经济制度相适应,国有企业的存在及发展,不仅是出于克服市场失灵的需要,更是出于主导国民经济命脉从而体现公有制主体地位所需的控制力的需要。因此,国有企业发展更具能动性,国有企业的分布结构更具主导性。重要的在于国有企业对于国民经济的主导性地位原则上应当通过社会主义市场经济机制来实现,即通过市场竞争来实现。否则,占据主导地位的国有经济不接受市场规则约束,不贯彻市场竞争规则,资源配置就难以真正发挥市场机制的决定性作用。问题的关键在于两方面:一方面,如何处理国有企业的主导性,尤其是垄断性与市场竞争的公平性之间的关系,或者说如何在制度上约束国有企业的垄断行为和不同的竞争;另一方面,如何界定国有企业与民营企业之间的准入界区,或者说如何有效地防止国有企业对民营企业的"挤出效应"。因此,纵向地看,哪些部门和领域属于应当也可以充分竞争的领域,哪些部门和领域具有国民经济命脉性质,需要也应当由国有企业来主导?横向地看,中央和地方各自应当和需要在怎样的规模和层次上兴办国有企业,进而才能更为有效地体现社会主义基本经济制度下市场经济的要求?动态地看,伴随国民经济发展,尤其是技术创新和制度创新带来的效率提升,进而引致的经济结构升级和产业结构优化,国有企业的结构分布应当如何调整才能更加适应发展的需要,才能更有效地体现对国民经济命脉的支配?这些问题都需要在社会主义基本经济制度的实践中深入探索。

---

[1] 马克思:《资本论》(第三卷),北京:人民出版社2004年版,第498—500页。

2. 极为重要的在于农村集体所有制经济如何适应现代化发展要求,根据社会主义市场经济机制运行规律改革并完善实现方式

我国农村集体所有制经济作为公有制的一种具体实现形式,在社会主义基本经济制度体系中具有重要的基础性意义,而农村集体所有制经济中最具意义的又在于作为基本农业生产资料的土地制度,中国特色社会主义制度创新的重要方面也在于农村土地制度的改革和变迁。

从历史演进来看,中国封建社会与西欧中世纪封建社会相比较,尽管都是封建地主贵族占据社会统治地位并垄断土地,但在具体的土地制度实现形式上存在很大差别:一方面,中国封建社会不存在西欧封建社会的封土封城的君臣关系,层层受封,进而土地的所有权主体形成含混,即"一物多主",而是实行封建地主私有制,具有较为清晰的排他性,土地所有权的主体明确,产权界区清晰;另一方面,与西欧封建时代不同,中国封建社会地主土地私有制基础上封建地主对于土地的所有权一般而言只是具有经济性质的财产权,而西欧封建社会则普遍存在对土地的所有权与政治统治和司法行政等超经济权利相互统一的关系,使得以土地作为生产资料的运动,首先必须接受超经济权力约束,或者说,经济权力和政治、司法、行政等权力是合为一体的。因此,西欧封建社会条件下,由于产权主体不清、产权性质复杂,土地是不能按照经济规则在不同所有者之间流动交易的,即土地资源的配置不能通过买卖方式进行。而中国自秦以来,除个别短暂时期外,废除井田制之后即形成地主土地私有制,其突出特点在于土地可以买卖,即通过交易实现土地财富的流动。这一特点不仅构成中国封建制度与西欧封建制度的重要不同,而且深刻影响了中国历史发展进程,土地可交易性一方面使土地资源配置具有更强的竞争性,从而提高了土地生产效率,另一方面形成土地兼并下的大地主与失地流民的深刻矛盾,从而引发频繁的农民起义;一方面,土地作为农耕经济社会的基本生产资料,可以买卖,带动了商品货币市场交换关系在封建社会历史条件下可能的发展,从而形成了远比西欧同期发达的交换工具(货币等)和交换机制(商贸关系),另一方面,土地可以买卖,使货币等最终硬化为土地,进而又在根本上抑制了市场经济关系的真正发展;一方面,深刻影响了近代以来中国封建社会的解体和半殖民地半封建社会的形成,使资本主义萌芽难以真正发育成为资本主义经济,另一方面,又深

第三章 "社会主义基本经济制度"范畴的讨论——经济改革和制度创新的历史特征

刻影响了中国近代以来社会矛盾运动的特点和社会性质,使中国民主主义革命所面临的社会条件和需要完成的任务以及实现道路具有历史特殊性。

中国共产党领导的新民主主义革命始终将解决农民土地问题作为革命的中心问题,即推翻封建性及半封建性的地主土地私有制,使广大农民享有自己的土地,变封建半封建地主土地所有制为农民土地所有制,同时也赢得了广大农民对中国共产党领导的新民主主义革命的支持。从大革命时期的减租减息,到土地革命时期的消灭地主阶级,从抗日战争时期的没收汉奸土地和财产到解放战争时期的土地制度改革的"耕者有其田"(《中国土地法大纲》,1947年),土地使三亿多无地少地的农民获得了七亿多亩耕地和其他生产资料,形成了中国历史上最为深刻的一场对封建地主土地制度的革命。新中国成立之后,国民经济恢复期和社会主义所有制改造,推动农民土地私有制向农村土地集体所有制转变,从而,一方面,防止农民土地私有制基础上竞争导致的小农经济破产,特别是需要防止土地私有制下的市场买卖形成新的土地兼并及两极分化;另一方面,推进农村集体所有制的形成,与社会主义基本制度相统一,同时也为适应工业化发展提供相应的土地制度支持。

党的十一届三中全会拉开农村改革大幕,农村土地制度进行变革调整,通过"交够国家的、留足集体的、剩下都是自己的"形成国家、集体与农户之间的承包合约,农户家庭经营成为农业经营主要形式,农民对承包土地的使用权、收益权和转让权等逐渐清晰并不断完善。改革初期允许农民利用集体土地办企业等,促进了乡村工业化进程。1982年颁布的《宪法》规定,城市的土地属于国家所有,农村和城市郊区的土地,除由法律规定属于国家所有的以外,属于集体所有。这就建立了城市土地国有和农村土地集体所有的土地制度。后来颁布施行的《中华人民共和国土地管理法》对土地所有权和使用权,对所有权归属、土地登记、登记发证、登记保护等方面都有明确规定。总的来看,改革开放之后的土地制度安排保障了国家粮食安全,在坚持集体所有制、保证国家和集体利益的前提下,实现了集体成员土地权利和家庭经营的回归,带来农民从事农业积极性的高涨及农产品产出和供给的增长。同时,通过配置工业用地,创办园区,提供良好的政策环境,促进了快速的工业化和城市化,创造了中国经济长期高速增长的奇迹。

处理好农民和土地的关系,是深化农村改革的主线。党的十八大以来,进一步深化土地制度改革成为实现农业农村现代化的关键举措。以习近平同志为核心的党中央推行了一系列土地制度改革,从所有权、承包经营权"两权分离"到所有权、承包权、经营权"三权分置",落实所有权、稳定承包权、放活经营权,在保留农户承包权的同时推动经营权有序流转,促进多种形式适度规模经营和新型农业经营体系的构建;积极探索落实宅基地集体所有权、保障宅基地农户资格权和农民房屋财产权、适度放活宅基地和农民房屋使用权的具体路径和办法,坚决守住土地公有制性质不改变、耕地红线不突破、农民利益不受损这三条底线;建立城乡统一的建设用地市场,在符合规划和用途管制的前提下,允许农村集体经营性建设用地出让、租赁、入股,实行与国有土地同等入市、同权同价;完善征地程序和征地补偿安置,建立对被征地农民合理、规范、多元的保障机制;加大土地要素市场化改革,提高土地配置效率,促进土地高效利用;等等。这些新时代的土地制度改革,有利于切实保障农民土地权益,更好用活乡村土地资源。

一方面,新时代的土地制度改革为建设社会主义现代化国家提供了土地制度保障。土地要素市场化配置有利于改变传统发展模式,促进经济发展方式转变;农村土地"三权分置"改革有利于促进农村土地经营权的流转和新型经营主体成长,促进农业现代化;深化农村宅基地制度改革有利于盘活利用农村闲置宅基地和农房,对于激活农村土地资源要素、促进城乡融合发展具有积极作用,有利于促进乡村振兴和农村现代化;探索实施农村集体经营性建设用地入市制度,有利于发展乡村产业和拓宽发展空间,为乡村振兴提供土地要素保障;审慎稳妥推进土地制度改革,为乡村稳定和保障农民权益筑牢底线。习近平总书记强调,不管怎么改,都不能把农村土地集体所有制改垮了,不能把耕地改少了,不能把粮食生产能力改弱了,不能把农民利益损害了。这一系列改革都为建设社会主义现代化国家提供了土地制度保障。

另一方面,新时代土地制度改革的重要目的是通过向农民更充分地赋权,实现农民富裕和农业农村现代化。农村土地"三权分置"改革赋予经营主体更有保障、预期稳定的土地经营权,新型经营主体有动力和条件提升地力、改善农业生产条件;探索实施农村集体经营性建设用地入市制度,建立公平合理的增值收益分配机制,有利于农民分享更多的发展机会和增值收益;征地制度改革缩小征地范围、规范征地程序、采取多元化保障机制,有利于更公平合理地保障农民的财产权利;农村宅基地制度改革通过放活宅基地和农宅使用权,特别是探索赋予宅基地使用权作为用益物权更加充分的权利,有利于农民提高财产性收入,加快农业转移人口市民化。①

中国农村土地制度的改革是社会主义基本经济制度完善的重要内容,是中国特色社会主义经济公有制实现形式的重要创造,是马克思主义政治经济学与中国具体经济发展实践相结合的重要探索,其解放和发展生产力的历史性成就表明这种改革具有强大生产力。

(三)民营经济(企业)是社会主义基本经济制度的不可或缺的实现形式

1."民营经济"与非公有制经济

"民营经济"就其内涵而言,严格地说是就企业经营方式和制度而言,相对应的是"国营",也就是说"非国营"就可以在广义上视为"民营"。它作为经营制度与生产资料所有制有区别,但又有着深刻的联系,所有制在财产制度和产权结构上规定并要求经营方式需要满足的条件,经营制度则是一定所有制企业和企业治理结构的市场运动形式。因此,可以有"国有国营""民有民营",也可能存在"国有民营"(如我国历史上曾出现过的"官督民办"),也可能存在"民有国营"(如特定时期国家对民有企业的征管征用)。在我国历史上,民营经济最初作为"民族资本"在第一次世界大战与第二次世界大战之间,由于国际国内条件变化,出现过较为活跃的发展。但总的来说,在封建地主阶级、官僚买办阶级和帝国主义资本的压迫下,民营经济没有真正获得健康发展的历史机会。事实上,中国民营经济取得历史性发展是在改革开放之后,在中国特色社会主义基本经济制度培育基础上才真正获得了根本的制度条件,在社会主义市场经济体制改革过程中才真正获得了成长的体制环境。中国改革开放以来的民营经济发展重要的特点在于,"民营"的经济方式与"非公"的所有制总体上是相互统

---

① 刘伟、刘守英:《建党百年与土地制度变迁的理论和实践探索》,《经济日报》,2021年7月5日,第10版。

一的("非公有制经济"在统计口径上包括个体、私营等,也包括外资、港澳台资等)。伴随改革开放的不断深入,特别是进入新时代以来,混合所有制经济的加快形成和发展,民营经济所对应的所有制基础也进一步复杂化,呈现出多样性的结构特点。但总体而言,仍是以非公有制为基础,在社会主义基本经济制度下,非公有制经济作为公有制为主体、多种所有制经济共同发展的所有制结构下不可或缺的有机组成部分,其发展体现出社会主义基本经济制度的要求,相应地,民营经济(企业)是社会主义基本经济制度的重要实现形式。

在中国特色社会主义市场经济发展实践中民营经济的发展,与承认生产资料所有制结构在公有制为主体基础上多种所有制经济共同发展的制度变迁有着深刻的联系。从1982年党的十二大报告开始承认个体经济,到进一步承认私营经济及雇工;从党的十四大报告明确社会主义市场经济体制目标,到党的十五大报告明确与社会主义市场经济体制相适应的生产资料所有制结构;从党的十六大报告强调坚持"两个毫不动摇",到党的十九届四中全会对社会主义基本经济制度的重新阐释和概括,直到党的二十大报告围绕实现以中国式现代化全面推进中华民族伟大复兴这一中心任务,围绕为践行这一中心任务必须坚持贯彻高质量发展的主题和首要任务,明确提出要坚持社会主义市场经济改革方向,构建高水平社会主义市场经济体制,其中重要的在于强调"坚持和完善社会主义基本经济制度,毫不动摇巩固和发展公有制经济,毫不动摇鼓励、支持、引导非公有制经济发展",要求"优化民营企业发展环境,依法保护民营企业产权和企业家权益,促进民营经济发展壮大"[1]。将民营经济这一经营方式所对应的"非公有制经济"这种所有制关系逐渐作为社会主义基本经济制度的有机组成部分,同时进行相应的修宪程序,为民营经济的发展提供了基本经济制度和法律制度基础及必要保障。

2. 民营企业经营制度

民营经济作为一种经营机制,民营企业作为一种企业制度,成为社会主义基本经济制度的重要实现形式,作为基本经济制度的实现形式和具有特定历史内涵的经营机制及企业制度,在受所有制规定外又有其相对独立性。这种相对

---

[1] 习近平:《高举中国特色社会主义伟大旗帜,为全面建设社会主义现代化国家而团结奋斗——在中国共产党第20次全国代表大会上的报告》,《人民日报》,2022年10月26日,第1版。

第三章 "社会主义基本经济制度"范畴的讨论——经济改革和制度创新的历史特征

独立性集中表现在如下几方面:一是其所对应的企业生产资料所有制可以是纯粹的非公有制经济,也可以是非公有制经济与公有制经济相互融合的混合所有制,在经营方式上是国营还是民营,取决于产权结构,取决于主要持股者在企业治理结构中的地位。二是民营经济(企业)的法人形式具有多样性,与其所有制性质和构成也会存在差异,比如同一种性质的所有制企业作为市场竞争机制中的竞争主体,有不同的法人形式,如合伙企业、有限责任公司、股份有限公司、联营企业等;法人形式和企业法律制度形式可能相同,比如均为股份有限公司,但经济基础意义上的所有制又可能完全不同。三是企业作为不同所有制和产权约束下的要素的集合,其性质、行为目标及治理结构受所有制性质和结构及相应的特点规定,因而不同性质的企业应有不同,但作为市场竞争行为主体,其行为规则应当受市场统一平等的约束,而不应因所有制性质和结构不同,在市场竞争中贯彻不同的行为规则,或者说接受市场规则的差异化(歧视性)约束。也就是说,不同所有制性质和结构的企业在社会主义市场经济竞争机制中需要遵守的市场竞争规则应是一致的,但通过市场竞争追求实现的利益目的会有所不同;实现企业生产和再生产所运用的客观机制相同,都是市场机制,但企业主体本身的治理方式会有不同。四是在现代经济社会迅速发展的条件下,"资本"形态本身不断变化,如除传统意义上的物质资本及生产资料等形态外,人力资本、社会资本等都在形成并发挥重要作用,特别是伴随经济发展的信息化、网络化、智能化、数字化等不断深入,社会主义市场经济中公司治理结构形态越来越复杂化,公司治理结构和企业经营机制与所有制之间的关系更为复杂。这种变化中重要的趋势,便是企业经营方式和治理结构的相对独立性逐渐提高。

因此,首先,建立在社会主义基本经济制度基础上不同所有制性质的各类企业,包括国有(控股)企业、集体所有制企业、各种混合所有制企业、非公有制经济企业(个体、私营及外资企业)等,所有制性质不同,企业追求的目标和实现的利益目的不同,但统一构成社会主义基本经济制度并服务于社会主义经济发展,共同实现着社会主义经济社会生产的目标。其次,以一定生产资料所有制为基础但又相对独立于所有制的各种不同类型的企业法人方式和经营机制,治理结构不同,决策和管理机制也有所差异,但共同接受社会主义市场经济竞争规则约束,是平等的社会主义市场经济中的竞争主体。最后,社会主义基本经济制度,特别是生产资料所有制,与基本经济制度的实现形式,特别是微观基础意义上的企业法人制度和经营机制,相互之间有内在联系,但又有相对独立性,相互之间存在能动的相互作用,其运动机制都是社会主义市场经济机制,受基本经济制度特殊性规定,社会主义市场经济与资本主义市场经济有着本质不同,受企业竞争制度规定,社会主义市场经济中的竞争主体均要平等地接受市场竞争一般规律制约。正确认识和处理社会主义基本经济制度及其实现机制的上述三方面关系,对于巩固和壮大公有制经济主体地位,做大做强做优国有企业,提升主导地位,以体现公有制控制力,对于推动非公有制经济发展,促进民营经济发展壮大,使之成为全面推进中国式现代化的生力军和重要力量,都有着极为重要的意义。

3. 所有权、法人产权与经营管理权

特别需要指出的是,根据马克思主义经典作家的关于资本主义生产方式下企业(公司)股份制所有权结构的相关分析,在产业资本以及与之相联系的信用制度发展到一定阶段后,股份公司的出现已经包含了对资本排他性的纯粹的私人所有权的潜在历史的"扬弃"。这种"扬弃"在资本主义私有制下,以股份公司二次方和三次方的形式体现出来。

第一,在不同资本所有者或不同所有权主体之间,"信用为单个资本家或被当作资本家的人,提供在一定界限内绝对支配别人的资本,别人的财产,从而别人的劳动的权利。对社会资本而不是对自己资本的支配权,使他取得了对社会劳动的支配权"[①]。需要明确的是,马克思在这里所说的对社会资本、对别人的劳动、对别人的资本和财产的"支配权",实质上是股份公司制度下集合而成的公司"法人产权",或者称为"法人所有权",它不是终极所有权(终极所有权是"别人"的,即持股者的股权)。但在股份公司制度下,作为公司的法人(董事会)具有决策权(对不是董事会成员所有的财产的支配权),董事会成员并不拥有公司全部股权,但一般而言拥有相对较多的股份,因而具有相应更多的责任和承担风险的能力,但这种"法人所有权"(公司法人支配权)严格地说不等于公司资产所有权,在现代经济社会发展趋势中,董事会成员在公司总资产中的占比越来越小,一方面表现了生产社会化对资本主义私有制"扬弃"的历史进程

[①] 《马克思恩格斯全集》(第四十五卷),北京:人民出版社 2003 年版,第 497—498 页。

第三章 "社会主义基本经济制度"范畴的讨论——经济改革和制度创新的历史特征

逐渐深入,其最大的收益在于提升了私人资本所有制与生产社会化的适应性;另一方面也让股份公司制度使一部分人可能获得对社会、对别人资产的支配权而又不负责任的风险加剧。这是现代经济社会发展中,私人所有权与法人所有权之间的矛盾运动。在这一运动中,总体上看是"收益"大于"风险"。当然现代企业和市场制度的变迁,重要的也在于提高防范风险能力。

第二,"在股份公司内,职能已经同资本所有权相分离"[①]。需要明确的是,这里所讲的股份制企业内的"职能",是指对企业的经营管理职能,这种职能便是经营管理权。在股份制内的"资本所有权"实质上是基于资本所有权(股权)基础上的企业法人所有权(法人资产的支配权)及相应的公司决策权。这里所说的"职能"与资本所有权相分离,是包括与资本所有权及受资本所有权制约的公司法人所有权之间的相互分离。经营管理权的获得不需要以本人的资产责任能力相对较大为前提。正因为如此,公司董事会作为企业法人产权掌控者,需要内在于企业直接监督管理者。在现代经济发展中,经营管理权的相对独立性逐渐提升成为趋势,这是企业产权职能制度性分工,进而提高效率的要求。在信息不对称日益加剧条件下,如何有效激发管理者积极性,同时有效发挥公司法人产权(董事会)约束力,进而对资本所有者(持股者)负责,防止管理者"俘获"决策者(董事会),是需要不断处理的制度性问题。实质上,这是现代企业制度内部经营管理权与公司决策权,即法人产权之间的矛盾运动。

综合来看,现代企业制度(股份公司)实际上是"三权分离"的制度,即资本的所有权、公司的法人产权以及公司的经营管理权之间的相互分离。这种分离并不改变所有制的性质,并且最终以所有制为基础,但改变所有制的实现方式,以新的形式实现所有制的利益要求。在这种不断变化的实现形式中,一方面,提高资本的效益,提升资本产权"权利束"中各方面职能实现的效率,制度性分工本身是提高资本效能的重要途径;另一方面,也会产生新的约束风险,既可能出现公司法人产权(董事会)侵犯资本所有权(持股者)的权利,也可能出现公司经营管理权(经理)侵犯法人产权(董事会)的权利,进而侵犯所有权(持股者)的权利。

在社会主义市场经济中,现代企业制度的建设和完善,本质上也是要在经

[①] 《马克思恩格斯全集》(第四十五卷),北京:人民出版社 2003 年版,第 495 页。

济制度和法律制度上处理好这三权之间的关系。三种权利有联系也有区别,在社会主义基本经济制度实现过程中,无论在所有制上是国有制还是非国有制,是公有制还是非公有制,是国营还是民营,在混合所有制(股份制)条件下,均需按照社会主义市场经济要求,按照现代企业制度运动的一般规律,来建构企业(公司)治理结构,使之能够更充分地实现社会主义基本经济制度的要求,使企业能够更加适应社会主义市场经济竞争规律。同时,所有权、法人产权、经营管理权又各有其特殊性,有自身运动的特殊规律和不同的市场结构类型及机制,无论是国有企业还是民营企业,作为在社会主义市场经济运动中的行为主体,适应生产社会化要求,都需要朝着逐渐完善现代企业制度方向发展,也都需要在"三权分离"的过程中构建合理有效的产权结构。

第四章
"资本"范畴的讨论
——社会主义市场经济"资本"特殊性

第一节 "资本"的自然属性与社会属性

"资本"作为重要的历史范畴和理论范畴的出现,是人类社会发展萌发资本主义并逐渐进入资本主义时期的事情。① 资本具有其自然属性,同时具有其社会属性,是自然形态与社会形态的历史统一。以资本为基础的生产方式,即资本主义生产方式,也具有自然性质和社会性质两个方面,其自然性质指的是生产的技术方式,社会性质指的是生产的社会方式,资本主义生产方式是这种技术方式和社会方式的统一,即社会生产力与生产关系发展进程中的历史统一。马克思的《资本论》以资本主义生产方式作为研究对象,在这种生产力与生产关系的矛盾运动的分析中,阐释资本主义生产的社会方式,即资本主义生产关系发生、发展、灭亡的运动规律和趋势。②

资本首先是价值的体现,或者说体现为一定的价值对象,其自然属性是指作为其价值承担的物质属性和自然功能,即各类生产要素,主要包括劳动力、土

---

① 据西方学者考证,"资本"(capital)一词早在12—13世纪出现,大约在17世纪出现了"资本家"(capitalist)一词,而"资本主义"一词则是在19世纪后期才使用。参见布罗代尔:《十五至十八世纪的物质文明、经济和资本主义》(第二卷),北京:生活·读书·新知三联书店1993年版,第234—256页。

② 参见马克思《资本论》序言,载《马克思恩格斯选集》(第二卷),北京:人民出版社2012年版,第82页。

地等自然资源,科学技术及机器设备,生态环境、数据等,可以概括为劳动对象、劳动工具和劳动力等几方面。显然资本的自然属性在人类社会生产发展历史中是不断发展、丰富、变化的,这种发展赋能的根本动能在于科学的发展和技术创新。

资本是能产生剩余价值的价值,其社会属性是指其作为特定的生产关系,即资本主义生产关系的本质体现。资本的社会属性使资本主义制度能够与市场经济机制形成历史的统一,一方面,资本本身的社会属性和特征能够适应并满足市场经济机制对基本经济制度的基本要求;另一方面,资本本身作为社会生产关系的运动也需要通过市场经济机制来实现。资本是市场机制运行中的行为主体,市场则是资本实现社会经济联系的机制,资本属性越纯粹,市场主体越可能接受市场硬约束;市场竞争秩序越严格,资本运用市场的成本越低,从而市场主体秩序和市场竞争秩序相互支持、相互统一,市场机制越来越有效。正是这种以"资本"作为经济制度基础,以"市场"作为资源配置机制的资本主义生产方式,取代了封建主义社会生产方式,推动了产业革命,开创了人类现代化文明形态。同时,资本主义市场化带来的社会生产力的空前发展和现代化生产的社会化程度的不断提升,与"资本"本身的社会属性之间的内在冲突也日益尖锐,这种源于资本主义制度本身的与生产力发展的内在矛盾,决定了资本主义生产方式推动人类现代化文明进步的历史局限性,也决定了人类社会最终会否定资本主义生产方式的发展趋势。

政治经济学着重分析资本的社会属性,这种社会属性一般而言主要体现在以下方面:一是资本作为经济权利摆脱了超经济权力的束缚,具有"单纯的经济性质",不再依附于各种超经济权力,其运动能够首先服从经济规则约束,而不是首先接受超经济权力的支配,而超经济强制的普遍存在,恰是封建社会私有制经济条件下不能形成市场经济机制的所有制原因。资本主义社会私有制不仅使资本摆脱了超经济权力的"奴役",而且使这种具有经济性质的权力成为支配其他非经济权力的力量,形成资本主义,并使市场机制成为配置资源的基本机制。二是资本作为排他性的权利,具有相对明确的所有权主体和清晰的交易界区,从根本上改变了欧洲中世纪封建土地制度下产权主体混乱和界区不清的格局,改变了封建制度下土地不可交易的状况。交易的实质是所有权和产权主体间的转移,主体混乱、界区不清,难以开展有效的所有权转移意义上的交易,

第四章 "资本"范畴的讨论——社会主义市场经济"资本"特殊性

即使进行交易,权力、责任、利益的边界也难以界定(产权界区含混),交易中的摩擦及风险增大(交易成本高昂),资本主义私有制的主体排他性和界区清晰度高于以往的私有制,因而使市场制度与资本主义私有制能够统一。三是资本作为能够带来剩余价值的价值,具有不断扩张积累的逐利性。一方面,资本的可交易性和市场竞争性,使之不同于欧洲中世纪封建经济下土地的不可交易性,封建主既不能通过市场增加土地,也不能失去土地,资本家则面临更强的激励和更大的风险,必然具有不断积累和扩张的冲动,封建主则具有鲜明的寄生消费性和保守性;另一方面,资本的价值一般可比性和可交易性,使其运动摆脱了实物形态的局限,其竞争和逐利更具充分性。四是资本作为资本主义雇佣劳动生产方式的关键性因素,只有与劳动力商品形成雇佣劳动方式,才能实现资本增殖,成为带来剩余价值的价值。因而资本作为资本主义社会的生产关系集中体现的根本性质在于对剩余价值的占有,即通过资本与劳动力(价值)等价交换的市场方式实现对劳动力使用价值创造的价值的无偿占有(剩余价值),作为私有资本,具有事实上的剥削性。作为等价交换的市场交易下实现的资本雇佣劳动具有形式上的平等性,这种事实上的不平等和形式上的平等,既体现了资本与劳动的根本对抗性,资本主义资本积累和贫困积累的对立、资本主义经济周期性危机的发生、资本主义生产社会化与资本私有制间的根本冲突,都源于这种制度性的根本对抗,同时也体现了资本主义剥削实现的历史特殊性,其对剩余价值的无偿占有是通过市场等价交换的方式实现的,而不是直接的剥夺,需要以市场机制为基础,因而较之以往私有制下的剥削具有历史进步性。五是资本的产权权能具有结构性,资本各方面权能具有"权利束"的结构特征,并且伴随生产社会化的发展,资本产权权能的"权利束"也会不断丰富并发生社会历史性的变化。这种"权利束"是在资本私有制基础上对产权不同方面权能的分解,形成不同权能主体相互联系的权能结构,并在此基础上形成公司(企业)治理结构,这种权能结构基础上的治理结构,实质上是资本通过市场制度(或企业制度)形成的产权意义上的制度性权能分工。分工能够提升运用资本的效率,并缓和资本私有制与生产社会化间的冲突,风险则在于可能形成权力、责任、利益间的失衡,使一部分人可能获得拿他人或社会的资本去冒险获利而又不负相应责任的制度漏洞,微观上加剧不受资本产权约束的冒险,宏观上催生经济增长中的低效率"泡沫",损害经济可持续性。六是资本集合为企业,其法人形式具有多样性,包括自然人私有(企业)资本,股份制为基础的公众公司,各种合作合伙企业,国有资本控制的国有企业等。资本集合为企业的法人形式不同,其相关法律规范也具有差异,但其经济性质取决于作为基础的资本所有制性质,国有企业的性质则取决于国家性质,取决于国家赖以存在的社会经济基础,取决于社会总体所有制结构;资本集合的法人形式的发展变化及演进趋势总体而言是顺应生产社会化发展的历史要求,这种顺应性集中体现在现代企业制度的演化和完善上,但在资本私有制条件下,这种历史的"扬弃"在根本上受到局限。①

从我国近代以来的经济发展史来看,真正具备上述资本一般特性,进而与资本主义市场经济制度要求相吻合的所有制基础并未形成过,或者说能够切实成为市场竞争机制基础的资本制度并未真正建立,这也是我国近代以来虽然也有资本主义发展的萌芽和因素,但并未发展成为资本主义社会经济的重要原因。伴随着我国封建社会经济、政治的逐渐解体和瓦解,相应形成的是半殖民地半封建社会,"资本"在我国社会经济中的出现和发展是以帝国主义列强资本的强权进入和与帝国主义势力及封建地主阶级有着深刻联系的官僚资本的垄断为突出特征的。一方面,这种帝国主义侵入的资本和官僚垄断资本,本身具有一系列特权并居垄断地位,其所构成和参与的市场交易根本谈不上遵照市场经济规则公平竞争,也谈不上根据市场经济条件下资本的禀性贯彻等价交换原则,体现机会平等的法权原则,这种具有特权和强权性质的"资本"存在本身就是对市场竞争的根本否定,正如马克思所指出的,在中世纪欧洲封建社会经济中,在封土封臣的财产社会结构下,财产权(土地)本身是与政治的、立法的、司法的、行政的、宗法的等超经济权力合为一体的,因而其运动难以首先服从经济规则,而是服从超经济规则,中国半殖民地半封建社会下的帝国列强和官僚垄断资本的特权不是在"封土"范围内存在,而是凌驾于全中国社会经济之上。另一方面,我国近代以来的民族资本也有发展,特别是在第二次世界大战之前较为活跃,就其属性和特征而言,民族资本并无特权和强权,更需要公平竞争,因而也更具资本主义市场经济所要求的竞争性,这是民族资本的历史先进性的重

---

① 刘伟:《规范和引导社会主义市场经济资本健康发展》,《经济学动态》,2022年第8期,第3—4页。

第四章 "资本"范畴的讨论——社会主义市场经济"资本"特殊性

要体现。但在外国资本强权和官僚垄断资本特权的排挤打压下,中国的民族资本很难获得成长的机会。在半殖民地半封建社会经济结构中,在"三座大山"的压迫下,民族资本不可能成为中国经济的主体力量,相应地资本主义市场经济不可能成为占统治地位的资源配置机制,与之相适应的"资本"不可能成为中国社会经济发展的支配性主导力量,这也是近代以来我国在世界现代化进程中落伍的重要原因。

与市场竞争机制要求相适应的"资本",是在我国发展史上,严格地说是在中国特色社会主义市场经济发展过程中形成的。一方面,社会主义制度与市场经济机制的统一,使生产要素作为"资本"在中国历史性地能够也需要通过市场竞争实现运动和配置,其竞争的公平性和充分性在社会主义基本经济制度基础上空前提高,超越了中国以往任何历史时期,其发展的民族性和独立性在中国特色社会主义社会空前增强。另一方面,在社会主义市场经济中的"资本"除具有资本一般属性外,还具有新的特性,认识和掌握社会主义市场经济中资本的这种一般和特殊社会性质,对于构建高水平的社会主义市场经济体制具有极为重要的意义。

第二节 社会主义初级阶段的基本经济制度与资本的融合

在马克思主义经典作家的理论体系中,社会主义社会是作为共产主义社会的低级阶段,或称第一阶段存在的,其产生的最为深刻的历史动因在于资本主义生产方式所形成的社会生产力发展与资本主义生产关系之间的根本冲突,即是说社会主义社会之所以产生的历史逻辑在于资本主义生产方式已经根本不能适应高度发达的社会生产力发展要求,因而需要进行社会革命,以无产阶级取代资产阶级,根本否定资本主义制度、根本否定资本私有制,以社会共同占有制适应生产社会化历史发展的趋势,进一步解放和发展生产力,推进人类文明进步。因此,在共产主义社会,包括作为其低级阶段的社会主义社会,是以社会主义的全社会共同所有制取代资本主义私有制。社会主义经济制度本质与"资本"的社会属性是根本对立的,社会主义经济制度的建立是对资本制度的全面系统性的取缔,在微观经济活动主体上,不再是资本与雇佣劳动相结合的企业制度；在宏观社会经济结构上，不再是以资本私有制经济为基本构成。与之相适应，也不再存在商品货币，更不存在市场竞争机制。在马克思主义经典作家对未来社会的设想中，经济活动主体应当是"自由人联合体"，资源配置机制应当是自觉的社会经济计划中心。虽然马克思主义经典作家承认在通过无产阶级革命推翻资本主义社会到建立起社会主义制度之间存在一个过渡时期，在这一过渡时期，在经济上还存在资本私有制与社会共同占有制之间的矛盾，因而在政治上仍存在无产阶级与资产阶级的斗争。但一方面，这一过渡并不是社会主义社会，而是向社会主义过渡的时期；另一方面，这一过渡时期的发展趋势是进入社会主义社会进而彻底消灭资本消灭私有制，社会主义制度的建立也就标志着"过渡时期"的结束。在后来的列宁领导的十月革命中，力图把马克思主义经典作家的理论设想变为历史实践，在通过十月革命建立苏维埃政权之后，以"军事共产主义"的制度安排来建设社会主义社会，原则上便是根据马克思主义经典作家的设想展开的，结果严重脱离了历史实际，对生产力的发展造成了严重的破坏，不得不采取"新经济政策"，而新经济政策最为突出的本质在于承认资本，包括外资、国家资本、私人资本的历史存在，承认私有经济特别是农户家庭私有经济的必要性，承认商品货币市场机制的客观性。但在苏联的实践中，"新经济政策"是出于国民经济恢复的需要，而并不是作为社会主义制度，因而在后来斯大林领导下的苏联社会主义社会建设中，全面否定资本私有经济，全面取消私有产权，根本否定市场机制对于资源配置（社会生产）的调节作用，形成了城市工商业以国有制为垄断，农村农业以集体所有制为基础，在国有化和集体化的所有制安排下，以中央计划经济替代市场经济机制，并且伴随着加快向共产主义高级阶段过渡的步伐，伴随着不断推进向更加完善、更加发达和成熟的社会主义和共产主义成长的要求，公有制更加纯粹。我国革命实践中，基于极为落后的社会生产力水平和半殖民地半封建社会的特点，变革生产关系解放和发展生产力，进行社会主义革命推翻旧制度不能不分两步走。正如毛泽东同志在《新民主主义论》中所论述的，第一步进行新民主主义革命，建立新民主主义的新国家，包括新民主主义的新政治、经济、文化等。第二步在新民主主义革命基础上向社会主义社会过渡，进行社会主义革命，建立社会主义制度。新民主主义社会的经济形态，在发展国有经济和集体经济的同时，是承认资本私

第四章 "资本"范畴的讨论——社会主义市场经济"资本"特殊性

有经济的存在的,剥夺四大家族为代表的官僚垄断资本,但允许民族资本发展;剥夺地主阶级的土地,但保护农民家庭私有制。但从 1953 年开始进入全面社会主义改造之后,到 1956 年在所有制上基本上形成了对城市工商业的国有化和集体化改造,对个体农户完成了合作化改造,在国有制和集体所有制基本制度基础上,形成了计划经济体制。虽然在某些方面和实现过程与苏联历史上有所不同,特别是在中央与地方的"条块"关系上较苏联更具灵活性,在所有制改造过程中也未发生苏联实践中出现的对生产力的严重破坏,等等,但在本质上我国社会主义改造所建立的社会主义经济制度与苏联计划经济体制是相同的。

迄今为止社会主义革命的历史实践并不是像马克思主义经典作家所设想的那样首先发生在资本主义高度发达的国家,也并非高度发达以至于资本主义制度根本不能适应生产力发展矛盾冲突的历史逻辑结果,更不是多个发达经济体同时发生革命的世界普遍历史运动,相反是发生在生产力水平较低的个别国家,包括十月革命时的俄国在帝国主义体系中也是落后的、相对薄弱的,我国则更是在半殖民地半封建社会条件下生产力水平极为落后基础上进行的革命,虽然推翻了旧制度、破除了旧有生产关系对社会生产力发展的根本束缚,但因为与根据马克思主义经典作家对未来社会设想构建起来的社会主义制度及其理论分析的逻辑基础不同,特别是与具体经济社会发展要求和社会生产力水平、特点存在历史性的不适应性,必须把马克思主义理论与我国具体实践结合起来(毛泽东同志曾说的"第二次结合"),才能真正发挥社会主义的优越性。"文化大革命"十年浩劫在理论和实践上严重破坏了马克思主义与中国具体实践结合的科学进程,在经济、政治、文化等各方面使我国社会主义制度更加脱离中国国情,严重背离社会生产力发展要求,使国民经济濒临崩溃。其中在经济制度上突出的体现便是强调所有制上的"一大二公",强调取消商品货币法权关系,强调否定市场机制等。

进入改革开放新时期,我们探索的主题便是如何认识和怎样建设"中国特色社会主义",特别是党的十八大之后中国特色社会主义进入新时代以来,中国特色社会主义制度更加成熟、更加定型。我们党在经济理论探索上,从写出政治经济学的初稿到形成习近平新时代中国特色社会主义经济思想;在经济改革实践上,从所有制改革、分配制度改革到资源配置机制改革,形成了社会主义基本经济制度①。就是从理论与实践的统一上,承认了社会主义与市场经济机制的有机统一,进而也就要求承认社会主义经济制度与"资本"间的有机统一,从根本上说,在资源配置和经济运行机制上,社会主义经济制度能够与市场经济相统一;在生产资料所有制结构和制度基础上,就必须处理社会主义社会与"资本"的兼容命题,社会主义与市场经济间"兼容"的难题,本质上是社会主义经济制度与"资本"之间的"兼容"问题。

在我国改革开放历史进程中,突出的一个特点便是在所有制改革(以及所有制决定的利益-收入分配实现方式的改革)与市场化改革相互统一中推进体制转型。说到底,所有制是基础并规定社会经济性质,市场化是所有制的运动形式和利益实现机制,两者是有机的统一。改革开放伊始,在党的十二大承认个体(私有)经济和农村农户家庭承包(产权独立)的所有制结构及实现形式的改革基础上(随后即修宪在法制上予以明确),相应提出了"计划经济为主,市场调节为辅"的经济运行机制改革目标,从根本上打破了把社会主义经济与市场对立起来的传统;党的十三大进一步承认私营经济(允许雇主和私有资本存在)和混合经济,提出"国家调节市场,市场引导企业"的运行机制,强调市场调节和计划调节都是覆盖全社会的,从根本上突破了把社会主义经济等同于计划经济的传统;党的十四大则明确提出经济体制改革的目标是建立社会主义市场经济,在科学社会主义发展史上第一次把"社会主义"与"市场经济"作为统一命题提出。与之相适应,在所有制上,党的十五大明确提出建立以公有制为主体、多种所有制经济共同发展的基本制度;党的十六大进一步强调坚持"两个毫不动摇"(随后通过修宪,在法律上予以肯定);党的十八大之后,在资源配置和经济运行过程中政府与市场的相互关系上,明确市场起决定性作用,同时更好发挥政府作用,相应地在基本经济制度上作出了新的阐释,创造性地把生产资料所有制、国民收入分配制度、经济运行机制三方面作为统一整体,系统地概括了与中国特色社会主义市场经济相适应的基本经济制度的内涵和特征。这一理论与实践的探索进程,既是统一社会主义与市场经济的过程,也是统一社会主义与资本的过程。

---

① 参见中共中央十九届四中全会《决定》。

第四章 "资本"范畴的讨论——社会主义市场经济"资本"特殊性

第三节 社会主义市场经济中资本的社会结构

"资本"作为资本主义生产关系的本质体现,应当说与社会主义基本经济制度的根本性质是矛盾的。"资本"作为社会主义市场经济中的有机组成,面临一系列有待探索的新问题,在理论和实践上必须科学认识其性质和特征,使之既具有"资本"价值增值性,同时又真正纳入社会主义基本经济制度体系,并与其根本性质相适应;既具有"资本"市场竞争性,同时又真正接受社会主义市场经济规则硬约束;既体现"资本"的一般普遍性规律,又适应不同类型的"资本"特殊性要求;既在总体上有机融入社会主义社会生产资料所有制结构并成为社会主义市场经济体制的基础,又在个体上通过市场交易制度与生产要素集合形成有效的企业治理结构。正如习近平同志所指出的:"资本是社会主义市场经济的重要生产要素,在社会主义市场经济条件下规范和引导资本发展,既是一个重大经济问题、也是一个重大政治问题,既是一个重大实践问题、也是一个重大理论问题,关系坚持社会主义基本经济制度,关系改革开放基本国策,关系高质量发展和共同富裕,关系国家安全和社会稳定。"[①]这就需要在深刻认识和把握资本作为生产要素的自然属性基础上,进一步深入理解和分析资本的社会属性,真正把握"资本"在社会主义市场经济中作为物化的生产关系的特殊复杂性和多重社会性,进而科学地认识和对待社会主义市场经济中的"资本"存在的客观性和历史性。"资本"的自然属性就是指资本作为物质生产要素,在社会财富生产和生产力发展中发挥着不可替代的作用,构成经济发展的基本条件。

"资本"自然属性的发展变化本身体现科技进步水平与治理能力等技术创新和制度创新的水平。伴随技术创新和制度创新的历史发展,"资本"的自然内涵不断发展丰富,作为生产要素的"资本"被不断发现、拓展、赋能,体现社会生产力发展的历史性。在自然属性上的"资本"效率体现为具体生产过程(财富生产和使用价值及效用创造过程)中要素生产率及全要素生产率的提升上。具体劳动生产使用价值,在这一过程中,"资本"具有极为重要的贡献和生产性。资

[①] 《习近平在中共中央政治局第三十八次集体学习时强调:依法规范和引导我国资本健康发展 发挥资本作为重要生产要素的积极作用》,《人民日报》,2022年5月1日,第1版。

本与劳动力的社会的技术的结合,进而创造财富并推动经济发展。从这一意义上来说,一切生产要素都是"资本",因而资本作为自然形态的生产要素,可以存在于各种不同性质的社会经济之中,无论是资本主义社会还是社会主义社会经济中,都存在并且要不断积累和发展"资本"。

在市场经济条件下,资本作为生产要素,不仅是自然意义上的物质的生产条件,而且是价值存在,体现为价值形态的市场运动。资本是自然意义上的具体物质条件和市场交换意义上的价值体现的统一。资本是要素,也是商品,是使用价值和价值的对立统一。根据马克思主义劳动价值论,资本作为生产要素进入生产过程创造使用价值,但使用价值只是价值的物质承担者,并不等同于商品价值,价值的唯一源泉是劳动(抽象劳动和社会必要劳动时间的统一),资本作为物化劳动并不创造价值,只是转移价值。资本的要素效率是指其在具体物质财富使用价值生产中与劳动相结合形成的劳动生产率水平提升。"资本"是价值但不创造价值,"资本"可以是劳动创造的价值物化积累,也可以是自然形成而并非人类劳动创造,比如一些自然资源,这些未经人类劳动过滤的自然资源,在自然属性上可以成为生产要素意义上的"资本",但要成为"价值"并成为在市场机制中运动的价值主体,必须经过一系列制度安排,特别是产权制度安排。也就是说"资本"可以不是人类劳动创造并物化积累下来的价值和商品,但在特定制度安排下可以"商品化",成为在市场机制中受市场规律支配和约束的"价值"。受市场规律支配的"资本"的市场运动就需遵循价值规律,无论是与其他要素进行市场交易形成"企业",还是以"企业"为单位进入市场与其他市场主体进行交易形成市场机制,一是要接受市场经济规则硬约束,而不是首先接受超经济强制支配;二是要体现公平交易,贯彻等价交换的法权原则;三是要贯彻风险与收益对称、剩余索取与责任承担一致的风险约束原则;四是作为市场中运动的价值需要保值增值,保值增值的根据和来源在于其作为生产要素对财富生产的贡献,尽管这种要素贡献并不构成商品价值源泉,但不排除由于其在财富生产中的作用而在价值市场分配过程中参与分配,这种法权原则从劳动价值论角度审视有失"公正",却是社会主义社会生产力发展的历史要求,是社会主义市场经济的客观要求。"资本"的这种市场价值运动的一般性,是其社会属性的历史体现。这种市场性的社会一般性在存在市场机制,或者说市场作为配置资源基本机制的社会经济条件下,具有普遍性。"资本"的这种市场性始

第四章 "资本"范畴的讨论——社会主义市场经济"资本"特殊性

于资本主义市场经济,构成资本主义生产方式的基础性特征,但在社会主义市场经济条件下,"资本"作为历史客观存在,同样具有这种市场运动属性。

严格意义上的"资本",即作为资本主义生产关系物化体现的,作为与雇佣劳动相对应的"资本",是指能够为资本所有者带来"剩余价值"的价值。"资本""雇佣劳动""剩余价值"等范畴是资本主义生产关系的集中体现。在社会主义市场经济中,特别是在中国特色社会主义发展历史进程中,在社会主义初级阶段,社会生产力的性质、特点和发展要求,仍然需要存在这类属性的"资本",这类属性的"资本"不仅是自然意义上的生产要素,也不仅具有一般意义上的市场价值,而且具有"剩余价值"意义上的增值性,而增值的根源在于资本对劳动力劳动创造的价值占有。与这种资本对应的是劳动力商品和劳动力的市场运动,生产要素作为资本与劳动力的社会结合方式是资本雇佣劳动,资本与劳动在市场等价交换的条件下实现资本对劳动力的雇佣。劳动力作为商品以工资(价格)作为价格信号推动其流动,不同的是劳动力作为特殊商品,其使用价值即劳动力的运用所实现的劳动创造的价值有可能大于劳动力作为商品本身的价值和交换价值,从而使劳动与资本在市场等价交换条件下,能够形成为资本无偿占有的剩余价值,使得资本主义市场经济机制中生产要素与劳动的对立和凭借生产资料的占有进行剥削在实现方式上不同于以往的私有制经济社会。这种马克思主义经典作家所分析的严格意义上的"资本"构成资本主义社会经济制度的基础,资本占统治地位的所有制结构就是资本主义生产方式。

历史表明,在进行新民主主义革命再进行社会主义革命建立起来的社会主义社会,必然经历一个长时期的社会主义初级阶段。在社会主义初级阶段,经济社会发展水平与发达资本主义经济体相比仍存在显著差距,将长时期作为发展中国家,具有发展中国家典型的经济特征,其中突出的一点便是社会生产力发展的多元性。因此,一是作为发展中国家,资本作为自然形态上的生产要素在我国长时期内总体上存在稀缺性和落后性,即资本要素不足和技术水平落后,扩大资本积累、提升资本质量是我国实现发展的重要任务。二是作为在资源配置上市场经济起决定性作用的体制,生产要素作为资本(价值)原则上需要通过市场竞争机制实现运动,需要首先受市场规律支配和约束,包括国有资本和其他形式的公有制资本以及各种非公有制经济性质的资本,显然其存在与中国特色社会主义初级阶段公有制为主体、多种所有制经济共同发展的所有制结构相适应,主要有国有资本(企业)、集体资本、私人资本、外商资本和港澳台资本等不同性质和形态的资本,但在社会主义市场经济条件下其利益实现和生产再生产运动都需运用市场机制,因此都具有价值增值性和市场竞争性,都需共同遵守公平竞争的法权规则,就市场竞争的公平性而言不应具有歧视和差异。三是伴随市场需求的牵引和科技创新的驱动,资本的产业分布和业态领域相应不断变化,如商业资本、产业资本、金融资本、物质资本、人力资本、生态资本、数字资本、文化资本、社会资本等。在社会主义市场经济条件下,资本要素的产业分布专业化,社会经济生活各方面的资本化均相应地不断深化,与产业结构和经济结构的升级演化相适应,资本要素结构高度也体现为一种不断提升的高级化。四是社会主义基本经济制度是有机整体,特别是在所有制结构上不能把不同经济性质的所有制割裂开来孤立地认识和对待,而应把它们作为有机统一体,作为社会主义社会生产资料所有制。但另一方面必须认识到不同经济成分之间的区别和它们能够形成有机统一整体的根本动因,即坚持公有制为主体、多种所有制经济共同发展,否则不仅成为不了社会主义社会,而且不利于解放和发展我国社会生产力,一定的所有制结构必须有占主体的经济支撑,否则不可能形成统一的所有制结构。公有制的主体地位和作用一方面体现在社会总资本中公有资本占优势,另一方面在经济结构上国有资本居主导(控制国民经济命脉),各种私人资本和外资及非公有制经济只有通过市场机制,与占主体地位的公有制经济展开公平竞争并实现经济联系,才可能获得发展并切实适应多元化多层次生产力发展要求、推动国民经济发展。

第四节　社会主义市场经济中资本的特性

资本之所以与市场经济机制具有深刻的逻辑联系,包括历史逻辑和理论逻辑,重要的原因在于生产要素作为"资本"的社会形态出现,而不再以中世纪的土地或其他形式的自然形态出现,具有两个最为基本的一般特性:一是"资本"作为一般价值体现的经济权力,摆脱了以往的封建超经济强制,因而其运行规则可以服从市场一般经济规律,而不必首先服从超经济权力的支配;二是"资本"作为在市场经济运动中实现的价值,明确了市场交易所需要界定的权利界区,克服了中世纪封土封臣下的产权模糊,因而可以展开所有权(产权界定下的

第四章 "资本"范畴的讨论——社会主义市场经济"资本"特殊性

利益和责任)转移意义上的市场交换。尽管产生商品货币市场机制的基本条件在于社会分工和私有制,但在资本主义社会产生之前的社会分工和私有制条件下并未产生市场经济的根本原因也在于以往的私有制下的要素并非"资本",并不具备"资本"的一般特性。

在社会主义市场经济中,要素作为"资本",必须具有接受市场规律硬约束的可能,尽可能减少超经济干预,或者说首先要接受市场约束,同时必须具有所有权在不同主体之间转移的可能,尽可能明确权利和责任边界,或者说权力、责任、利益应当对称。否则,社会主义经济中的要素配置就难以发挥市场的决定性作用。但社会主义市场经济又并非资本主义市场经济,其基本经济制度根本区别于资本主义生产方式。因此,在强调社会主义市场经济中"资本"运动的一般规律的同时,需要认识和把握其不同于资本主义生产方式下"资本"运动的特殊规律,尤其是根据所有制结构中不同性质的资本特点,加以配置和调控。

第一,对于国有资本(企业)而言,应当承认,国有资本的产权主体是明确的,即国家(政府),相应地就具有一定的超经济性质,因为"国家"并非单纯经济性质的主体,所以国有资本的市场运动不仅要接受市场规则约束,也要接受国家利益和政府行政规则约束。国有制作为一种国家经济现象,这种特点是国有制性质决定的,也是普遍存在的。在社会主义市场经济中的问题在于,一是在明确国有制为主导的同时要根据经济发展的要求和变化合理确立并调整国有制的比重,明确国有资本的分布领域;二是在明确市场竞争规律作为国有资本运动一般规律的基础上,要根据国有资本的性质和要求科学确立并调整国家(政府)行使所有权的方式,明确国有资本(企业)的治理结构;三是在明确国有资本分布结构的基础上界定国有资本(企业)的分类,根据国有企业的不同分类确定市场规律和国家(政府)调控的相互关系。从而使社会主义市场经济中的国有资本(企业),尤其是分布于竞争性领域的国有资本(企业),既能够接受市场规律硬约束,具有市场竞争性,又能够通过市场竞争实现国家的利益要求,这是我国国有企业改革深化和构建高水平社会主义市场经济体制面临的重要的具有开拓性的新的命题。

第二,对于社会主义市场经济中的各类集体所有制资本而言,其所有权主体是"集体",因而是区别于以自然人占有的私有制的生产资料公有制的一种社会形式。同时应当较国有资本具有更浓厚的"经济性质",就"资本"性质而言不具有国家（政府）直接干预的产权根据，因而更具市场性，也就是说更能够首先接受市场规则硬约束。问题在于，一是"集体"作为产权主体，在经济治理机制和法律上需要明确"剩余索取权"主体，即权力和责任主体，明确产权界区，包括企业内部不同要素所有者之间的产权界区和企业外部与其他主体的市场交易界区，否则便可能出现"搭便车"的败德行为，集体资本难以在社会主义市场经济中发展壮大；二是对于我国农村集体经济而言，突出的问题在于如何赋能于集体经济中的生产要素，使之真正具有市场竞争中平等的"资本"权能，尤其是在土地要素的"三权分置"的改革中（包括集体用地、承包土地、宅基地等）。一方面，土地的集体资本的所有权益如何在经济和法律制度上体现，"三权分置"的权力、责任、利益怎样界定？另一方面，农村集体经济中的要素（耕地、公用土地、宅基地）的各项权能，包括所有权、承包权、经营权等作为"资本"能否具有完整意义上的资本产权，尤其是平等的市场交易权（包括抵押、增值收益等）？问题不解决，农村集体经济中最为基本的生产要素就难以成为社会主义市场经济中的健康运行的"资本"。使各类"集体"资本既不失其集体公有性质，又能够切实适应社会主义市场竞争规律要求，同样是完善社会主义基本经济制度的重要任务。

第三，对于社会主义市场经济中的各类私人资本而言，其产权边界的排他性和产权主体的经济性质是明确的。同时，其私有的社会属性也是明确的，其在社会主义市场经济中的存在是社会生产力发展的客观要求，也是社会主义基本经济制度的有机组成部分，但其在所有制上以个人排他性为基础的私有性质，使其市场运动过程具有资本雇佣劳动并无偿占有剩余价值的剥削性质，只是在社会主义条件下与社会主义公有制资本结合构成基本经济制度结构，成为社会主义社会生产方式的有机组成部分，能够推动社会主义社会生产力发展。问题在于，一是在明确总体上公有制为主体的前提下，坚持"两个毫不动摇"的过程中，是否允许个体的私人资本（民营企业）通过市场竞争做大做强，或者说宏观上的基本经济制度结构与微观上的私人资本发展如何协调，使私人资本市场竞争力不断提升的同时，社会主义公有制为主体、多种所有制经济共同发展的基本经济制度不断巩固，否则私人资本及相应的民营企业始终是长不大的"小老树"，不利于贯彻"两个毫不动摇"。二是现阶段我国部分私人资本（民营企业）也在一定程度上存在"超经济性质"，这种"超经济性质"不同于国有资本所表现出来的国家主体的政治性质和行政性质等超经济性质，而是体现为"家

第四章 "资本"范畴的讨论——社会主义市场经济"资本"特殊性

庭"或"家族"式的血缘性、宗法性,从而使其治理结构往往具有封闭性,这种血缘性、宗法性的超经济性质与市场竞争的要求是存在矛盾的,这种治理结构的封闭性与社会生产力发展的社会性也是存在冲突的,这也是我国私人资本(民营企业)发展难以适应社会主义市场经济要求的重要内在原因。三是私人资本(民营企业)对于市场竞争更具适应性,同时也具有私人资本与劳动的对立性矛盾(雇佣劳动),既要看到这种矛盾是长期的历史存在,社会主义是共产主义的低级阶段,中国特色社会主义又处于社会主义的初级阶段,是社会主义社会生产力性质所决定的,更是中国特色社会主义初级阶段经济社会发展的客观历史要求,需要坚持"两个毫不动摇";又要认识到私人资本(民营企业)的本质,通过构建和完善社会主义市场经济内在竞争秩序、法治秩序、道德秩序,使之通过公平竞争不断提升市场竞争力,真正有机纳入社会主义社会基本经济制度,成为中国式现代化进程的积极推动力量。怎样实现私人资本(民营企业)在社会主义市场经济中的合理存在和健康发展,是中国特色社会主义理论与实践的重要创造,是科学社会主义发展中的重要探索,更是新时代中国特色社会主义面临的重要任务。

第四,对于社会主义市场经济中的各种外资而言,只要其终极所有权是私人所有,应当说就属于私人资本的社会性质,包括来自外国的国家资本投资,其社会属性由其国家的经济基础性质而决定。这种外资的存在是社会主义市场经济发展和对外开放的必然要求,就其自然属性而言,外资作为重要的生产要素,尤其是作为体现更为先进科学技术水平的生产要素,对于推动我国经济社会发展具有重要意义;就其社会属性而言,外资作为"资本"具有逐利和增值的本能要求。问题在于,一是作为发展中国家,实现现代化必须以开放为必由之路,而且必须以高水平、制度型开放为体制条件,因而必须承认外资的资本本质要求,并且为其在我国社会主义市场经济中竞争和发展创造良好的经济、法律环境;二是外资在社会主义市场经济发展中将是一种长期存在的资本制度现象,早在十月革命胜利不久,列宁在"新经济政策"中就强调了外资的不可或缺性。中国特色社会主义所面对的,在制度上正如列宁当年描述苏维埃社会主义国家一样,是"资本主义的汪洋大海",社会主义不过是这一汪洋大海中的"岛屿",在人类社会发展史上,在当代世界及未来,资本主义制度与社会主义制度同时存在,而且长期里将是资本主义包围社会主义的格局。在现阶段的全球化进程中,在加快构建以国内大循环为主体、国内国际双循环相互促进的新发展格局进程中,高水平制度型的对外开放主要的也是困难的在于如何更好实现对资本主义发达经济体的开放,这就对新时代中国特色社会主义经济发展中如何处理"外资"提出了更高的要求。

对于作为要素的集合——企业而言,从一般意义上说,资本是生产要素,或者说在市场经济条件下(包括资本主义社会和社会主义社会)要素都表现为资本,因而企业可以说是各类资本的集合,企业的性质也就取决于集合起来的资本的性质,企业的产权结构和公司治理体系在相当大的程度上由资本集合性质所决定,包括各种股份制企业和合作、合伙等企业,以及各类混合经济的企业、公司,其性质均由集合资本的性质和集合的结构所决定。

企业家及企业家精神对于构建高水平社会主义市场经济体制而言具有极其重要的不可或缺性,可以说是极为稀缺的社会发展要素之一。党的二十大报告特别指出要弘扬企业家精神,加快建设世界一流企业。企业家是人类现代化进程中的历史产物,既是现代化大生产的发展要求,也是现代市场经济制度所造就的文明呈现。

据有关考证,"企业家"这个词早期是在16世纪法语中出现的,指的是指挥领导武装探险开拓殖民地的军官,18世纪(1775年)法国经济学家理查德·坎蒂隆①在其《商业性质概论》一书中将"企业家"一词引入经济学,定义为"承担并经营风险者",后来在英国经济学家约翰·穆勒进行经济学第一次综合性整合时进一步加以运用,此后形成普遍的概念并形成相应的企业家理论。经济学家们对"企业家"有着很多不同角度的定义,除古典经济学家的定义外,后来的萨伊、新古典经济学的马歇尔,现代经济学的哈耶克、熊彼特、科斯、舒尔茨等主流和非主流的许多著名经济学家都对"企业家"一词做出过阐释和定义。各种阐释和定义虽有不同,但三方面基本特征是被普遍认同的:一是企业家具有强烈的获得利润最大化的动力并在此基础上具有突出的发现机会的能力;二是企业家具有强烈的冒险精神并在此基础上具有突出的创新能力;三是企业家具有

---

① 理查德·坎蒂隆(Richard Cantillon),或译康梯龙、坎蒂伦,爱尔兰裔法国经济学家。他著有《商业性质概论》(*Essai sur la Nature du Commerce en Général*)一书,该书被英国经济学者威廉姆·斯坦利·杰文斯誉为"政治经济学的摇篮"。

第四章 "资本"范畴的讨论——社会主义市场经济"资本"特殊性

强烈的积累偏好并在此基础上具有突出的责任意识。

马克思所分析的资本主义生产方式下的"企业家",指的就是资本家。资本主义社会生产作为社会化的大生产,其管理的职能具有二重性,管理的职能同时具有资本的职能性质,资本生产的社会性具有特殊历史决定意义。因而,"资本家所以是资本家,并不是因为他是工业的管理者,相反,他所以成为工业的管理者,因为他是资本家。工业上的最高权力成了资本的属性,正像在封建时代,战争中和法庭裁判中的最高权力是地产的属性一样"[①]。所谓资本主义的管理作为一种"专制",也在不断发展"自己特有的形式",事实上就是指后来历史发展中出现的种种企业制度和治理的变化。最突出的即在股份制基础上的各种现代公司制度及治理。马克思指出,这种变化最大的制度漏洞在于,使一部分人"是拿社会的财产,而不是拿自己的财产来进行冒险的"[②]。"资本"一词出现更早,据考证在12—13世纪,但"资本家"一词的出现与"企业家"引入经济学则基本上是同期的,大体在17世纪。"资本主义"一词则要出现得晚一些,大约是在19世纪后期开始使用并流行开来。"企业家"作为人类文明进步发展的历史产物,是与市场经济有机融为一体并且就其产生发展看是与"资本"深刻联系在一起的。在中国特色社会主义市场经济条件下,市场机制是配置资源的决定性力量,企业制度是市场经济中的竞争主体制度,资本作为生产要素是生产力发展的一般物质形态,体现各类不同社会性质的资本作为生产关系共同构成公有制为主体、多种所有制经济共同发展的基本经济制度。因而在以高质量发展全面推进中国式现代化进程中,培育世界一流的企业和企业家,弘扬社会主义市场经济下的企业家精神,具有极为重要的意义。在我国如何使国有企业成为世界一流企业,如何在国有资本制度基础上培育世界一流企业家,是具有创新性的命题。

造就世界一流企业家重要的体制条件在于构建高水平的社会主义市场经济体制,包括:一是坚持和完善基本经济制度,尤其需要坚持"两个毫不动摇",正确认识和处理好社会主义市场经济中的"资本"运行,是造就一流企业家的制度基础;二是培育和完善高标准市场体系,一方面完善企业制度(主体制度),特

[①] 马克思:《资本论》(第一卷),北京:人民出版社2004年版,第386页。
[②] 马克思:《资本论》(第三卷),北京:人民出版社2004年版,第498页。

别是完善中国特色现代企业制度,支持中小微企业发展,另一方面完善价格制度(交易制度),特别是公平竞争、市场准入等制度,产权激励和约束,价格发现和约束,这是造就一流企业家最为重要的市场条件;三是培育和完善市场经济基础制度,主要是法治制度和信用制度,包括以法治精神为基础的法治秩序,以诚信为核心的道德秩序等方面的构建;四是健全宏观经济治理体系,切实在体制上形成政府与市场、总量与结构、宏观与微观、国家与企业等相互间的有效协调机制。

企业家是市场经济体制的人格化,没有高水平的社会主义市场经济体制就不可能真正造就大批世界一流的企业和企业家,企业家精神也难以具备体制保障,高水平的市场经济体制是企业家形成和实现权能价值的社会方式。同时,缺乏企业家精神,缺乏世界一流企业家队伍,也不可能真正构建起高水平的社会主义市场经济体制。企业家精神是企业家的根本,企业家是企业制度的关键,企业制度是市场体系的基本构成和行为主体。加快构建新发展格局要求建设高水平社会主义市场经济体制,而弘扬企业家精神、培育世界一流企业家与构建高水平社会主义市场经济体制是同一命题的两个历史层面。

中国特色社会主义市场经济下的资本,包括公有资本和非公有资本,因而企业家的培育,也就包括不同资本约束和运营下的企业家,这是需要开创性地探索极为复杂的问题。同时,在社会主义市场经济体制中,市场机制是资源配置的决定性力量,各类资本及其集合而成的企业,作为市场机制中的竞争主体必须接受市场规则。市场经济竞争的普遍规律和准则,对于各类资本的运动均具有硬性约束力。也就是说,不同性质类型的资本基础上的企业在市场竞争中的行为会有所不同,但最为基本的和一般的行为准则应是符合市场竞争性要求的。因而不同资本约束和运营下的企业家行为,在体现规定其行为的不同资本性质的同时,应体现市场竞争普遍规律要求的企业家精神。

与讨论社会主义市场经济中资本性质问题相关联的问题之一在于如何认识"资本"所得的公平性和合理性。资产阶级经济学解释"资本"所得的公平性及合理性的主要依据在于两方面:一方面,基于要素价值论,资本作为生产要素对生产做出了贡献,相应地创造了价值,因而分享价值具有合理性;另一方面,资本所得是在市场交换机制中实现的,贯彻的是等价交换的市场法权原则,资本所得的量的标准由市场决定,因而具有公平性。马克思的劳动价值论指出价

第四章 "资本"范畴的讨论——社会主义市场经济"资本"特殊性

值的唯一源泉在于劳动,价值本质是由抽象劳动规定的社会性,价值量是以社会必要劳动时间为尺度,进而为剩余价值论奠定了理论基础,而剩余价值学说则深刻揭示了资本主义生产方式剥削的奥秘。经济学中的价值学说的根本目的旨在说明一定的社会生产方式的合理性、历史进步性,或者是针对一定社会生产方式提出历史正义性的批判。

在社会主义市场经济中资本的运动也是经过市场机制实现的,在实现形式上,各类资本在市场竞争和交易中被确定其对社会的贡献程度,并据此实现其利益所得。就公平性而言,这是一种形式上的法权式的公平(等价交换);就实现方式而言,各类资本不存在原则上的区别,但由于各类资本在性质上的不同,在根本目的上其通过市场机制实现的利益所得有本质的不同;就合法性而言,"资本"所得的根据在于其在市场机制中体现出来的对社会生产的贡献(要素贡献),并非基于马克思劳动价值论意义上的价值源泉。事实上,收入分配历史的合法性的体现并不是根据劳动价值论,而是由社会生产资料所有制的性质所决定。社会主义社会基本经济制度中的按劳分配为主体、多种分配方式并存的收入分配制度,是公有制为主体、多种所有制经济共同发展的所有制结构决定的。就合理性而言,收入分配的合理性是历史的。经济学中的价值理论说明价值的源泉进而为社会收入分配合理性(或不合理性)提供理论基础,但并不直接说明收入分配是怎样实现的,也不说明社会分配制度(原则)是怎样决定的。马克思劳动价值论从历史价值观上为论证资本主义制度的历史不合理性提供了基础,一方面说明资本主义剩余价值的生产分配是资本对劳动创造的价值的无偿占有(剩余价值攫取),是资本对劳动的剥削,是不合理的;另一方面说明建立在资本主义制度基础上的市场机制本身,使人类生产的社会性通过交易的方式间接体现而并非直接体现,形成商品、货币、市场、交换等物的关系对人的统治下的拜物教,这种"异化"是对人类社会生产活动社会性的扭曲和颠倒,是不合理的。这两方面的"不合理性"的历史克服,必须通过在生产力高度发达基础上的社会主义革命,取消一切私有制,建立社会共同占有制(公有制)之后才可能。社会主义市场经济条件下,既然市场机制的存在和各类资本的存在是生产力发展的历史要求,是客观存在,因而也就仍不具备否定这种"不合理性"的可能和条件。因此,要素作为"资本",尤其是作为私有制性质的"资本",市场作为配置资源的机制,尤其是起决定性作用的机制,从人类发展的未来趋势和方向上来说,从共产主义社会所要求的历史价值观来看,是"不合理"的,必然最终被历史发展所否定。但在中国特色社会主义经济发展中,特别是在社会主义初级阶段,"资本"和市场机制的存在是有利于推动生产力的解放和发展的,是具有历史进步性的,因而也就具有历史"合理性"。

第五节 社会主义市场经济中对资本发展的规范和引导

事实上,在社会主义市场经济发展中,各类资本均是通过市场机制实现运动,而市场机制本身具有深刻的局限。"资本"作为市场经济机制中的竞争主体,受市场激励,本身也具有竞争冲动,在市场经济秩序不完备的条件下,包括市场竞争的主体(企业制度)秩序、交易(价格制度)秩序、法治秩序、道德秩序等尚不完善,或者仍在培育完善过程中,资本的无序竞争行为就会普遍存在。为推动社会主义市场经济中资本健康发展,需要为资本设立"红绿灯",特别是作为非公有性质的民营资本,被纳入社会主义市场经济运行,构成社会主义基本经济制度的组成部分具有历史创造性和开拓性,更需要在实践中深入探索其发展规律,依法规范和引导其健康发展。正如《中共中央 国务院关于促进民营经济发展壮大的意见》第二十条所明确的"完善资本行为制度规则""全面提升资本治理效能,提高资本监管能力和监管体系现代化水平",目的在于鼓励民营企业集中精力做强做优主业,提升核心竞争力。

我国现阶段资本(包括各类公有资本和非公有资本)无序竞争行为突出表现在以下几方面:一是资本过度积累推动各种市场垄断并利用垄断破坏公平竞争,既损害效率也破坏公平,包括:企业利用资本规模形成的成本优势和市场力量进行垄断;企业间利用各种形式形成资本联盟以限制竞争;平台经济高度聚集化过程中,通过数据技术和商业模式创新形成网络生态系统,形成市场及不同市场跨界连接的特定垄断性平台,开展垄断竞争。二是资本违法违规并购带来竞争风险,特别是利用监管漏洞,通过资本兼并形成垄断,尤其是在资本密集度和规模化程度高的产业市场领域,大企业间的并购竞争激烈,在数据经济背景下,数据驱动型并购等新方式加剧了竞争。三是资本过度虚拟化、金融化、杠杆化、债务化,带来系统性金融风险,包括:资本大量进入非实体经济,脱实向虚;经济泡沫日益积累产生"庞氏骗局"的金融风险;以"金融化+平台化"的资

第四章 "资本"范畴的讨论——社会主义市场经济"资本"特殊性

本形态推进资本金融化,逃避金融监管,形成宏观金融风险;资本通过高债务和高杠杆化,实现"以小控大"和"关键节点"控制,推升系统性风险的发生可能,进而提升退出成本,导致"大而不倒",把市场破产风险责任转嫁给政府,逃避市场规律制约;等等。四是资本进入过度"泛化",包括:资本进入媒体、舆论管控等特殊敏感行业,影响舆论,操纵民意,冲击政策;资本大规模向非经济领域侵蚀,尤其是在一些信息严重不对称的市场失灵领域,比如医疗、教育等,使之过度市场化、逐利化,严重背离其应有的发展目标和社会责任。五是资本与权力结合,形成"寻租"和各种腐败,破坏公平竞争的同时严重影响效率,等等。这些资本无序扩张行为对我国经济社会发展带来了巨大的风险和严重破坏。[①]

产生资本无序竞争的原因是多方面的,就资本逐利的"天性"和市场竞争的非均衡性而言,各类资本出于逐利的驱动,不断"脱实向虚",转向金融、房地产等高利润领域,不断利用高杠杆加剧投机,推升金融风险,不断涌入新兴网络经济、平台经济、媒体经济等具有规模垄断特征的地带,开展不正当竞争,获取超额利润。这在整个国民经济格局和经济体制运行中存在收入分配较为严重的结构性失衡的条件下,会进一步加剧资本竞争行为的扭曲和资本流动的无序,使通过价格及利润信号引导资源配置的市场竞争机制效率受到严重损害。就社会经济机制的市场内在竞争机制而言,一方面,企业主体秩序不完善,公司治理结构不合理,导致企业(公司)权利与责任间的失衡,使企业(公司)可能不受市场硬约束,使资本投资可能摆脱合理回报和债务约束;另一方面,市场交易秩序不公平,等价交换原则难以有效贯彻,导致市场价格严重扭曲,引导资源配置严重背离市场均衡目标,引发经济投机过度,形成泡沫化经济。就社会经济机制的市场外部竞争秩序而言,一方面,法治秩序建设相对滞后,对市场经济内在竞争机制(企业制度、价格制度)的发育难以给予有效的支持;另一方面,道德秩序培育迟缓,以诚信为核心的现代市场经济道德重构落后,社会主义核心价值观贯彻不够充分,因而在法治和道德两方面对资本无序竞争行为的社会约束乏力。就新兴科技革命带来的结构升级、业态转型等一系列新变化而言,产品创新、业务创新、模式创新、跨界融合,特别是信息化、智能化、数字化形成的现代

[①] 刘伟:《规范和引导社会主义市场经济资本健康发展》,《经济学动态》,2022年第8期,第3—12页。

产业革命,经济平台化、网络化、融合化形成的新型业态及其垄断,客观上给监管带来了新挑战,使资本有可能规避监管,利用垄断地位开展不正当竞争以获取暴利并转嫁风险。就社会主义市场经济发展中的政府作用而言,一方面,在科技革命和体制转型的发展背景下,政府对资本的监管制度存在培育完善过程,有可能形成"制度空窗"式的漏洞或不完备之处;另一方面,在制度、政策尚不十分清晰的条件下,资本会采取各种措施影响制度改革和政策制定,特别是通过"劝说"和与政府权力联结的方式形成"管制俘获"。

要规范和引导社会主义市场经济中资本的健康发展,首先,在理论和实践的指导思想上,必须明确,生产要素作为资本形态在社会主义市场经济中的存在和发展,是中国特色社会主义实践的重大突破,资本理论是马克思主义中国化时代化的重要体现,认识了社会主义市场经济中资本运行规律;推动资本健康发展,是中国特色社会主义现代化事业的客观历史要求;必须坚定发展是第一要务,要在发展中规范和引导资本竞争,特别是在贯彻高质量发展主题过程中规范和引导资本发展,规范和引导的目的在于推动资本高质量发展,推动资本运行和竞争与构建高水平的社会主义市场经济体制相协调。事实上,也只有在实现经济社会高质量发展、推动社会主义市场经济体制高水平建设、加快高质量制度型对外开放的进程中,才能为有效规范和引导资本健康发展创造必要的发展性和体制性条件。其次,以建设性的态度推进社会主义市场经济中资本高质量发展,应当尊重人类社会关于资本健康发展的"五大原则":资本的政治中立原则(避免权钱交易),资本的法律合规原则(完善法治秩序),资本的社会义务原则(体现资本的社会性),资本的道德向善原则(倡导道德自觉),资本的经济促进原则(强调发展和效率)。应当承认,资本就其固有本性而言,不具自觉自动贯彻这"五大原则"的本能,因而需要通过制度建设,尤其是通过构建高水平的社会主义市场经济体制,通过完善与社会主义市场经济发展相适应的法治秩序和道德秩序,通过不断提升反腐败水平、健全反腐败的制度体系,在市场化、法治化基础上从制度上克服"寻租",使各类资本作为在市场经济中运行受法律制度约束的要素,能够真正接受市场竞争规则的有效硬约束,能够首先服从市场公平竞争规律支配。最后,规范、引导、推动资本健康发展需要营造相应的社会环境,一是经济制度环境,即社会主义基本经济制度,"两个毫不动摇"的原则必须通过一系列具体体制和政策落实于经济运行过程,既有经济制度安

第四章 "资本"范畴的讨论——社会主义市场经济"资本"特殊性

排,又有法律制度保障,同时也有道德舆论支持;既保证资本健康发展,又使资本发展真正有机统一于社会主义基本经济制度,同时也切实体现社会主义经济发展的根本要求。二是法律制度环境,一方面,完善法治建设,特别是针对科技革命带来的新变化形成的监管滞后等问题,需要加快法律制度建设,制定适应新业态、新垄断、新变化条件下的资本监管法规,及时关闭"无法可依"的"监管空窗"。另一方面,提升立法质量,既要切实针对发展中出现的重要问题,又要具有贯彻和执行的可能,提高法制效率的同时,降低法制成本,在已构建起来的必要的法律制度框架基础上,进一步完善法律,特别是《中华人民共和国专利法》《中华人民共和国商标法》《中华人民共和国反垄断法》等,同时增强执法的专业性和程序的法制化,完善相应的体制机制,严格执法,提高法制的权威性,真正实现良法善治,真正克服"有法不依"的悖论。三是发展政策环境,政策需要清晰,资本竞争扩张的行业边界要清晰,创新和垄断的区别要清晰,推动发展和防范过度监管的界限要清晰,发展的目标和监管过程的联系要清晰,不同环节不同方面的监管逻辑要清晰,政策的事先引导和法制的事后追责间的相互关系要清晰,政策设置的"红绿灯"与稳定政策预期要统一,等等。四是社会责任意识和社会道德环境,在许多存在严重外部性的市场失灵领域,除引入必要的政府宏观干预和长期纠正外,重要的在于加强对资本个体的社会责任意识和道德约束,在我国现代化进程中,特别是新发展理念提出之后,绿色发展及相应的可持续发展日益成为普遍形态,成为高质量发展的内在要求,但从 ESG[①] 体系的构建来看,对资本的约束尚不够清晰,法制约束相对滞后,信息披露尚不规范,评价标准和指标尚不一致,需要进一步加强 ESG 体系建设和贯彻,切实把环境、社会责任与公司治理等因素纳入资本投资决策和企业经营,一方面,在制度上,推动绿色发展和可持续发展以及其他重要的社会责任等具有"外部性"的因素的内在化;另一方面,强调资本的社会责任意识,在资本健康发展提升竞争力的过程中,促进社会主义基本经济制度巩固和完善,在首先做大蛋糕的基础上,注重分好蛋糕,在贯彻社会主义社会分配原则的条件下,协调好初次分配、再分配和三次分配的关系,既要坚定不移始终坚持社会主义共同富裕的根本原则,又要实事求是、稳中求进历史地推进。

[①] ESG:environmental(环境)、social(社会)和 governance(公司治理)的英文缩写,ESG 体系指将环境、社会、公司治理三者统一起来纳入企业投资和经营的内在机制。

第五章
"全要素生产率"范畴的讨论
——社会主义市场经济"全要素生产率"新内涵*

第一节 讨论"全要素生产率"范畴的理论前提

立足新时代新征程,在社会主义市场经济条件下增加社会财富、促进创造财富的源泉充分涌流,不仅是社会主义现代化强国建设的内在要求,也成为中国特色社会主义政治经济学的目标和研究任务。① 作为对我国经济发展实践及其规律的系统性归纳,在中国特色社会主义政治经济学理论体系中纳入全要素生产率,有必要对这一概念进行学理分析,并结合中国实际进行实践检验与路径探索。本章内容展开如下:首先,从经济史和经济思想史的视角,对全要素生产率进行思想"寻根",探究其与中国特色社会主义政治经济学在理论基础上的一致性。其次,基于马克思的生产劳动理论和中国的经验数据,对全要素生产率进行实践检验。再次,探讨我国在新征程上着力提高全要素生产率的实现途径。最后是结语。

"全要素生产率"范畴是西方经济学中的重要范畴,它是以"要素生产率"

---

* 本章内容刊于范欣、刘伟:《全要素生产率再审视——基于政治经济学视角》,《中国社会科学》,2023年第6期,第4—24页。

① 洪银兴:《中国特色社会主义政治经济学财富理论的探讨——基于马克思的财富理论的延展性思考》,《经济研究》,2020年第5期,第21—30页。

第五章 "全要素生产率"范畴的讨论——社会主义市场经济"全要素生产率"新内涵

范畴为前提,在"要素生产率"解释不了的部分,对经济增长做出进一步的分析。我国经济社会发展进入新时代以来,在理论和实践探索上,对"要素生产率"以及以此为基础的"全要素生产率"予以高度重视,学术界以各种方法对我国"全要素生产率"进行测算和分析,形成了一些重要的发现。在2015年"两会"的《政府工作报告》中,首次明确提出"增加研发投入,提高全要素生产率"[1],特别是在2017年党的十九大报告中强调指出,必须"推动经济发展质量变革、效率变革、动力变革,提高全要素生产率"[2],在2022年党的二十大报告中进一步把"着力提高全要素生产率"纳入高质量发展主题[3]。

作为经济发展核心竞争力和质态水平的重要标志,全要素生产率在实践中具有突出意义,相应地在理论上也受到高度重视。它作为一个经济学范畴,在西方资产阶级经济学思想发展史上被长期研究,一方面为其提供经济学理论基础,特别是使之建立在相应的价值理论基础之上并成为其分配理论的重要支撑;另一方面提出不同的方法对其进行测度并识别其对经济增长做出的贡献。我国学者对全要素生产率也做了大量的研究,一方面根据马克思主义劳动价值论以及劳动生产率的相关理论做出进一步的分析;另一方面将其作为一个技术概念,探讨如何对其进行科学精确测度,特别是结合我国的具体数据,寻求全要素生产率在经济增长中的动力源泉[4],等等,都在一定程度上丰富了全要素生产率的理论研究。从党的二十大将提高全要素生产率作为实现高质量发展这一首要任务的关键来看,以高质量发展推进中国式现代化的历史进程,要求在中国特色社会主义政治经济学基本理论上对全要素生产率做出更为科学和深入的探讨,进而适应高质量发展实践的需要,一是不能仅仅将全要素生产率作为中性的技术概念,而需要对其理论基础进一步做出马克思主义时代化、中国化

---

[1] 李克强:《政府工作报告——2015年3月5日在第十二届全国人民代表大会第三次会议上》,《人民日报》,2015年3月17日,第1版。
[2] 习近平:《决胜全面建成小康社会 夺取新时代中国特色社会主义伟大胜利——在中国共产党第十九次全国代表大会上的报告》,《人民日报》,2017年10月28日,第1版。
[3] 习近平:《高举中国特色社会主义伟大旗帜 为全面建设社会主义现代化国家而团结奋斗——在中国共产党第二十次全国代表大会上的报告》,《人民日报》,2022年10月26日,第1版。
[4] 蔡昉、蔡跃洲、付一夫:《全要素生产率增长中的技术效应与结构效应——基于中国宏观和产业数据的测算及分解》,《经济研究》,2017年第1期,第72—88页;马占新、苏日古嘎:《非平衡面板数据的全要素生产率测算方法》,《数量经济技术经济研究》,2022年第5期,第145—166页。

的阐释;二是不能直接将西方经济学中的全要素生产率理论用于中国的经济实践,而需要充分考虑我国的国情,特别是在我国社会主义经济社会发展中生产力的质态演进和生产关系的制度特征等方面的历史规定下,对于"生产劳动"的自然性和社会性,进而对于产业性质的规定,对于创造商品价值的抽象劳动过程和生产财富使用价值的具体劳动过程特点的历史规定,等等,均有其特殊性,需要在深入剖析这些特殊性基础上进一步进行科学的技术分析;三是不能一般地在分析方法上沿袭从供给端着重分析全要素生产率提高路径和制约因素的传统,而忽视供求相互协同作用的不可或缺性。

讨论全要素生产率首先涉及的是"生产"范畴,即怎样定义"生产"。从经济社会发展史来看,人类生产方式是历史的,生产方式包括自然形式和社会形式两方面。生产方式的自然形式是指人们进行生产的物质技术条件,包括劳动对象、劳动资料、劳动力等,即人类在具体劳动过程中运用什么样的劳动资料,怎样进行生产,反映的是社会生产力,马克思把这种生产方式概括为"劳动生产条件",并且指出,这种"生产方式的变革,在工场手工业中以劳动力为起点,在大工业中以劳动资料为起点"①。生产的社会形式是指人们进行生产的社会条件,是指社会生产关系,包括生产资料所有制以及由此规定的分配制度和利益实现的运动机制等,即人类生产的社会制度。马克思曾指出:"大体说来,亚细亚的、古代的、封建的和现代的资产阶级的生产方式可以看作是社会经济形态演进的几个时代。"②一般而言,生产方式的自然形式与社会形式是对立统一的,其矛盾运动即体现为生产力与生产关系的矛盾运动。

实现生产过程并达成生产目的的活动是"劳动",与生产方式的自然形式和社会形式相适应。"劳动"具有自然性质和社会性质,自然性质体现的是劳动创造产品和财富的过程,社会性质体现的是生产的社会性质规定和生产的社会目的。"生产劳动"一方面要具有自然意义上生产的性质,即创造产品;另一方面,又要具有社会意义上生产的性质,即体现社会生产关系要求。自然意义上的"生产劳动"是发展的,在经济思想史上,人们顺应自然经济农耕社会的物质技术条件,认为农业是生产的,从事农业的劳动是真正创造产品和财富的生产劳

---

① 《马克思恩格斯全集》(第二十三卷),北京:人民出版社1972年版,第350、408页。
② 《马克思恩格斯全集》(第二卷),北京:人民出版社2005年版,第83页。

第五章 "全要素生产率"范畴的讨论——社会主义市场经济"全要素生产率"新内涵

动。这种思想的典型即"重农主义"。进入产业革命时期之后,作为对产业革命历史回应的古典经济学家强调工业制造业的生产性,例如亚当·斯密明确提出农业具有生产性,制造业同样具有生产性,并不是仅仅把已有的产品和要素加以重新组合,而是具有提供新产品和财富的创造性的劳动。进入现代社会,伴随现代服务业的崛起,人们将服务业与农业、工业并列,分别称之为第一、第二、第三产业,把非物质资料的服务活动也作为产业,使产业及生产劳动的概念超越了物质资料范围。进入数据文明时代,"数据"及与其相关的"网络"等成为重要的物质技术生产要素,根本改变了传统生产力构成中的劳动力、劳动对象和劳动资料等生产要素内涵。"算力"成为新质生产力的核心动力,"智能"成为新兴产业的基本业态,这种从农耕文明到工业文明再到服务文明,直到数据文明的时代演变,既是"产业"的演进,也是"生产劳动"内涵的不断发展。社会意义上的"生产劳动"是历史的,因为人类文明发展过程中,社会制度和生产关系是社会历史的运动过程,一定社会条件下的"劳动"是否成为体现相应社会制度本质要求的"生产"活动,要依据"生产"是否体现其"社会"规定来确定。资本主义社会条件下的生产劳动是否为"生产"的,要视其是否体现资本主义剩余价值生产的根本要求,否则,即使在自然意义上具有生产性,生产出新产品和财富,但不体现资本主义性质,比如体现自给自足的自然经济社会性质,那就不是资本主义市场经济下的生产劳动,而是封建社会自然经济下的生产劳动。马克思坚持在"生产劳动"的自然意义和社会意义的统一上来认识"生产劳动",指出:"只有把生产的资本主义形式当作生产的绝对形式、因而当作生产的永恒的自然形式的资产阶级狭隘眼界,才会把从资本的观点来看什么是生产劳动的问题,同一般说来哪一种劳动是生产的或什么是生产劳动的问题混为一谈,并且因此自作聪明地回答说,凡是生产某种东西、取得某种结果的劳动,都是生产劳动。"[①] 生产劳动的自然性质和社会性质的统一问题不仅表现在物质技术特性与生产的社会生产关系性质的对立统一上,还一般地表现在生产的使用价值和价值创造过程的对立统一上。在市场经济条件下不同于自然经济,生产劳动在作为具体劳动创造具体产品的同时,还作为抽象劳动创造价值。如何在理论上论

---

① 《马克思恩格斯全集》(第二十卷)第一册,北京:人民出版社1972年版,第422页。

证这种对立统一是政治经济学要面对的重要问题。①

事实上,生产劳动作为一种历史存在,客观上总是自然意义和社会意义的统一,资产阶级学者之所以割裂两者的联系,目的是把资本主义生产方式自然永恒化,淡化其历史不合理性和无偿占有剩余价值的剥削性。这种割裂和扭曲、淡化"生产劳动"的自然性与社会性的区别和联系,首先体现在相应的价值理论上。古典经济学提出了劳动价值论,但并没有严格区分使用价值和价值范畴,进而未能科学明确具体劳动和抽象劳动,没有清晰回答什么样的劳动创造价值,为之后庸俗经济学将使用价值的生产要素归结为价值的源泉留下了理论漏洞。正由于未能清晰说明劳动价值论,亚当·斯密甚至在提出劳动价值论的同时,还提出收入价值论作为第二种价值理论,为后来资产阶级"要素价值论"提供了思想源头。作为对产业革命时代的回应和资本主义自由竞争时代的理论,古典经济学提出劳动价值论,并且劳动价值论长期占据主流地位,主要是出于资产阶级以资本雇佣劳动的资本主义生产方式战胜封建主义生产方式的历史需要。在资本主义生产方式面对的主要阻力来自封建生产方式,并且资本雇佣劳动的资本主义市场经济制度尚未真正巩固的历史条件下,肯定资本和劳动的正义性,肯定无产阶级劳动者劳动的正义性是战胜封建制度的历史需要,阐释资本雇佣劳动的生产方式代替封建生产方式的历史必然性,便成为那个时代资产阶级经济学的重要使命。古典经济学的劳动价值论既是对当时产业革命的回应,也是对资本主义历史需要的回应。但肯定无产阶级劳动的正义性在根本上会导致对资本合理性的否定,因而斯密又同时提出"收入决定论",从分配意义上提出工资、利息和地租三种收入的源泉同时构成价值的三个来源,其获取收入的正当性根据在于这些要素(劳动、资本、土地)相应地对生产做出了贡献,这就不仅混淆了价值的创造和分配,而且更为重要的是混淆了商品价值的源泉和产品使用价值的生产的区别。后来的"效用价值论",包括客观效用价值论、主观效用价值论以及与之相适应的"服务价值论""要素价值论"等,在理论上都是把具体使用价值的生产,或称效用(主观效用、客观效用等)的提供作为

---

① 物质产品生产劳动作为使用价值与价值创造的统一,马克思做出了深入分析,但"服务"作为非物质产品生产,是否具备使用价值与价值统一意义上的生产性,一直是有争议的问题。参见刘伟:《论服务的使用价值和价值》,《北京大学学报》(哲学社会科学版),1985年第2期,第46—51页。

第五章 "全要素生产率"范畴的讨论——社会主义市场经济"全要素生产率"新内涵

"价值"的生产,从而把生产劳动的自然物质技术条件作为与人的劳动相同的创造价值的源泉。①

"全要素生产率"及作为其前提的"要素生产率"在资产阶段经济思想史上的提出,是以这种正统理论为基础的。因而,从中国特色社会主义政治经济学的角度分析这一范畴,首先对于其理论基础做出深入的剖析,然后才能科学准确地对要素生产率和全要素生产率做出进一步的测度。特别是将这一范畴引入中国特色社会主义政治经济学,更需要关注从基础理论与技术概念统一上运用这一理论范畴和分析方法。因而,一方面,运用全要素生产率范畴作为技术分析方法要建立在正确的理论基础之上,要体现中国特色社会主义社会生产的社会性质和生产目的;另一方面,在进行全要素生产率水平的具体测度过程中是基于具体的物质技术条件规定的体现产品和财富生产效率的分析前提,而不是在作为创造价值的源泉意义上的要素贡献。要素生产率和全要素生产率应当是基于具体劳动的生产效率,而不是作为价值源泉的创造效率,尽管作为具体劳动生产效率可以通过价格形式运动和体现。此外,在中国特色社会主义市场经济体制下,要素生产率和全要素生产率的分析和测度要运用价格指标,即具体使用价值意义上的商品价格化基础上形成的统计数据,但必须认识到,"商品价格化"不等于生产商品的要素都是价值的源泉。说到底,要素生产率和全要素生产率是指要素在参与产品和财富的生产过程中所做出的贡献,而不是指其创造价值过程中作为价值源泉所做出的贡献。要素及其组合是财富生产的条件,但不是价值的源泉。要素生产率及全要素生产率的贡献程度的测度需要以价格化统计的数据为依据,但价格化的统计数据不等于价值的来源构成。

第二节 全要素生产率的经济思想源起

全要素生产率作为一个枢纽性概念,宏观层面事关一国或地区经济发展质量,微观层面涉及社会主义市场经济条件下资源配置等问题。将全要素生产率纳入中国特色社会主义政治经济学理论体系,首先有必要探寻其思想缘起。

---

① 刘伟:《经济学为什么研究价值理论》,《经济理论与经济管理》,2003年第5期,第9—17页。

（一）生产率理论的早期演进

政治经济学作为一门历史的科学,重在揭示人类社会经济运动规律,这就需要我们首先从经济史和经济思想史的视角,考察全要素生产率的起源与发展。在西方经济理论中,全要素生产率往往被当作技术指标加以使用,以至于人们忽视了对其思想缘起的探索。事实上,生产率理论的演进历程表现为从要素生产率到全要素生产率的发展过程,而关于生产率的相关研究可追溯至早期前古典经济思想的分工学说。前古典经济思想家虽未正式提出生产率概念,但其分工思想已涉及生产率问题。

在第一次产业革命前后,古典经济学的劳动价值论不仅占据当时经济学理论的主流地位,其关于生产劳动和生产率的思想还对产业革命的发展过程做出了积极的理论回应。15世纪末以来,资本主义生产方式开始在欧洲出现与发展,经济活动日益频繁。伴随着地理大发现,国际贸易开始盛行,为了更好地回应时代演变,重商主义和重农主义对"生产劳动"作出了不同的阐释,进而对劳动生产率进行了不同的产业领域界定。面对第一次工业革命时期英国等欧洲国家经济的快速发展,在重商主义学说和重农学派关于生产率的基本思想基础上,斯密首次宣称,任何一个生产部门的劳动都是国民财富的源泉,并认为劳动分工将通过提高劳动生产率促进经济增长,即劳动生产率是一国财富的直接决定因素之一。同时,他提出劳动创造价值。价值理论由此成为以斯密为代表的英国古典经济学理论体系中的核心内容。其根本原因在于:一方面,必须在理论上论证资本主义生产方式的产生与发展,较封建主义生产方式更具必然性、合理性、优越性;另一方面,这一时期正处于产业革命下的社会化大生产时代,需要在理论上与产业革命实践进行呼应,论证资本雇佣劳动制度的进步性和合理性。

伴随着资本主义生产从工厂手工业向机器大工业转变,资本主义由自由竞争阶段进入垄断阶段,资产阶级与无产阶级之间的矛盾不断激化。为维护资产阶级利益,资产阶级经济学家开始论证资本存在的合理性、必要性以及正当性,而李嘉图的一元劳动价值论虽然为资本反封建提供了理论支持,但也否定了资本获取利润的正当合理性,劳动价值论的主流地位开始被客观效用价值论(也称为生产成本价值论或要素价值论)取代。萨伊系统提出了生产成本价值论,认为价值即效用,由劳动、资本、自然(土地)三要素共同创造,土地、资本与劳动

第五章 "全要素生产率"范畴的讨论——社会主义市场经济"全要素生产率"新内涵

一样具有生产性。[①] 从古典经济学的"劳动价值论"到庸俗经济学"要素价值论"的转变,有其深刻的历史原因和思想史动因。古典经济学时期是生产率理论的萌芽和探索阶段,关注的重点仍在劳动生产率方面。而庸俗经济学之后不仅关注劳动生产率,也关注资本、自然等要素的生产率,但其是从"价值"源泉意义上而非一般"财富"意义上关注资本等要素的生产创造性,这是对劳动价值论的根本否定。事实上,萨伊的"要素价值论"源头可以追溯至古典经济学理论。斯密在提出劳动价值论思想作为对产业革命和自由竞争时代的资产阶级生产方式变革的历史回应外,还看到了坚持一元劳动价值论的历史价值取向在于否定资本主义和资产阶级存在的合理性与正当性。因此,他同时提出了"收入价值论",即把资本、土地、劳动分别作为利息、地租、工资等收入的来源,进而作为"价值"的源泉,以此为资本利息和土地地租的合理性提供依据。不同的是,斯密指出在不同阶段适用不同的价值论,先是以劳动价值论为主,经过一定历史时期(指资本主义生产方式统治稳定,从而资产阶级与无产阶级的矛盾成为主要矛盾后的时期)则以"收入价值论"为主。

伴随着工业革命进程,一系列社会经济问题开始凸显,财富分配不平等、贫困等问题引发了人们的普遍不满。西方主流经济学不再关注价值论等相关分析,而是开始思考如何在资本主义生产方式下实现利益最大化,并运用数学分析求解个人效用最大化、社会福利最大化等问题。以门格尔等为代表的新古典经济学家几乎同时各自独立地提出了一种主观边际效用价值理论和边际分析方法,极大地改变了古典经济学以来的价值理论和分析方法。他们将价值视为主观性的东西,进而将商品的价值归为主观价值,同时也提出用主观价值和客观交换价值来取代使用价值和交换价值。主观效用价值论之所以取代了客观效用价值论的主流地位,主要在于主观效用价值论将资本主义生产的目的确定为满足人们的需求欲望,这也是对资本主义生产方式本身固有矛盾引致的经济危机的回应。作为现代微观经济学体系的重要奠基人,马歇尔将供求论、生产费用论、资本生产力论等理论与边际效用论结合起来,认为生产要素的均衡价格受到供求关系的影响,需求层面由生产要素的边际生产力决定,供给层面由

---

① 让·巴蒂斯特·萨伊著,赵康英等译:《政治经济学概论》,北京:华夏出版社2014年版,第23—25页。

生产要素相应的成本决定。① 实质上,这是典型的折中主义,并将价值与价格视为等同,均衡价格论开始替代价值论成为主流。

从西方主流经济学生产率理论的发展脉络来看,前古典经济学时期和古典经济学时期的生产率理论是以使用价值为线索,以农业或工业等特定行业为例,从分工协作、经济增长的动力源泉等方面展开分析。新古典时期的生产率理论主要建立在资本主义制度完备的假设前提下,以生产费用论、边际效用论等为基础,结合边际分析方法,从分配领域来分析效率问题。关于生产要素的价值,古典价值理论认为,价格取决于生产成本,也就是生产成本是决定价格的因素;新古典价值理论则认为,生产要素价格取决于其生产产品的边际效用。可见,两种价值理论关于最终产品与生产要素之间的因果关系是相反的。

事实上,马克思也较早地对生产率理论进行了研究。在其构建的两部类经济增长模型中,他将效率和技术进步视作实现经济增长的重要动力,资本、劳动等在经济增长中发挥着不可或缺的作用。马克思提出了劳动生产率,并认为劳动是价值的唯一源泉。但是,马克思的劳动生产率是一个技术效率指标,是技术关系与社会关系的结合体,并明确指出"生产力当然始终是有用的、具体的劳动的生产力,它事实上只决定有目的的生产活动在一定时间内的效率"②,即一定劳动时间内所生产的产品数量。从马克思的劳动价值论来看,抽象劳动是价值的源泉,具体劳动则形成使用价值,是劳动力与生产资料具体结合的能动过程。劳动生产率是指劳动生产财富,而不是"创造价值"的效率,而"效率"又只能是在"一定时间内的效率"。那么,如何理解劳动时间?马克思认为,劳动时间有两层含义:一是活劳动的消耗量;二是包含活劳动和物化劳动的消耗量。这就意味着通过活劳动的消耗量来测算的劳动生产率就是考虑单一要素的劳动生产率,而同时考虑活劳动和物化劳动的劳动生产率就蕴含着预付资本即所有投入要素共同作用下的结果,是全要素生产率思想的体现。从时间维度上看,马克思有关生产率理论的思想比其他西方学者提出的全要素生产率思想早了大半个世纪。可以说,马克思关于提高劳动生产率的认识,开启了科学探索全要素生产率理论的先河。

---

① 马歇尔著,陈良璧译:《经济学原理》(下卷),北京:商务印书馆1965年版,第69—75页。
② 《马克思恩格斯文集》(第五卷),北京:人民出版社2009年版,第59页。

第五章 "全要素生产率"范畴的讨论——社会主义市场经济"全要素生产率"新内涵

（二）社会主义市场经济条件下的全要素生产率

中国特色社会主义政治经济学是立足我国国情和经济发展实践，探索社会主义市场经济制度下经济运行和发展的一般性规律的学说。一方面，作为代表无产阶级利益的学说，中国特色社会主义政治经济学必须坚持劳动价值论。劳动价值论不仅是马克思主义政治经济学的理论基石，也是构建具有中国气派的中国特色经济学理论的基础。① 另一方面，中国特色社会主义政治经济学有其自身的目标和研究任务，需坚持社会主义市场经济方向，积极转变经济发展方式，与此相应，需要把全要素生产率作为基本经济范畴加以使用。那么，作为一个西方主流经济学的常用概念，全要素生产率在社会主义市场经济条件下是否仍具有适用性？

1. 社会化生产条件下劳动生产率的重要内容

第二次世界大战后，伴随经济发展产生一系列新变化，要素投入日趋多元化，全要素生产率的概念被正式提出。戴维斯首次对全要素生产率进行界定，认为其是所有产品与资本、劳动、原材料、能源等所费资源的变化。② 索洛统一了生产函数，认为从产出增长率中扣除生产要素投入增长率的部分全部归于技术进步。从某种意义上说，索洛将技术进步等同于全要素生产率，并将其作为外生变量，而"不可知的部分"被称为"索洛余量"。③ 为此，2018年版《新帕尔格雷夫经济学大辞典》在"全要素生产率"词条上明确指出，全要素生产率是产出中投入要素不能解释的部分。这一概念描述虽简单明了，但索洛余量影响因素众多，仍无法打开不可知部分的"黑匣子"。从理论缘起来看，全要素生产率分析建立在"斯密教条"和萨伊"三位一体公式"基础之上，而要素价值论本身的混乱掩盖了社会生产的真正主体和价值来源，使得全要素生产率理论在实践应用上遭遇如价值源泉的错设以至于要素分解无法真实反映要素的增长贡献

---

① 刘伟：《中国特色社会主义政治经济学必须坚持马克思劳动价值论——纪念〈资本论〉出版150周年》，《管理世界》，2017年第3期，第1—8页。

② H. S. Davis, *Productivity Accounting*, Philadelphia: University of Pennsylvania Press, 1955, 3.

③ R. M. Solow, "Technical Progress, Capital Formation, and Economic Growth", *The American Economic Review*, 1962, 52(2): 76—86.

等现实悖论。①

　　针对全要素生产率理论本身存在的问题,有必要以马克思关于提高劳动生产率的认识进行引导和开拓。马克思在分析协作时指出,工人作为社会工人"不仅是通过协作提高了个人生产力,而且是创造了一种生产力,这种生产力本身必然是集体力"②。"在其他条件不变时,商品的便宜取决于劳动生产率,而劳动生产率又取决于生产规模。"③可以看出,全要素生产率是社会化生产条件下劳动生产率的重要表现,并集中体现在两种含义的"社会必要劳动时间"重要范畴上。第一种含义的社会必要劳动时间重点论述了商品生产的微观供求平衡条件,与劳动生产率密切相关。"生产商品所需要的劳动时间随着劳动生产力的每一变动而变动。劳动生产力是由多种情况决定的,其中包括:工人的平均熟练程度,科学的发展水平和它在工艺上应用的程度,生产过程的社会结合,生产资料的规模和效能,以及自然条件。""只是社会必要劳动量,或生产使用价值的社会必要劳动时间,决定该使用价值的价值量。在这里,单个商品是当做该种商品的平均样品。"④不难看出,第一种含义的社会必要劳动是"就个别产品对同类其他产品的关系上说"的社会必要劳动时间,与劳动生产率的变化成反比,是价值决定的基础。⑤ 从劳动生产率的决定因素来看,主要体现了物质生产过程中的人机关系、人地(自然)关系、人人关系结合的规模和效应,涉及的均是人和物的资源配置规模效应问题。第二种含义的社会必要劳动时间是价值实现的数量界限,是从社会商品总量来讲宏观供求平衡条件,解释了市场价格波动的整体表象。⑥ 实际上,这种宏观供求平衡是通过周期性经济危机强制实现的,通常状态是生产相对过剩,且宏观必要劳动时间制约微观必要劳动时间。

---

　　① 魏旭、高冠中:《西方主流经济学全要素生产率理论的实践检视与方法论反思——一个马克思主义政治经济学的分析框架》,《毛泽东邓小平理论研究》,2017年第7期,第45—52页;何干强:《〈资本论〉的宏观经济研究方法及其应用》(下卷),北京:东方出版中心2022年版,第583—585页。
　　② 《资本论》(纪念版)第一卷,北京:人民出版社2018年版,第378页。
　　③ 同上书,第722页。
　　④ 同上书,第52—53页。
　　⑤ 林岗:《关于社会必要劳动时间以及劳动生产率与价值量关系问题的探讨》,《教学与研究》,2005年第7期,第52—58页。
　　⑥ 王峰明:《马克思经济学假设的哲学方法论辨析——以两个"社会必要劳动时间"的关系问题为例》,《中国社会科学》,2009年第4期,第54—64页。

第五章 "全要素生产率"范畴的讨论——社会主义市场经济"全要素生产率"新内涵

"这是生产特殊物品,满足社会对特殊物品的一种特殊需要所必要的劳动。""事实上价值规律所影响的不是个别商品或物品,而总是各个特殊的因分工而互相独立的社会生产领域的总产品;因此,不仅在每个商品上只使用必要的劳动时间,而且在社会总劳动时间中,也只把必要的比例量使用在不同类的商品上。"①

上述社会必要劳动时间的理论基础,来自马克思改造古典经济学劳动价值论后建立的科学劳动价值论。"商品中包含的劳动的这种二重性,是首先由我批判地证明的。这一点是理解政治经济学的枢纽。"②对于两种社会必要劳动时间的关系,马克思从抽象上升到具体,并逐步展开。在阐释第一种含义的社会必要劳动时间时,他指出"最后,没有一个物可以是价值而不是使用物品。如果物没用,那么其中包含的劳动也就没有用,不能算做劳动,因此不形成价值"③。这里规定了价值规律的核心内容:价值规定本身和按比例分配劳动。从逻辑展开过程与历史过程的一致性看,第一种含义的社会必要劳动时间是商品生产的劳动过程与价值形成过程的统一,而第二种含义的社会必要劳动时间是劳动过程与价值增殖过程的统一。在两者叙述的间隔中,大幅阐述剩余价值生产及其在流通中实现的规律,才能在分析资本主导的社会总供给与总需求的关系中,确立和开展对第二种含义的社会必要劳动时间的论述。但不可否认的是,由市场竞争体现的总供求平衡关系是在一个特殊的、历史的生产关系内产生,由第一种含义的社会必要劳动时间所体现并包含在其中的劳动生产率发展规律亦是如此。

2. 不同社会制度下的劳动生产率存在本质差别

劳动生产率发展规律受社会制度制约,实际表现为不同社会制度下特殊形式的劳动生产率。劳动生产率的提高,除了表现出与单位商品价值量成反比,从而社会必要劳动时间下降,还表现为技术构成的提高,这是适合一切社会形态的普遍规律。但由于社会性质和生产目的的差异性,劳动生产率的制约因素和测度标准有着本质差别。

资本主义社会遵循资本主导的发展逻辑,资本家生产的目的在于攫取剩余

---

① 《资本论》(纪念版)第三卷,北京:人民出版社2018年版,第716页。
② 《资本论》(纪念版)第一卷,北京:人民出版社2018年版,第54—55页。
③ 同上书,第54页。

价值。"资本家阶级的存在,从而资本的存在本身,是以劳动生产率为基础的,但不是以绝对的劳动生产率为基础,而是以相对的劳动生产率为基础。……这种生产率是以相对的生产率为基础的,即工人不仅补偿原有价值,而且创造新价值;他在自己的产品中对象化的劳动时间,比维持他作为一个工人生存所需的产品中对象化的劳动时间要多。这种生产的雇佣劳动也就是资本的基础,资本存在的基础。"①"在固定资本中,劳动的社会生产力表现为资本固有的属性;它既包括科学的力量,又包括生产过程中社会力量的结合,最后还包括从直接劳动转移到机器即死的生产力上的技巧。"②这表明,在资本主义制度下,各要素均是服从资本增殖的需要。不变资本尤其是固定资本的存在,使价值度量发生重大变化。劳动的社会生产力发展旨在缩短工人的必要劳动时间,相对延长剩余劳动时间,以期获取更多的剩余价值,实现资本的增殖。新技术的发明、机器的应用等,都是以能否增加剩余价值,而非节约劳动为评判标准。剩余价值率和资本有机构成的上升规律是资本主义劳动生产率发展特殊的两大社会形式。概言之,在资本主义制度下,劳动生产力表现为资本的生产力。

在社会主义制度下,劳动生产率"归根到底是使新社会制度取得胜利的最重要最主要的东西""共产主义就是利用先进技术的、自愿自觉的、联合起来的工人所创造的较资本主义更高的劳动生产率"③。同时,无产阶级在完成夺取政权和基本解决剥夺者的任务后,"必然要把创造高于资本主义的社会结构的根本任务提到首要地位,这个根本任务就是:提高劳动生产率,因此(并且为此)就要有更高形式的劳动组织"④。新中国成立以来,我国确立了以公有制为主体、多种所有制经济共同发展的所有制结构,遵循以人民为中心的发展思想,其生产劳动是为了满足社会和人民的需要。⑤ 换言之,社会主义制度下的劳动生产力表现为劳动的社会生产力,这是由社会主义的性质和目的所决定的。"深入总结新中国成立以来特别是改革开放以来对待和处理资本的正反两方面经验,

---

① 《马克思恩格斯全集》(第三十三卷),北京:人民出版社2004年版,第137页。
② 《马克思恩格斯全集》(第三十一卷),北京:人民出版社1998年版,第111页。
③ 《列宁全集》(第三十七卷),北京:人民出版社2017年版,第18—19页。
④ 《列宁全集》(第三十四卷),北京:人民出版社2017年版,第168—169页。
⑤ 参见张寄涛、夏兴园:《社会主义制度下生产劳动与非生产劳动》,《经济研究》,1980年第12期,第37—41页;许ικό:《关于社会主义社会生产劳动的定义——兼论我国应实行何种国民经济核算体制》,《经济研究》,1983年第2期,第35—43页。

深化社会主义市场经济条件下资本理论研究,用科学理论指导实践,促进各类资本良性发展、共同发展,发挥其发展生产力、创造社会财富、增进人民福祉的作用。"①在此过程中,劳动者的主观能动性和生产过程的社会主义结合方式,将极大地推动劳动生产率的提高。习近平总书记指出:"我们要通过深化改革,让一切劳动、知识、技术、管理、资本等要素的活力竞相迸发,让一切创造社会财富的源泉充分涌流。"②供给侧结构性改革作为我国全面深化改革的重要手段之一,其目标就在于"优化现有生产要素配置和组合,提高生产要素利用水平,促进全要素生产率提高,不断增强经济内生增长动力"③。可见,对于社会主义制度下的中国,劳动生产率的不断提高,将为实现每个人的自由全面发展提供物质基础。

第三节 全要素生产率在中国的实践检验

改革开放以来,中国经济保持平稳高速增长,在提高生产效率的同时,也重塑了生产方式。中国的总量生产函数、规模报酬类型等均发生了不同程度的变化,使得基于新古典增长理论的传统增长核算方法越来越不具有适用性。为此,有必要从马克思生产劳动理论出发,在全要素生产率测算的既有研究基础上予以改造和完善,并利用中国的经验数据进行检验。

(一)既有测算的梳理与完善

自20世纪90年代以来,中国经济持续高速增长引起了国内外学者的广泛关注,掀起了中国全要素生产率测算的热潮。而同一时期的全要素生产率增长率存在差异的根源,主要在于全要素生产率的核算方法和数据处理等方面。

在核算方法上,目前关于全要素生产率测度的方法主要有增长核算法、非参数法和参数法三种。④ 其中,生产函数形式问题是学者们关注的重点。多数

---

① 《习近平在中共中央政治局第三十八次集体学习时强调:依法规范和引导我国资本健康发展 发挥资本作为重要生产要素的积极作用》,《人民日报》,2022年5月1日,第1版。

② 《习近平谈治国理政》,北京:外文出版社2014年版,第93页。

③ 中共中央文献研究室编:《习近平关于社会主义经济建设论述摘编》,北京:中央文献出版社2017年版,第108页。

④ 余泳泽:《异质性视角下中国省际全要素生产率再估算:1978—2012》,《经济学》(季刊),2017年第3期,第1051—1072页;A. Kurmann and E.Sims, "Revisions in Utilization-Adjusted TFP and Robust Identification of News Shocks", *The Review of Economics and Statistics*, 2021, 103(2):216-235。

学者采用总量生产函数测算全要素生产率,但也有学者针对总量生产函数的性质提出质疑,认为该函数是收入恒等式的变形,而建立在总量生产函数基础上的全要素生产率不能体现生产因素,其与技术并无直接关系。① 从中国现实情况来看,资本、劳动力的投入产出弹性均在持续地发生基础性变化,规模报酬类型也并非一直不变,采用固定的总量生产函数不是最优选择。有学者基于同一组数据,采用不同方法测算全要素生产率后发现,数据包络分析(DEA)针对宏观分行业面板数据更为适用,全要素生产率的动态变化和变化趋势在不考虑回归系数和全要素生产率增长率绝对值的大小情况下基本一致。② 在数据处理方面,产出通常采用实际 GDP、实际增加值等进行衡量,但忽视了并非所有劳动都能创造价值。在任何一种社会生产中,"总是能够区分出劳动的两个部分,一个部分的产品直接由生产者及其家属用于个人的消费,另一个部分即始终是剩余劳动的那个部分的产品,总是用来满足一般的社会需要"③。

根据马克思的生产劳动理论,并结合社会主义性质和生产目的,本节将劳动划分为物质生产劳动、精神生产劳动、商业劳动和社会公共事务劳动四种类型。④ 物质生产劳动是人们利用和改造自然,获取衣食住行用的物质生活资料所花费的劳动。其中,"食物、衣服、住房和所必需的工具"涉及农林牧渔、工业、建筑业等。精神生产劳动是提供满足人们精神文化需要的产品的劳动,是"人自身的生产"的劳动,涉及科教文卫等行业。商业劳动是直接生产过程在流通中的延伸,属于为生产生活服务的劳动,涉及交通运输、仓储和邮政业、批发和

---

① A. Shaikh, "Laws of Production and Laws of Algebra: The Humbug Production Function", *The Review of Economics and Statistics*, 1974, 56(1): 115-120; J. Felipe and J. S. L. McCombie, "Some Methodological Problems with the Neoclassical Analysis of the East Asian Miracle", *Cambridge Journal of Economics*, 2003, 27(5): 695-721;武志:《对索洛模型数理逻辑与方法论的批判》,《马克思主义研究》,2019 年第 1 期,第 68—79 页;谢富胜、张天啸、张俊夫:《总量生产函数的恒等式性质——兼论全要素生产率的实际含义》,《中国人民大学学报》,2019 年第 6 期,第 52—65 页。

② 田友春、卢盛荣、靳来群:《方法、数据与全要素生产率测算差异》,《数量经济技术经济研究》,2017 年第 12 期,第 20—40 页。

③ 《资本论》(纪念版)第三卷,北京:人民出版社 2018 年版,第 993—994 页。

④ 骆耕漠:《马克思的生产劳动理论——当代两种国民经济核算体系(MPS 和 SNA)和我国统计制度改革问题》,北京:经济科学出版社 1990 年版,第 8—9 页;卫兴华:《马克思的生产劳动理论》,《中国社会科学》,1983 年第 6 期,第 59—75 页;卫兴华:《劳动价值论的坚持与发展问题》,《经济纵横》,2012 年第 1 期,第 1—7 页。

第五章 "全要素生产率"范畴的讨论——社会主义市场经济"全要素生产率"新内涵

零售业等。货币作为借贷资金而发生的服务活动的劳动是不创造价值的非生产劳动,涉及金融业、房地产业等。社会公共事务劳动是非商品关系的劳动,劳动收入是由社会再分配所决定的,涉及公共管理和社会组织等。物质生产劳动、精神生产劳动和商业劳动均直接或间接参与产业资本循环,实现了实际生产过程与劳动能力再生产的有机统一。① 要素投入的有效度量将直接影响全要素生产率增长率的高低。在劳动投入方面,通用做法是采用劳动力投入的数量进行衡量,其中有一个隐含假设就是劳动力的同质性。从现实情况看,劳动力素质和结构在不同地区差异明显,若忽视则可能造成全要素生产率测算上的偏误。在资本投入方面,考虑到资本要素参与到生产中的是资本服务,故在测算中需要充分考虑固定资本形成、资本生产能力变化和退役模式等。在资本服务的测算上,乔根森等人最早根据资本服务量与当前的生产性资本存量成比例的关系,将不同类别的生产性资本存量通过相应的资本租赁价格加权得出资本服务量。② 后来,学者们进一步完善资本服务的测算,存量资本生产能力变化采用双曲线年限-效率模型,退役模式则使用对数正态分布来刻画。③ 考虑到资本的实际使用很难准确测度,目前主要通过假定资本服务与资本存量成比例而采用资本存量进行衡量。

(二)基于行业面板数据的检验

为了更加客观地反映国民经济发展情况,满足经济分析和管理的需要以及与国际标准相衔接,我国 1987 年以来对三次产业增加值以及固定资本形成总额数据进行了六次补充修正④,这不可避免地影响了全要素生产率增长率。事实上,纯粹由于资料来源的变化对 GDP 核算历史数据的影响只延伸到十一个普查年度,基本分类的修订和核算方法的改革更可能影响到 GDP 核算的全部

---

① 刘晓欣、田恒:《虚拟经济与实体经济的关联性——主要资本主义国家比较研究》,《中国社会科学》,2021 年第 10 期,第 61—82 页。

② D. W. Jorgenson and Z. Griliches, "The Explanation of Productivity Change", *The Review of Economic Studies*, 1967, 34(3): 249-283.

③ 蔡跃洲、牛新星:《中国数字经济增加值规模测算及结构分析》,《中国社会科学》,2021 年第 11 期,第 4—30 页。

④ 我国先后于 1991 年和 1992 年开展了第三产业数据普查,于 2004 年、2008 年、2013 年和 2018 年开展了四次经济普查,于 2016 年开展了研发支出核算方法改革。

历史数据。① GDP核算期间对金融服务产出核算方法及房地产业行业分类进行了多次调整,致使虚拟资本增殖的经济活动对GDP的贡献相对提高,GDP反映实际生产活动的功能减弱。本节剔除了金融业(金融、保险业)、房地产业、公共管理和社会组织(国家机关、党政机关和社会团体)。接下来,我们探索运用省级层面的行业面板数据,采用DEA-Malmquist方法测算1987—2019年全国、产业、行业层面的全要素生产率并加以分析。②

1. 全要素生产率在不同层面的变化

全要素生产率不仅是中国经济增长的重要动力,也在三次产业增长中发挥着重要作用。1987—2019年,我国全要素生产率的年均增速为2.81%(见表5-1)。1987—1994年,我国全要素生产率保持较快增速,这在一定程度上与改革开放以来劳动者的积极性、主动性和创造性的激发,社会主义市场经济体制改革目标的确立有关;伴随着经济增长方式转变,全要素生产率进入稳速增长期;2005年以来,受投资过热以及阶段性、地区性、结构性的能源短缺影响,我国全要素生产率出现负增长。随着全球金融危机爆发,投资需求疲软,资金主要投向交通基础设施等领域,使得投资的需求与投向错位,进而导致资源错配。加之国内技术水平不断提升,技术引进难度加大,而国内自主创新能力还有待增强等,我国全要素生产率年均增长率在2010—2014年间下降至-2.95%③;随后,在全面深化改革背景下,我国全要素生产率增长率探底后快速回升,但仍有较大上升空间。从产业层面来看,三次产业全要素生产率虽历经波折,但其增速整体呈现波浪式下降趋势。1987—2019年,三次产业全要素生产率的年均增速分别为3.47%、1.35%和3.72%,第二产业全要素生产率的年均增速低于全国平均水平。可见,在新发展阶段,提升第二产业全要素生产率成为我国实现经济高质量发展的重要支撑。

---

① 许宪春:《中国国内生产总值核算历史数据的重大补充和修订》,《经济研究》,2021年第4期,第180—197页。

② 在指标选取上,本节产出采用各省各产业、行业的实际增加值表示。劳动力采用各省各产业、行业的就业人数年末数表示。资本存量采用永续盘存法以测算。其中,每年新增投资额采用全社会固定资产投资额,并使用固定资产投资价格指数进行平减;基期的资本存量以1986年实际固定资产投资总额除以10%得出;折旧率利用各省(市)固定资产投资结构数据推算得出。

③ 刘伟、陈彦斌:《"两个一百年"奋斗目标之间的经济发展:任务、挑战与应对方略》,《中国社会科学》,2021年第3期,第86—102页。

第五章 "全要素生产率"范畴的讨论——社会主义市场经济"全要素生产率"新内涵

表 5-1　1987—2019 年全国及三次产业全要素生产率增长率

（单位:%）

年份	1987—2019	1987—1989	1990—1994	1995—1999	2000—2004	2005—2009	2010—2014	2015—2019
全国	2.81	10.68	7.87	4.93	4.69	−0.68	−2.95	−1.74
第一产业	3.47	13.86	11.35	4.86	4.51	0.91	−2.92	−4.10
第二产业	1.35	8.83	7.33	4.71	4.49	−1.66	−6.15	−5.13
第三产业	3.72	10.64	6.64	5.18	5.00	−0.01	0.14	1.20

行业层面的全要素生产率增长率在不同时期差异明显。考虑到考察期间行业划分标准存在差异性,我们以 2003 年为界进行分析(见表 5-2 和表 5-3)。改革开放以来,在国家发展战略的支持下,我国通过不断深化体制机制改革、出台对外开放政策等,有力地推动了关系国民生计的行业迅速发展,1987—2002 年行业全要素生产率整体呈向好态势,但在 1989 年之后呈明显的增速放缓趋势。① 从全要素生产率的年均增长率看,科学研究和综合技术服务业最高,而批发和零售贸易、餐饮业最低。2005—2019 年,我国 13 个行业全要素生产率均先后在不同时点出现负增长,直至近年来部分行业才转为正增长。从第二产业看,面对全球金融危机的冲击,我国政府出台了强有力的财政刺激计划,资本积累快速上升,特别是工业部门投资驱动的特征十分突出,使得工业资本投入增速高于工业增加值的增速,工业全要素生产率较长时间处于负增长状态,这是造成第二产业全要素生产率增速下滑的主要原因。2005—2019 年,我国工业全要素生产率的年均增长率为-3.46%,明显低于建筑业。从第三产业看,45.45%的行业全要素生产率在 2005—2009 年出现负增长,这一比重在 2010—2014 年上升到 81.82%,虽 2014 年之后这一比重有所回落,但仍高达 72.73%,这是造成第三产业全要素生产率增速下滑的主要诱因。但在市场化程度不断提升、自主创新能力不断增强、研发支出资本化核算方法逐步成熟等利好因素影响下,我国批发和零售业及科学研究、技术服务和地质勘查业等行业的全要素生产率整体仍保持正向增长。

---

① 第一产业仅含农林牧渔业,故不再作行业分析;部分省市第二产业中的采掘业,制造业,电力、煤气及水的生产和供应业没有细分,故将第二产业分为工业和建筑业。

表 5-2　1987—2002 年我国 7 个行业全要素生产率增长率

（单位：%）

年份	1987—2002	1987—1989	1990—1994	1995—1999	2000—2002
工业	6.73	9.44	8.36	5.54	3.26
建筑业	5.28	4.99	8.54	4.97	0.65
交通运输、仓储和邮政通信业	8.53	10.68	19.08	1.24	0.94
批发和零售贸易、餐饮业	4.59	9.01	4.05	3.76	2.47
卫生、体育和社会福利业	10.24	14.12	14.78	6.84	4.44
教育、文化艺术及广播电影电视业	6.72	8.58	11.17	3.39	2.99
科学研究和综合技术服务业	14.12	42.22	19.39	-4.90	8.92

表 5-3　2005—2019 年我国 13 个行业全要素生产率增长率

（单位：%）

年份	2005—2019	2005—2009	2010—2014	2015—2019
工业	-3.46	-0.27	-5.30	-4.82
建筑业	1.56	-1.41	-0.94	7.02
交通运输、仓储和邮政通信业	-2.97	-3.05	-3.01	-2.85
批发和零售业	2.15	5.19	-1.99	3.26
住宿和餐饮业	-2.47	-2.56	-5.65	0.78
信息传输、计算机服务和软件业	-4.42	-0.68	-5.18	-7.42
租赁和商务服务业	-2.02	1.40	0.96	-8.43
科学研究、技术服务和地质勘查业	0.09	4.44	-4.98	0.82
水利、环境和公共设施管理业	-2.06	2.93	-5.18	-3.93
居民服务和其他服务业	-4.30	-3.48	-2.81	-6.61
教育	-2.36	1.19	-2.86	-5.41
卫生、社会保障和社会福利业	-5.88	-1.84	-7.92	-7.88
文化、体育和娱乐业	-0.09	0.44	1.81	-2.51

2. 全要素生产率增长动力及其变化

由马克思对劳动生产率影响因素的分析可知,提高全要素生产率主要有两条路径:一是加快技术进步,这需要加强人力资本建设,加大研发投入、引进先进技术等;二是优化要素配置,重点从制度层面解决资源错配问题。1987—2019 年,我国全要素生产率增长主要依赖技术进步,但在时序上呈现出"技术进步—技术效率提升—技术进步"的交替性驱动现象,且三次产业的效果各异(见表 5-4)。2004 年以前,资本、技术等的引进带来了全行业技术水平的提升,技术进步增速整体高于技术效率增速;随着工业化、城市化以及市场化进程的不断加速,各类要素不断流向效率更高或相对更高的部门,使得我国技术效率增速整体高于技术进步增速;在全球总需求不足等背景下,2005—2014 年技术进步增长率的下降成为制约全要素生产率增长的主要动因;伴随新一轮科技革命和产业变革,新产业、新业态、新模式快速发展,2015—2019 年技术进步增速整体超过技术效率增速,技术进步成为导致我国全要素生产率下降的主要原因。

表 5-4　1987—2019 年全国及三次产业全要素生产率分解项增速

(单位:%)

年份		1987—2019	1987—1989	1990—1994	1995—1999	2000—2004	2005—2009	2010—2014	2015—2019
技术效率增速	全国	1.60	6.39	0.77	3.24	2.89	3.01	0.63	-3.81
	第一产业	1.22	6.86	1.04	5.17	4.52	-2.42	0.11	-4.47
	第二产业	0.39	4.14	0.95	0.66	3.36	4.47	-2.21	-7.15
	第三产业	2.85	9.19	0.29	5.68	1.84	2.89	3.56	-0.96
技术进步增速	全国	4.33	7.12	10.42	4.83	4.81	-0.63	-0.54	5.41
	第一产业	5.32	9.89	13.54	2.87	3.01	6.39	-0.04	3.44
	第二产业	3.97	7.54	9.49	7.25	4.08	-3.03	-1.28	5.15
	第三产业	4.13	4.32	9.84	2.43	6.24	0.16	0.19	5.82

三次产业层面的分解也表明,技术进步是全要素生产率增长的主要驱动因素。从第二产业的具体行业看,工业和建筑业的全要素生产率增长均主要依赖技术进步,但从 2005 年开始工业的技术进步增速整体呈上升趋势(由 2005—2009 年的-2.10%上升至 2015—2019 年的 6.69%),而其技术效率增速却快速

下降(由2005—2009年的4.94%下滑至2015—2019年的-8.01%),这是该阶段工业全要素生产率下降的主要动因。此外,近些年来我国第三产业中以租赁和商务服务业为代表的多数行业出现技术水平停滞甚至倒退现象,存在明显的"逆技术进步倾向",在一定程度上不利于我国经济发展质量的提升。

第四节　新发展阶段必须着力提高全要素生产率

面对近十几年来我国全要素生产率增速呈下滑趋势,特别是全要素生产率持续负增长等现实情况,如何立足新时代新征程、实现经济高质量发展,成为社会各界高度关注的话题。那么,全要素生产率能反映一国或地区经济发展质量吗?若可以,如何在新征程上着力提高全要素生产率进而实现经济高质量发展,成为我们不得不回答并解决的关键问题。

(一)提高全要素生产率是经济高质量发展的关键抓手

当前,中国经济已由高速增长阶段转向高质量发展阶段,推动高质量发展已成为新时代主题。党的二十大报告指出:"高质量发展是全面建设社会主义现代化国家的首要任务。发展是党执政兴国的第一要务。没有坚实的物质技术基础,就不可能全面建成社会主义现代化强国。"[1] "高质量发展,就是能够很好满足人民日益增长的美好生活需要的发展,是体现新发展理念的发展,是创新成为第一动力、协调成为内生特点、绿色成为普遍形态、开放成为必由之路、共享成为根本目的的发展。"[2] 经济发展是以经济增长为基础,而高质量发展是新发展阶段下经济发展的显著特征,是社会主义经济建设过程中向更高级形态迈进而形成的阶段,是跨越"中等收入陷阱"、全面建设社会主义现代化国家的根本途径。

从表征上看,不平衡不充分的发展是相对于美好生活需要而言供给还不够充分,形成了需求侧与供给侧的不平衡,是发展质量不高的重要体现。对于新

---

[1] 习近平:《高举中国特色社会主义伟大旗帜　为全面建设社会主义现代化国家而团结奋斗——在中国共产党第二十次全国代表大会上的报告》,北京:人民出版社2022年版,第28页。

[2] 《习近平谈治国理政》(第三卷),北京:外文出版社2020年版,第238页。

第五章 "全要素生产率"范畴的讨论——社会主义市场经济"全要素生产率"新内涵

时代中国社会主要矛盾的新变化,必须通过生产力的充分发展和平衡发展加以化解,这就特别需要在经济发展过程中重视量的增长的同时,重视质的提升,在质的大幅提升中实现量的有效增长。① 从经济发展历程来看,当一国处于低收入阶段时,可通过扩大要素投入量,以高速增长的方式摆脱"贫困陷阱"。这不仅在供给层面表现为低收入国家的生产要素成本低廉且丰富,还在需求层面表现为市场规模随经济发展过程而不断扩张。随着经济发展摆脱"贫困陷阱",供给层面和需求层面也随之发生系统性变化。我国自2010年进入上中等收入国家行列,特别是经济发展进入新常态以来,这种经济发展约束条件发生了显著性变化,既有系统性变化,也有趋势性变化,体现在消费需求、投资需求、生产要素相对优势的变化等多个方面。为适应新变化、把握新机遇、迎接新挑战,我国需要从根本上转变经济发展方式,实现从"数量追赶"的粗放型增长向"质量追赶"的集约型增长转变;经济结构从"规模扩张"的增量扩能为主调整为"结构升级"的做优增量、调整存量并举;经济增长动力从"要素驱动"的传统增长点转向"创新驱动"的新的增长点。在此过程中,提高全要素生产率尤为关键。实际上,全要素生产率是在要素投入既定条件下,通过要素使用及其优化配置实现最大产出,从投入产出的视角来看,其本质是技术、人才等要素质量和资源配置效率。② 而要素生产率和资源配置效率的稳步提高,是经济发展质量提升的重要表征。因此,提高全要素生产率是经济高质量发展的关键抓手。这也意味着"高质量发展应该不断提高劳动效率、资本效率、土地效率、资源效率、环境效率,不断提升科技进步贡献率,不断提高全要素生产率"③。同时,以30年为标准来看,20世纪60年代、70年代、80年代分别有19、21、24个上中等收入国家,未能成功跨越至高收入阶段的国家占比分别为26%、43%和50%。④ 可见,一国或地区在中等收入阶段停留时间越长,跨越的难度就越大。究其原因,主要是发展方式未能实现根本转变,并直接表现在全要素生产率的增长态势上。因

---

① 刘须宽:《新时代中国社会主要矛盾转化的原因及其应对》,《马克思主义研究》,2017年第11期,第83—91页。
② 刘鹤:《把实施扩大内需战略同深化供给侧结构性改革有机结合起来》,《人民日报》,2022年11月4日,第6版。
③ 《习近平谈治国理政》(第三卷),北京:外文出版社2020年版,第238页。
④ 张德荣:《"中等收入陷阱"发生机理与中国经济增长的阶段性动力》,《经济研究》,2013年第9期,第17—29页。

此,保持全要素生产率正增长是一国跨越"中等收入陷阱"、进入高收入国家行列的关键。概言之,全要素生产率增长率是决定一国或地区经济发展成效及质量的关键所在。

(二)在供需协调发展中提高全要素生产率

2020年中央经济工作会议指出"要紧紧扭住供给侧结构性改革这条主线,注重需求侧管理,打通堵点,补齐短板,贯通生产、分配、流通、消费各环节,形成需求牵引供给、供给创造需求的更高水平动态平衡,提升国民经济体系整体效能"①。这意味着我们在继续深化供给侧结构性改革的基础上,也要促进需求总量的持续扩大和需求结构的不断优化,在供需协调发展中推动经济发展质量变革、效率变革和动力变革。

从经济增长理论变迁看,西方主流经济增长理论认为,短期经济增长取决于需求因素,而长期经济增长取决于供给因素。换言之,长期经济增长往往忽视了需求因素的作用。从斯密、马尔萨斯、李嘉图、穆勒等古典经济学家的经济增长思想来看,基本都在强调资本积累、劳动等供给因素在经济增长中的重要作用。面对20世纪30年代的经济大萧条对各国经济的冲击,哈罗德和多马开始将经济增长问题作为单独的经济问题加以研究。在储蓄等于投资等假设前提下,哈罗德-多马模型虽将需求因素间接引入模型中,但仍在强调资本积累是经济增长的唯一决定因素。其后,索洛和斯旺在此基础上将需求因素视为短期干扰因素,认为外生的技术进步能解释索洛余量。面对工业革命下技术进步带来的"创造性破坏"和现实经济增长难以被合理解释的实际情况,内生增长理论、新制度增长理论等开始将技术进步、制度变迁等因素内生化,但总体仍停留在供给层面。当然,这些经济增长理论并未否认需求因素在长期经济增长中的重要作用,只因其影响是间接的而予以忽视。与此相反,非主流经济学者更强调需求因素在长期经济增长中的作用,提出需求拉动型经济增长理论。例如,在哈罗德模型基础上,借鉴卡尔多、卡莱茨基等人的相关研究成果,有学者将需求因素引入长期经济增长模型,强调需求导向的长期经济增长。不难看出,学者们虽然对长期经济增长的主导因素存在争议,但基本认同供给因素和需求因

---

① 《中央经济工作会议在北京举行》,《人民日报》,2020年12月19日,第1版。

第五章 "全要素生产率"范畴的讨论——社会主义市场经济"全要素生产率"新内涵

素均在长期经济增长中发挥作用。事实上,马克思早在两部类增长模型中就指出了资本、劳动、科学技术等供给因素在经济增长中的作用,但同时也涉及需求因素的作用。马克思的两部类增长模型同时兼顾了总量与结构、需求与供给等方面的问题,实现了静态分析动态化、短期分析长期化。这为在供需协调发展中提高全要素生产率,进而实现长期经济增长提供了理论支持。同时,新古典增长理论框架下的全要素生产率理论由于仅考虑供给因素,使其局限性日益凸显,只有将需求因素和供给因素相结合,共同阐释中国全要素生产率乃至经济高质量发展问题才更具指导意义。

从世界各国经济发展史看,需求总量和需求结构的变动均对一国全要素生产率乃至长期经济增长产生了重要影响。若仅考虑供给因素而忽视需求因素,就无法准确解释20世纪60年代后美国经济增长大幅下滑的深层原因。[1] 日本、韩国等国在工业化进程中经历了二十多年的高速增长,但自进入工业化后期以来经济增速明显放缓。从供给层面看,这些国家或地区在经济增长出现阶段性转换时并未发生大幅变化,这就必须从需求层面寻找原因。改革开放以来,中国经济的高速增长主要在于制度红利的不断释放。换言之,制度变革在促进生产率提升的同时,也带来了需求的不断扩张,而需求特别是内需的持续扩张在拉动中国经济高速增长的过程中发挥着重要作用。改革开放四十多年里,中国的消费升级过程历经手表、自行车、缝纫机等传统"老三样"阶段,电视机、电冰箱和洗衣机的"新三件"阶段,空调等耐用消费品阶段,家用汽车等大宗消费品阶段,房地产业飞速发展阶段等。每一轮的消费升级,都会带来与经济发展阶段相匹配的一类或几类消费品扩张,进而刺激企业为追求利润而扩大投资规模,引进技术或进行自主创新,提高全要素生产率,扩大产能。但随着社会需求量的萎缩,企业生产能力无法及时进行调整或退出时也将带来产能过剩,进而影响全要素生产率增长,冲击经济增长。一定程度上说,无论是改革开放时期还是未来中国经济增速的长期变化,需求因素都发挥着非常重要的作用。[2]

---

[1] J. F. Walker and H. G. Vatter, "Demand: The Neglected Participant in the Long Run U. S. Productivity Record", *The American Economist*, 1999, 43(2): 73-80.

[2] 郭克莎、杨阔:《长期经济增长的需求因素制约——政治经济学视角的增长理论与实践分析》,《经济研究》,2017年第10期,第4—20页。

综上可知,无论是经济增长理论还是世界各国经济发展历程均表明,需求因素在提升全要素生产率乃至经济高质量发展中发挥着重要作用。片面强调供给侧而忽视需求侧的理论分析模式并不具有普适性,也不符合新兴经济体特别是中国的发展实际。① 为了着力提高全要素生产率,实现高质量供给、高质量需求、高质量配置、高质量经济循环等目标,有必要平衡好短期与长期、供给与需求、总量与结构等多个方面,形成"需求牵引供给、供给创造需求"的发展机制。

从供给侧来看,面对劳动力成本、土地成本、技术进步和创新成本等要素成本的不断上涨,我国需要转变经济发展方式,从主要依靠要素投入量的扩张拉动经济增长转变为主要依靠要素效率和全要素生产率提高带动经济增长。特别是针对全国及产业层面技术效率增长率明显低于技术进步增长率、工业等部分行业全要素生产率增长率相对偏低等现实情况,应深入实施科教兴国战略、人才强国战略、创新驱动发展战略,重点聚焦战略性、关键性、紧迫性领域,在基础原材料、高端芯片、工业软件等方面的关键核心技术上全力攻坚,瞄准人工智能、量子信息、先进制造等前沿领域进行前瞻性部署,支持各地区结合自身优势打造细分领域的标志性产业,"充分发挥科技创新的引领带动作用,努力在原始创新上取得新突破,在重要科技领域实现跨越发展"②。同时,坚持以数字化发展为导向,利用数字技术赋能产业发展,在大力提升农业数字化水平,深入推进制造业等工业数字化、网络化、智能化的同时,推动生产性服务业向专业化高端化延伸,促进先进制造业和现代服务业深度融合,进而形成以技术发展促进全要素生产率提升、以领域应用带动技术进步的良性循环发展。更为重要的是,加快推进多层次资本市场体系建设、户籍制度改革等制度建设,持续优化土地、资本、劳动力等要素市场化配置,加快形成全国统一大市场。

从需求侧来看,主要体现在需求总量和需求结构两个方面。在需求总量方面,投资领域主要集中在基础设施建设和房地产行业,而高新技术及教育等行

---

① 从一定意义上讲,相对于新古典增长理论,需求拉动型经济增长理论对分析中国经济更有启迪作用,对于解释中国长期经济增长也更具理论借鉴意义。参见刘伟、黄彪:《从剑桥方程到斯拉法超级乘数——需求拉动型经济增长理论评述》,《中国人民大学学报》,2019年第5期,第75—88页。
② 习近平:《在中国科学院第二十次院士大会、中国工程院第十五次院士大会、中国科协第十次全国代表大会上的讲话》(2021年5月28日),《人民日报》,2021年5月29日,第2版。

第五章 "全要素生产率"范畴的讨论——社会主义市场经济"全要素生产率"新内涵

业投资不足。在需求结构方面,错配现象较为明显,如高端消费群体的需求日趋旺盛,但与之相匹配的供给匮乏等。这就需要在扩大内需上"补短板"和"促升级",提高有效投资的总量,并注重有效投资的方向与领域。特别是要发挥好供需的协同效应,使扩大内需战略与深化供给侧结构性改革有机结合,形成"提高供给质量→满足现有需求、挖掘潜在需求→促进需求升级→引领供给升级→……"的高水平供需协调机制,有针对性地提高全要素生产率。换言之,技术进步是提高全要素生产率的直接动力,在新发展阶段"要坚持科技创新和制度创新'双轮驱动',以问题为导向,以需求为牵引,在实践载体、制度安排、政策保障、环境营造上下功夫,在创新主体、创新基础、创新资源、创新环境等方面持续用力,强化国家战略科技力量,提升国家创新体系整体效能"①。这就要求以创新为第一动力,"通过补短板、挖潜力、增优势,促进资源要素高效流动和资源优化配置,推动产业链再造和价值链提升,满足有效需求和潜在需求,实现供需匹配和动态均衡发展"②。

"坚持和发展中国特色社会主义政治经济学,要以马克思主义政治经济学为指导,总结和提炼我国改革开放和社会主义现代化建设的伟大实践经验,同时借鉴西方经济学的有益成分。"③"我们坚持马克思主义政治经济学基本原理和方法论,并不排斥国外经济理论的合理成分。"④这意味着我们要辩证对待西方经济学理论和分析方法,既不能盲目吸收,也不能盲目排斥,应在全面深入的研究基础上,汲取其合理成分,推动中国特色社会主义政治经济学的包容性、创新性发展。因此,从马克思主义政治经济学视角重新审视全要素生产率,并将其作为一个基本经济范畴纳入中国特色社会主义政治经济学理论体系之中,是中国特色社会主义政治经济学"不忘本来、吸收外来、面向未来"的生动写照。

---

① 《习近平在中国科学院第十九次院士大会、中国工程院第十四次院士大会开幕会上发表重要讲话强调:瞄准世界科技前沿引领科技发展方向 抢占先机迎难而上建设世界科技强国》,《人民日报》,2018年5月29日,第1版。
② 《习近平谈治国理政》(第三卷),北京:外文出版社2020年版,第247页。
③ 《习近平主持召开经济形势专家座谈会强调:坚定信心增强定力 坚定不移推进供给侧结构性改革》,《人民日报》,2016年7月9日,第1版。
④ 习近平:《不断开拓当代中国马克思主义政治经济学新境界》,《求是》,2020年第16期,第4—9页。

中国特色社会主义政治经济学自主知识体系探索

一方面,虽然全要素生产率是西方主流经济学的常见概念,但其理论本身存在缺陷,有必要从马克思主义政治经济学视域对其加以审视和改造。从全要素生产率的思想缘起可知,马克思关于提高劳动生产率的认识中蕴含着全要素生产率思想。作为劳动生产率的重要表现,全要素生产率是社会化大生产条件下劳动生产率的重要内容,并进一步体现在两种含义的"社会必要劳动时间"范畴上,进而凸显不同社会制度所带来的根本差异。劳动生产率发展规律一般直接体现在社会必要劳动时间下降和技术构成提高等方面,而劳动生产率发展规律特殊则与社会性质和生产目的息息相关。构建具有中国特色的全要素生产率概念,不仅反映出这一概念与中国特色社会主义政治经济学在理论基础上的一致性,也有助于丰富中国特色社会主义政治经济学关于社会主义制度下劳动生产率的理论认识。

另一方面,中国经济长期高速发展带来的生产方式变迁,使总量生产函数等均发生基础性变化,基于新古典增长理论的传统增长核算不再适用于中国全要素生产率的实践检验。为此,本章从马克思的生产劳动理论出发,将劳动划分为物质生产劳动、精神生产劳动、商业劳动和社会公共事务劳动,分别明确所涉部门,剔除非生产劳动涉及的相关部门,以期真实反映实际生产活动。由此测算得出的全要素生产率及其变动情况更具针对性,能够更好反映我国实现经济高质量发展的短板和症结所在,进而论证了供需协调发展对于提高全要素生产率以及推动经济发展质量变革、效率变革和动力变革的关键作用,有助于从实践层面提升中国特色社会主义政治经济学的理论价值和指导意义。

正如习近平总书记所强调的,"加快构建中国特色哲学社会科学,归根结底是建构中国自主的知识体系"[①]。自主知识体系是基于实践提出的基本问题,从理论层面凝练上升为基本范畴,形成"术语革命",再以此为基础形成范畴间的有机联系,形成学科、学术、话语体系。没有自主知识体系的坚实基础,中国特色社会主义政治经济学的学科、学术、话语体系,便会成为无本之木。当然,自主知识体系的构建是极其艰苦的探索。本章关于全要素生产率的再审视,将这

---

① 《习近平在中国人民大学考察时强调:坚持党的领导传承红色基因扎根中国大地 走出一条建设中国特色世界一流大学新路》,《人民日报》,2022年4月26日,第1版。

第五章 "全要素生产率"范畴的讨论——社会主义市场经济"全要素生产率"新内涵

一源于西方主流经济学的范畴加以变革,以解释中国经济发展中的现实问题,仅仅是不断丰富中国特色社会主义政治经济学理论体系的一个尝试和切入点。相信在习近平经济思想的指导下,在全面建设社会主义现代化的伟大实践中,在强国建设、民族复兴的新征程上,中国特色社会主义政治经济学作为社会科学所体现出的自然性与人文性、科学性与阶级性、继承性与批判性、民族性与世界性、思想性与逻辑性,必将适应以中国式现代化推进中华民族伟大复兴的历史需要,并为构建中国自主的经济学知识体系奠定坚实理论基础。

第六章
"新质生产力"范畴的讨论
——马克思主义生产力经济学的新发展

第一节 "新质生产力"是经济发展理论和实践的时代性突破

"新质生产力"理论是对马克思主义经济发展学说的创新,其实践更是新发展阶段的时代要求。

(一)"新质生产力"理论是马克思主义经济学关于生产力学说的新发展

生产力指的是人类通过劳动与自然之间形成能动的物质变换,进而形成的认识自然和改造自然的物质能力,因而往往又被概括为"劳动生产力"。[①] 正如马克思所指出的:"劳动首先是人和自然之间的过程,是以人自身的活动来中介、调整和控制人和自然之间的物质变换的过程。"[②]因而,生产力是劳动者运用生产资料作用于劳动对象(自然物质世界)进而形成的创造财富的能力,是一个由多种生产要素构成的复杂系统。就生产要素而言,包括劳动者(力)、劳动资料、劳动对象等。就生产要素在劳动过程中的相互关系而言,劳动者是主体,是

[①] 任保平、王子月:《数字新质生产力推动经济高质量发展的逻辑与路径》,《湘潭大学学报》,2023年第6期,第23—30页。

[②] 《马克思恩格斯文集》(第五卷),北京:人民出版社2009年版,第207—208页。

第六章 "新质生产力"范畴的讨论——马克思主义生产力经济学的新发展

生产力系统中最重要也是最具能动性的因素,劳动资料是劳动者进行生产的物质手段和技术手段,劳动对象则是人类劳动所作用的客体,首先是自然界,没有自然界就不可能进行生产,自然界是生产的前提,是财富的源泉。[①] 就生产要素本身来说可以区分为量态和质态两个方面,量的状态(量态)指的是要素规模和能够动员投入生产的要素数量,质的状态(质态)则是指要素的性质和禀赋,二者之间具有深刻的联系。就生产要素的构成而言,主要有技术构成和社会构成两种方式,技术构成是指在一定技术水平下由生产要素质态规定的物质生产力结构基础上形成的要素量的比例组合,主要体现为物质生产力的产业结构;社会构成是指建立在适应生产力性质和发展要求基础之上的对社会生产关系的要求,主要体现为生产力的社会性质、社会生产力运动实现的所有制结构。按照马克思主义辩证唯物史观,生产力是社会存在和发展的最基本的条件,是决定人类社会发展的决定性因素,生产力与生产关系的对立统一矛盾运动是社会形态演进的根本动因,在这种矛盾运动中生产力是最活跃并最具革命性的因素。[②] 生产力的发展无论是其自然形态上的物质生产方式,还是其社会形态上的社会生产方式都具有历史性,具有鲜明的时代特征。[③] 这种鲜明的时代特征既体现为生产要素不断发展丰富,更体现为要素性质和禀赋的不断创新和改变;既体现为要素技术结构的不断演变,更体现为要素社会结构的深刻变革。

我国经济社会进入新发展阶段,约束条件和目标函数均发生着深刻而又系统的变化,绝非表象性碎片式的调整,要适应这种变化所提出的挑战,需要把贯彻高质量发展主题作为首要任务,实现高质量发展重要的在于推动生产方式的根本转变,而生产方式中最具变革性的因素便是生产力的创造性发展。顺应这种发展历史趋势,习近平同志在2023年9月考察黑龙江期间,首次提出要加快形成新质生产力。[④] 在中共中央政治局第十一次集体学习时,习近平同志对"新质生产力"范畴又进一步做出了深入系统的理论阐释,指出:"新质生产力是创

[①] 《马克思恩格斯文集》(第一卷),北京:人民出版社2009年版,第158页;《马克思恩格斯文集》(第三卷),北京:人民出版社2009年版,第428页。

[②] 简新华:《新质生产力是实现中国式现代化和高质量发展的重要基础》,《光明日报》,2023年10月17日,第11版。

[③] 马玉婷、叶初升:《新质生产力的发展经济学意义》,《光明日报》,2024年2月20日,第11版。

[④] 《习近平在黑龙江考察时强调:牢牢把握在国家发展大局中的战略定位 奋力开创黑龙江高质量发展新局面》,《人民日报》,2023年9月9日,第1版。

新起主导作用,摆脱传统经济增长方式、生产力发展路径,具有高科技、高效能、高质量特征,符合新发展理念的先进生产力质态。它由技术革命性突破、生产要素创新性配置、产业深度转型升级而催生,以劳动者、劳动资料、劳动对象及其优化组合的跃升为基本内涵,以全要素生产率大幅提升为核心标志,特点是创新,关键在质优,本质是先进生产力。"①应当说,这既是对马克思主义生产力经济理论的重要发展,也是对我国高质量发展的历史时代的理论回应。

在经济思想史上,早在英国古典经济学之前就有学者关注生产力经济理论,其发展演变的过程总体上是把生产力经济学问题作为资源配置方面的问题加以研究,研究的基本目的是解释怎样才能使得要素效率及全要素生产率提升。早期的西方经济学者如重商主义学者和重农主义学者,所关注的生产力及其效率问题,指的就是作为生产力构成的要素生产率,如强调贸易特别是国际贸易对增加国民财富的效用(重商主义),强调土地要素及相应的农业对国民财富的创造功能(重农主义)。作为资本主义大机器工业时代的理论反映,英国古典经济学强调制造业的生产性,斯密在其《国富论》中特别指出制造业与农业一样也具有生产性,同时超越具体物质要素的局限,提出了"劳动生产力"范畴,并且具体分析了制造业生产效率提升的途径在于劳动分工;古典经济学的另一代表人物李嘉图在其《政治经济学及赋税原理》中提出了"比较生产力"范畴,指出不同国家生产力发展水平的差异取决于生产要素的禀赋及相对价格所决定的供给能力和成本竞争能力。古典经济学之后的庸俗经济学对生产力问题也进行了经济学的分析,其中的重要代表——法国经济学家萨伊比较系统地阐释了要效价值和效用,并将其关于要素生产率的分析纳入政治经济学的价值理论(服务价值论),继承并发展了源自斯密的生产要素价值论(客观效用价值论),强调要素对于生产财富和价值的重要性,并把要素(资本、劳动、土地等)作为价值的源泉,在此基础上分析了要素的构成,即"生产力的比例",指出作为生产力的比例即生产要素的构成取决于市场中的供求矛盾,市场竞争中的供求关系变化决定生产要素的绝对价格和相对价格,规定生产要素的组成比例。19世纪末20世纪初形成的新古典经济学不再以价值为讨论的核心,而是以均衡价格为核

---

① 《习近平在中共中央政治局第十一次集体学习时强调:加快发展新质生产力　扎实推进高质量发展》,《人民日报》,2024年2月2日,第1版。

第六章 "新质生产力"范畴的讨论——马克思主义生产力经济学的新发展

心,以均衡分析为框架,以发现和求解均衡的位置为目标,着重讨论要素(资源)在什么条件下可能趋向或达到最优配置(均衡),尤其强调了创新和积累对生产力水平提高的作用。后来西方主流经济学的发展沿用一般均衡的分析方法,进一步深入分析、测度与估算要素效率和全要素生产率在经济增长中的贡献,提出并改善了多种经济增长模型,以寻求提升发展动能提高增长效率的途径。一些非主流的经济学也对如何提高生产力发展水平做出了探讨,如"制度经济学"对制度创新的强调,演化经济学对人力资本和企业家创新精神的关注等。[①]

马克思主义经济学对以往经济学关于生产力的理论进行了系统的批判。一是在自然技术形态上更强调生产力的一般性和客观性,即概括为"物质生产力",而不仅是关注不同要素的具体生产率;二是在生产力要素构成中突出强调劳动者的能动性和重要性,即概括为"劳动生产力";三是在讨论价值源泉时,只承认劳动是商品价值的唯一源泉,其他要素,包括资本和自然等因素对财富(使用价值)生产有贡献,但不创造价值,只有人类抽象劳动才构成价值的唯一源泉,价值是一种特定的社会历史关系,不是一般自然意义上的"效用",从而不仅指出了庸俗经济学效用价值论(服务价值论)的根本谬误,而且克服了古典经济学(斯密)在价值论上的二元性局限;四是马克思把生产力的自然形态和社会形态作为相互联系的统一体,指出生产力的实现过程,即生产劳动,一方面要创造财富,生产具体的有用性(使用价值),另一方面要体现特定的社会历史性,体现一定的生产关系,比如资本主义生产(劳动),作为物质生产必须创造财富,尤其是要体现大机器工业生产力,作为社会生产必须提供剩余价值,体现资本主义雇佣劳动的生产性质和目的。这种自然性和社会性缺一不可,其有机统一构成社会生产力,从而克服了资产阶级经济理论将生产的自然技术属性与社会历史属性割裂开来的弊端。[②]

新质生产力学说是对马克思主义经济学关于生产力理论的重要发展。

第一,在生产力经济学上,强调生产力发展的历史性,强调生产力构成要素

[①] 李政、廖晓东:《发展"新质生产力"的理论、历史和现实"三重"逻辑》,《政治经济学评论》,2023年第6期,第147—158页;高帆:《"新质生产力"的提出逻辑、多维内涵及时代意义》,《政治经济学评论》,2023年第6期,第127—145页。

[②] 刘伟:《试论作为〈资本论〉研究对象的"生产方式"》,《经济理论与经济管理》,1983年第5期,第50—55页。

的发展性,如果说古典经济学生产力思想是对制造业革命的历史回应,马克思主义生产力学说是对大机器工业发展的时代回应,那么,新质生产力学说则更体现对新时代产业革命的历史回应,尤其是强调新时代新质生产力的"质"的变革核心体现是全要素生产率的提升,使马克思主义生产力学说更具经济技术发展时代化的新特征。

"新质生产力"的"新"是一个历史的发展范畴,具有相对性和不确定性,生产力的发展过程是新的生产力逐渐改造旧的生产力的迭代过程,这个迭代升级的过程核心动能在于生产要素质的变革和组合方式的改变,不断形成新的要素并加入生产函数当中,从而不断改进要素禀赋并提高全要素生产率,推动新产业的形成和产业结构升级,形成生产力系统性迭代并界定着社会经济发展的历史阶段。正如马克思所指出的,区分经济时代,不在于生产什么,而在于怎样生产,即运用怎样的生产资料进行生产。① 从人类文明史上看,在生产工具发展上,经历了石器、铜器、铁器、机器直到当代数字智能工具;在动力演进上,经历了从自然力(人力、马力等)到机械力(热力、电力等)直到当代的"网力""算力";在产业载体上,经历了渔猎、农耕、工业、服务业,直到当代的智能信息业。尤其是产业革命以来,第一次产业革命以蒸汽机为标志的机械化技术为突破,带动纺织、交通、煤碳、钢铁等资源型产业发展,第二次产业革命以电力、电信等为标志的电器化技术为突破,带动汽车、飞机等重工业和石化等能源产业的发展,第三次产业革命以电子计算机、人工合成材料等为标志的信息化技术为突破,带动电子信息、移动通信、互联网等信息产业和新技术、新装备、新能源、新医药等高新技术产业发展,第四次产业革命则以大数据、云计算、物联网、区块链、人工智能等数字技术为突破,带动数字科技、能源科技、材料科技、生命科技和先进制造业等一系列战略性新兴产业发展,实现生产力新的时代性飞跃。② "新质生产力"理论从生产力发展的历史进程上对新一轮产业革命做出回应,既是对马克思主义关于生产力发展学说的坚持,更是对新时代生产力演进规律的揭示。③

---

① 《马克思恩格斯全集》(第二十三卷),北京:人民出版社1972年版,第204页。
② 洪银兴:《加快形成新质生产力》,《经济日报》,2023年11月27日,第10版。
③ 赵峰、季雷:《新质生产力的科学内涵、构成要素和制度保障机制》,《学习与探索》,2024年第1期(总第342期),第92—101页。

第六章 "新质生产力"范畴的讨论——马克思主义生产力经济学的新发展

第二,在政治经济学理论上,强调要素禀赋和全要素生产率是新质生产力的核心要义。这就需要对"全要素生产率"进行"术语的革命"。资产阶级经济学的要素生产力论和全要素效率论是建立在"效用价值论"基础之上的,马克思主义生产力学说所说的"物质生产力"和"劳动生产力"等要素生产力思想是建立在劳动价值论基础上的。"新质生产力"所论述的"全要素生产率"是以马克思主义经济学的立场、方法为基点的。

一方面,"新质生产力"所说的"全要素生产率"不是沿用资产阶级经济学的"效用价值论",而是指生产要素在生产的自然物质技术意义上创造财富(使用价值)的效率和能力,不是指商品价值源泉意义上的创造。另一方面,在社会主义市场经济条件下,要素是商品,财富(使用价值)以价格计量的价值总额来体现,因而全要素生产率的提升在体现为具体使用价值生产效率提高的同时,也必然体现为在价值总额形态上产出贡献水平的提高。① 把"全要素生产率"范畴引入"新质生产力",引入社会主义市场经济体制下的"高质量发展"命题,是对马克思主义劳动价值论的坚持和发展。

第三,在发展经济学上,强调我国作为当代最大的发展中国家实现发展的新逻辑。

在经济发展史上,尤其是第二次世界大战后许多经济社会发展水平落后的国家获得政治上的独立之后,面临的最为迫切的问题是尽快发展,而如何实现发展的理论和政策又大都源自西方经济学家,并由此形成"发展经济学"。但总体上看并不成功,其中一个基本逻辑是,在经济发展目标和经济结构目标上,以发达国家的现代经济水平和结构状况作为发展中国家实现发展赶超的目标,确定经济增长目标和结构演进规划。结果在人均 GDP 量的差距上并未真正缩小,反而有所扩大;在产业结构质态演进上不仅没有实质性提升,反而在更大的程度上被定义在全球产业链和价值链分工体系的低端。实质上这种以发达国家现代化状况为目标,追随发达经济体历史轨迹亦步亦趋的发展方式,是根本不可能实现赶超;再加上制度上长期形成的现代化等同于西方化的迷思,把资本主义私有化、市场化、自由化作为实现现代化的唯一道路,使得发展中国家

---

① 范欣、刘伟:《全要素生产率再审视——基于政治经济学视角》,《中国社会科学》,2023年第6期,第4—24页。

既缺乏真正的科技创新能力,又缺乏有效的制度创新。我国经济社会发展取得的历史性成就和创造的奇迹,表明只有打破这种发展战略和制度安排上的西化迷思,才能走出真正具有符合国情和民族实际的现代化道路。在经济社会发展进入新阶段,约束条件和发展目标均已发生深刻变化的基础上,我们能够也只有坚持开拓中国式现代化文明新形态,才能真正实现发展。"新质生产力"的理论和实践不仅具有深刻的历史可能,而且具有紧迫的历史需要。从发展的可能性上说,一是我国经济社会发展为新质生产力发展创造了一定的物质条件,我国已经进入世界创新型国家行列,某些领域和产业已经具有领先或并跑优势;二是当代科技革命和产业变革的重要时代特征和规律为我国新质生产力突破性发展创造了机遇,特别是在战略性新兴产业和未来产业当中,许多方面的技术创新具有鲜明的前沿性和开创性,"无人区"的存在可能降低对原有科技创新的路径依赖程度,为我们提供大体相同的起跑线,使得我们在一些领域摆脱"后发"劣势并实现赶超,科技创新的突破性进展的不确定性本身也提供超越的可能①;三是中国超大规模的市场和相应的经济体量,不仅为新的生产力发展和相应的技术创新、产业突破提供了有利的市场条件和应用场景,而且可以降低创新的成本和风险,提升创新的市场竞争力。从实现的必要性上来说,一是中国式现代化目标的实现,在新的约束条件下,特别是发展绿色化、数字化以及相应的人口老龄化等方面发生系统性改变的环境下,沿袭原有的发展方式很难达成目标,必须贯彻新理念,培育新质生产力,才能实现质的有效提升和量的合理增长。二是国际竞争新格局下,我国与发达经济体之间互补性逐渐减弱,竞争性不断强化,在原有的分工体系和结构格局下,很难实现可持续发展,必须在战略性新兴产业和未来产业中与发达经济体展开竞争,才可能在国际分工格局和产业体系中获得生存力、竞争力、发展力、持续力,新质生产力的发展是新发展阶段构建新发展格局的必然要求。"新质生产力"理论立足当代科技革命的世界潮流,立足中国经济社会发展的实际,系统地突破了西方发展经济理论的基本逻辑,是推动中国式现代化进程的重要理论指引。

---

① 马玉婷、叶初生:《新质生产力的发展经济学意义》,《光明日报》,2024年2月20日,第11版。

第六章　"新质生产力"范畴的讨论——马克思主义生产力经济学的新发展

（二）"新质生产力"实践是以高质量发展推进中国式现代化的新要求

新质生产力作为先进生产力，核心在于全要素生产率的提升，全要素生产率的提升建立在生产要素禀赋改变以及要素配置结构演进基础之上，而要素禀赋和结构的演进取决于创新。正是由于全要素生产率的提升推动着生产力"质"的变化，从根本上克服生产力发展面临的要素"量"的限制，改变产业的生产函数和社会的生产方式。我国改革开放以来，尤其是进入新发展阶段以来，经济社会取得了快速发展和长期稳定的历史性成就，创造了落后的发展中国家摆脱贫困实现赶超的奇迹，不仅表现在经济长期稳健的高速增长上（改革开放四十多年来平均增长率达到9%以上，党的十八大以来平均6.7%以上，三年新冠疫情叠加冲击下平均4.7%以上），而且深入考察可以发现，在经济高速增长的同时，要素效率和全要素生产率也在不断提升，中国的经济增长不仅是主要依靠要素投入量的扩张，而且具有要素效率提升的支撑，因而不同于"东亚泡沫"式的增长。我国经济增长中的全要素生产率提升，一方面，源自技术创新能力的提高，使要素资源配置技术进步性效率不断上升，我国已进入创新型国家行列，正迈向创新型强国行列[1]；另一方面，源自改革开放市场化程度的提升使要素资源配置制度竞争性不断强化，使产业结构变迁效率提高，我国已基本实现了市场化体制转换，社会主义市场经济体制更加成熟定型，正向着更为完善和巩固的方向发展。虽然在不同时期这种技术进步性效率和制度竞争性效率提升及其对经济增长的贡献有所不同，但的确是客观存在并总体上不断上升的，否则解释不了如此长期的快速发展。[2] 虽然与主要发达经济体相比，我国的要素效率和全要素生产率总体上仍有很大差距，但的确是有局部突破和缩短差距的可能，否则解释不了我国经济在世界经济格局中的地位变化。虽然在长时期始终保持全球范围内领先的增长率，但的确仍然具有相应的潜在增长空间，否则解释不了我国经济为何长期高增长、低通货膨胀。

我国经济社会发展进入新阶段，面临新的历史机遇，中国式现代化进入了

---

[1] 刘伟、张辉：《中国经济增长中的产业结构变迁和技术进步》，《经济研究》，2008年第11期，第3—10页。

[2] 刘伟、李绍荣：《所有制变化与经济增长和要素效率提升》，《经济研究》，2001年第1期，第4—15页。

不可逆转的阶段,同时面临空前的挑战,进入了不确定难预料因素增多的时期。机遇更具战略性、可塑性,挑战则更具复杂性、全局性,以往的发展方式难以持续,各种生产要素的成本全面提高,国际国内市场需求深刻改变,需要重塑新优势,重构新格局。客观地说,进入新发展阶段,中国经济增长速度必然发生历史性变化,尤其是从生产要素约束上看,包括人口出生率、人口老龄化、土地稀缺度、生态环境约束度、资本积累形成能力等方面都会发生深刻改变。如果不考虑改变生产方式,生产要素禀赋不发生质的变化,生产要素构成不发生根本性改变,在目前这种资源要素约束条件下,经济自然增长率(或称可能的长期平均增长率)不仅难以达到宏观经济实现均衡协调增长的目标,特别是经济增长与失业率,通货膨胀水平和国际收支均衡目标间的协调的要求,而且难以达成 2035 年基本实现现代化及 21 世纪中叶建成社会主义现代化强国目标的要求。就增长速度而言,2035 年人均 GDP 水平要达到中等发达经济体的水平(平均),年均增长率 2021—2035 年 15 年间要达到 4.8%,而据测算,若不根本转变发展方式,沿用现有发展方式自然增长,潜在经济增长率为 3.8%—4.3%;到 2050 年前后赶上包括主要发达经济体在内的人均 GDP 水平(平均),2021—2050 年 30 年均增长速度要达到 4.6%,但按现阶段自然增长状况预测,未来 30 年里 GDP 年均增长率大体在 3.4%左右的水平。① 国际上一些学者、智库和机构也对中国未来经济发展做出悲观判断,认为出于种种原因,尤其是生产要素供给和需求状况的根本性改变,中国经济将进入持续低迷放缓期,潜在经济增长率将大幅下滑,经济停滞和高失业将难以避免,不仅自身将陷入严重通货紧缩,而且会向世界输出通货紧缩。②

必须承认新发展阶段经济发展面临新矛盾新挑战,不同的是不能仅仅或主要从生产要素量的规定性及其变化上看待未来的经济增长,重要的在于从生产要素质的变革趋势上把握未来的经济发展,即以新质生产力推动高质量发展,以发展新质生产力、提高全要素生产率为主,而不是简单增大要素投入量为主拉动经济增长,实现动能转变、结构转变、质量转变,突破生产要素量的限制,以

---

① 刘伟、陈彦斌:《2020—2035 年中国经济增长与基本实现社会主义现代化》,《中国人民大学学报》,2020 年第 4 期,第 54—68 页。

② 保罗·克鲁格曼、乔治·索罗斯,安联集团(Allianz)、标准普尔全球评级(S&P Global Ratings)、美国企业公共政策研究所(AEI)等都从不同方面提出了类似看法。

第六章 "新质生产力"范畴的讨论——马克思主义生产力经济学的新发展

此为基础构建现代化产业体系和相应的经济体系,切实贯彻新发展理念,实现高质量发展。中国改革开放以来经济增长中已经包含全要素生产率的重要贡献,在新发展阶段,高质量发展对全要素生产率的提高具有更为深刻的要求,新质生产力的发展实践是对这种要求的积极主动的回应。

要素禀赋和构成的改变带动全要素生产率的提高,这种提高的经济载体和体现集中表现为新产业的形成和产业结构的历史演进,即主导产业群、战略性新兴产业、未来产业的培育和发展。从生产力发展史上的历次工业革命来看,大体经历了四个阶段;就其生产力的核心力量而言,大致可以概括为:自然力、电力、网力、算力。与之相对应的产业及产业体系先后为:纺织和手工机械工业等为主导产业;电力、石化、钢铁、机械工业等为主导产业;电子信息、网络通信等为主导产业;人工智能、大数据等为主导产业。① 从支持工业革命进展不同阶段主导产业群发展的通用技术变化来看,第一次工业革命(1760—1840年,英国),通用技术主要为蒸汽机的发明和铁路建设等;第二次工业革命(1850—1920年,英国、法国及美国),通用技术主要为电力、电信、运输和工厂生产线、石化技术等;第三次工业革命(1950—2005年,美国),通用技术主要是计算机、智能手机、移动通信、移动计算设备等;第四次工业革命是2005年以来发生于美国、欧洲国家及中国的基于数字技术的产业革命,其通用技术主要体现为与智能手机相结合的互联网、人工智能、以大数据为特征的数据资本和数据技术等,目前我们正处于第四次工业革命之中,其产业变化和结构演变以及相应的通用技术进步正以前所未有的速度不断深化。② 新质生产力是与第四次工业革命深化相适应的生产力,是新一轮产业革命要求的集中体现。

生产力作为人(劳动者)运用生产资料改造自然的能力,其演化发展的重要标志在于生产资料的变化所体现的时代特征,正如马克思所指出的:"各种经济时代的区别,不在于生产什么,而在于怎样生产,用什么劳动资料生产。"③在现阶段新一轮科技革命及相应产业革命迅猛发展过程中,突出的时代特征在于数字化和绿色化,重要的创新特征在于数字技术与低碳技术和生物技术等突破,

---

① 刘志彪、凌永辉、孙瑞东:《新质生产力下产业发展方向与战略——以江苏为例》,《南京社会科学》,2023年第11期,第59—66页。
② 平新乔:《新旧动能转换与高质量发展》,《人民论坛》,2024年第1期,第14—18页。
③ 《马克思恩格斯全集》(第二十三卷),北京:人民出版社1972年版,第204页。

从而深刻影响着当代新质生产力的新要素、新产业及其构成结构。① 在深刻改变传统产业、推动加速新旧动力转换的同时,催生了战略性新兴产业和未来产业,其中最具颠覆性的是数字技术和低碳技术,就数字化特征而言,数字技术已经成为新一轮科技革命的主导性技术,数字技术正以新理念、新业态、新模式全面融入人类经济、政治、文化、社会、生态文明建设各领域和全过程,给人类生产生活带来广泛而深刻的影响。数字技术赋予生产资料数字化属性,使包括劳动工具和劳动对象在内的生产要素发生深刻的数字化变革,数据进入生产函数,一方面使劳动资料数字化,形成劳动资料新要素禀赋;另一方面数据本身成为新的劳动对象,形成新质劳动对象。通过数字技术创新实现新质劳动资料与新质劳动对象新聚合,形成生产力质的新变革。进而,对作为生产力首要因素的劳动者提出了数字经济技术新时代要求,要求劳动者不断提高数字素质、数字技能,提高数字技术学习创新、运用的综合能力。② 就绿色化特征而言,生产力作为人类改造自然的能力,其可持续发展内在的重要要求便在于与自然的和谐共生,尤其是人类工业化发展形成严重的环境赤字及温室效应,不仅深刻影响经济可持续发展能力,而且严重影响人类社会的生存和发展,以往以发达经济体为主导形成的全球环境治理格局的不公平和失灵也亟待改变,控制碳排放越来越成为时代趋势和更多国家的共识。我国也明确了"双碳"目标,但要实现这一目标,面临的挑战极为严峻,减排与经济增长、工业化的经济结构、城市化进程、能源结构等高度相关,而且减排的经济成本,无论是在微观上还是在宏观上都具有累积性增长特征。③ 因此必须主要依靠低碳技术的突破创新,进而系统化地改造生产和生活过程,以新能源、节能、碳捕获、碳封存技术等技术创新,推动能源系统、生产生活系统低碳化。④

我国经济社会发展进入新阶段,一方面,需要加快构建现代化经济体系,特别是现代化产业体系,以新质生产力发展推进农业现代化和新型工业化,广泛应用数智技术、绿色技术,加快传统产业转型升级。另一方面,要加快催生战略

---

① 李晓华:《新质生产力的主要特征与形成机制》,《人民论坛》,2023年第21期,第15—17页。
② 戚聿东、徐凯歌:《加强数字技术创新与应用,加快发展新质生产力》,《光明日报》,2023年10月3日,第7版。
③ 刘伟:《中国式现代化与低碳绿色发展》,《学术月刊》,2023年第1期,第39—47页。
④ 李晓华:《新质生产力的主要特征与形成机制》,《人民论坛》,2023年第21期,第15—17页。

性新兴产业和未来产业,"以颠覆性技术和前沿技术催生新产业、新模式、新动能、发展新质生产力""打造生物制造、商业航天、低空经济等若干战略性新兴产业,开辟量子、生命科学等未来产业新赛道"①。在科技创新和产业结构急剧变化的新一轮产业革命条件下,尤其要注重催生战略性新兴产业和引领未来产业。战略性新兴产业是指,对发展和结构升级具有导向性、长期性、动态性、全局性、质变性等作用特征的产业。对于我国现阶段发展而言,主要包括:新一代信息产业、高端装备制造业、新材料产业、生物产业、新能源产业、新能源汽车产业、节能环保产业、数字产业、新型生产性服务业等。所谓未来产业是指目前成熟度不充分、不确定性强,但技术突破快、应用场景广、带动能力高、发展潜力大、对未来具有颠覆性作用等特征的产业,它是由未来科技、原始引领技术、颠覆性技术和基础前沿技术交叉融合推动,当前处于萌芽或产业化初期,对未来经济社会发展具有关键支撑和方向引领作用的产业,是全球竞争的制高点和国际竞争趋势演变中的焦点,美国、欧盟、英国、日本等世界主要发达经济体都高度重视,并锚定未来科技制定了未来产业发展战略。② 我国工信部、教育部、科技部等七部委也联合发布了《关于推动未来产业创新发展的实施意见》,提出了未来产业发展的六大重点方向,包括未来制造、未来信息、未来材料、未来能源、未来空间、未来健康等产业。总之,"升级传统产业,发展新兴产业,培育未来产业"是新发展阶段加快形成新质生产力的产业发展基本逻辑,实践这一逻辑的根本动能在于科技创新。

第二节 发展新质生产力需要遵循科技创新规律

(一)科技创新人才培养具有特殊性

科技创新,尤其是重大科技创新,能够形成广泛渗透和运用的通用技术支撑的产业创新。推动颠覆性技术创新进而开辟新领域、改变新格局的创新,更需要严格遵循创新规律。

战略型创新科学人才的培养具有长期性和系统性,基础理论性和产业创新

---

① 《中央经济工作会议在北京举行》,《人民日报》,2023年12月13日,第1版。
② 李辉、万劲波:《全球比拼布局未来科技与未来产业》,《光明日报》,2024年2月8日,第14版。

实践性,个人思想活跃独特性和协同团队的权威性等方面的统一性。

这种科学人才往往要经过少则十几年多则几十年的全面训练,才能养成超群的理解能力、独到的科学感觉与高水平的科技素质;同时不仅在理论上具有良好扎实系统的科学训练,而且要有丰富的实践经验和超群的对实际问题的发现和处理的能力;此外,科技创新是科学与技术的统一,因此作为原创性的原始科学创新在很大程度上依赖科学家的思想独创,但作为技术创新及其产业商业形成则更体现为系统性工程,需要各方面的系统集成,要求战略型创新科学人才必须具备相应的能力,从一定意义上说应当是杰出的科学家素质与优秀的企业家精神的统一。

我国虽然在创新力方面总体上获得显著提升,已进入创新型国家行列,但与世界发达水平、中国式现代化高质量发展的需要仍有较大差距,首先就在于战略型创新科学人才的不足,从这一意义上可以说,贯通教育、科研、创新的能力等几方面的提升,尤其是相互间的有机联系和系统性的强化,尤为重要。新质生产力作为先进生产力,其基本构成中最重要的要素是劳动者,首要的是战略型创新科学人才。要跨越创新科学人才赋能集合的鸿沟,使科学发现、技术开辟、产业开发所要求的科学家、顶尖技术人才、企业家形成集合,才能汇聚起真正的创新力。我们一方面要有时代紧迫感,加快深化教育、科技、创新体制机制改革,加快加大战略型创新科学人才的培养进程和力度,另一方面要有历史耐心遵循人才培养规律,提升战略型创新科学人才培养水平和质量,这是一个艰苦的过程,但却是科技创新的根本规律性的要求。

当然,这种战略型创新科学人才的成长重要基础在于必须不断加大全社会人力资本的投入,形成政府与市场有机统一的,特别是市场起决定性作用的人力资本配置机制,必须长期保持人力资本的积累具有超前性,与经济增长速度相对,应保持长期的超前系数。在新质生产力发展中,作为构成新质生产力系统的各种生产要素(劳动者、劳动资料、劳动对象)的禀赋改造,需要大量的对各方面要素的科技研发投入和赋能,首要的是对人(劳动者)的投入和赋能。新质生产力的核心在于全要素生产率的提升,而在全要素生产率中最重要的是劳动生产率的提升和人力资本的积累(包括量和质两个方面),这既是创新力的形成基础,也是人类文明发展水平提升的重要标志。

（二）科技创新进而形成产业变革和结构升级所要求的投资行为具有特殊性

在初始投资上，真正具有战略性意义的创新要求初始规模巨大，起步门槛高，一旦方向明确或基本确定锚点，甚至很难事先具体明确投资规模，具有突出的资金吸纳的"黑洞"效应（极化效应），因而往往要获得国家的全力支持和具备充分的市场竞争力。即使在西方资本主义私有制经济体中，国家对于重大的方向性的战略性新兴产业和未来产业的创新也都有系统的战略规划和强力的政府支持，这种支持突出体现在国家规划引导与政府扶持下的战略方向和投资领域相对清晰和集中，力戒分散化、碎片化，中国特色社会主义市场经济与之相比更具国家动员能力。即使国家规划和政府政策不可或缺，市场的决定性作用仍是不可动摇的，脱离市场需求的牵引，脱离满足市场需求的前提，供给侧的创新和产业变革就不具备经济竞争力和可持续力，市场竞争的不充分甚至垄断必然会压抑创新力。战略性新兴产业和未来产业的创新所需要的极强的投资能力，在发展上要以经济社会发展水平为基础，在体制上要以政府和市场有机统一的动员能力为条件，即国家动员相对集中、市场配置充分竞争，这是客观规律。

在持续投资上，这种科技创新性产业变革，不是一次性初始投资形成产业生产能力之后便可减少投资进而持续获益，而是要持续不断地追加投资，具有显著的追加投资的"马太效应"（累积性效应），即越投越多。因为，要保持科技创新的先进性，就必须不断增加投入，而不像一般传统产业产能形成之后在寿命期内就不需在固定资产投资上不断大规模追加，而只是通过折旧逐渐收回投入成本并获得收益。伴随科技创新领域竞争的不断加剧，对持续追加投资的要求更为迫切，科技创新性产业（企业）需要通过始终或者至少在一定经济时限保持领先而获得超额收益，以平衡高额的不断增长的投入成本。既要有效防范风险，又要保持竞争迭代过程中的超前，科技创新产业变革和结构升级，不同于一般传统物质资料产品生产的重要一点在于，在给定的市场需求下，传统物质资料产品生产产能运用可以具有重复性，也要求规模化，科技创新性产业突破则不同，市场通常只承认"赢家"，只承认技术创新领先者，技术创新水平特别是核心关键技术一旦落伍，市场的淘汰效应十分明显，甚至迅速将作为生产要素的以往长期大量投入形成的技术和资本"归零",不存在"埋没资本"的价值利用可能。这种清零式的淘汰对于投资者来说,风险要远高于传统产业,这就必然要求不断加大投入增量,保持竞争领先地位进而维护投入存量价值以对冲投资的"归零效应"。

(三)在创新主体上战略性新兴产业与未来产业培育和发展具有特殊性,进而对体制机制具有更为复杂的要求

由于战略性新兴产业和未来产业鲜明的创新性特征,因而"谁"来创新便成为体制机制上突出的问题。

第一,国家(政府)与市场(企业)在创新中应当以企业通过市场竞争机制实现创新为主体,一方面,创新具有极强的探索性、创造性和不确定性,这就使得国家(政府)作为创新主体很难适应这种特殊性,因而难以有较高的创新效率;另一方面,创新具有极大的风险性和成本刚性,国家(政府)作为创新主体难以分散和化解风险、稀释成本。此外,国家(政府)作为创新主体具有较强的行政性和集中性,难以满足创新的竞争性要求。因此,尽管国家(政府)在创新中不可或缺,科技创新需要更好地发挥政府作用,但从功能结构上,这种作用应当更多地体现为创新的战略方向和总体规划的引领,创新所需要的基本理论科学研究和人才教育培养基础性训练,体制机制的健全和完善,公平竞争市场秩序的维护和法治秩序建设等方面。伴随经济发展水平和科技水平的提升、市场主体竞争力的上升,企业的创新主体地位越来越突出,包括以往被认为社会化程度很高的个别企业通过市场无力企及的需要国家统一协调整合资源推动的重大战略性创新,也日益成为市场(企业)行为的一部分,这是科技创新在经济社会发展历史进程中的客观趋势,当然这是一个逐渐展开的阶段性过程。

在我国仍然是发展中国家的前提下,在社会主义市场经济体制仍需进一步完善和巩固的社会主义初级阶段,一方面,在制度和体制上具有通过国家集中力量办大事的优势,聚集资源集中攻关取得重大科技问题的突破(如"两弹一星"等);另一方面,市场(企业)竞争力本身还有一定的局限,个别企业的创新能力还难以达到战略性科技创新所要求的水平,市场机制本身的不完善也还难以为企业实现重大战略性科技创新提供有效的体制保障;因而国家(政府)在战

第六章 "新质生产力"范畴的讨论——马克思主义生产力经济学的新发展

略性科技创新上能够也需要更为能动地发挥作用,加快实现赶超。但是一定要清醒认识到国家(政府)在战略性科技创新中的局限,必须明确市场(企业)是重大科技创新的主体的发展趋势,应当认识到与产业变革和结构升级直接相关的具有商业性产出功能和市场竞争性质的战略性科技创新作为系统性工程,总体上只能是以市场(企业)为主体,以市场竞争为机制,而在关系到国家安全、政治安全、军事安全和基础研究以及不具备直接市场产业化商业化可能但科学发展和社会长期进步又需要探索的重大方向性问题研究,也包括部分具有浓厚"外溢扩散性"和"通用性"特色,因而存在严重的市场"外部性"的科技创新等方面,国家(政府)应当承担更大的责任、更积极地发挥作用。

第二,国有企业与民营企业在战略性科技创新中的关系问题,这是我国创新主体上的重要问题。尤其在我国社会主义市场经济条件下,在公有制为主体、多种所有制经济共同发展的基本经济制度下,国有企业对国民经济的主导和控制力是实现公有制主体地位的重要微观基础,但同时生产力的性质和发展特点又要求各种形式的非国有企业存在,比如民营经济的发展壮大。如果说在科技创新主体上国家(政府)与市场(企业)之间原则上应以市场(企业)为主要力量,那么在市场(企业)力量中就存在国有企业与民营企业及其他非国有经济之间的结构问题。一般来说,按照西方资产阶级正统经济学理论,甚至包括按照马克思主义经典作家的传统思想,公有制与市场经济之间是根本对立的,相应地在市场经济配置资源的机制中,国有企业作为一种国家现象(有国家就可能有国有经济),其产权具有超经济性质(因为国家不是单纯经济性质的主体,而是凌驾于社会之上的政治、行政、法律、军事、外交等各方面集中的统治力量),所以国有企业的行为准则首先必须服从国家(政府)意志(约束),在政府约束和市场约束之间必须首先接受政府约束。其实所有具有超经济性质的财产权利都只能首先接受超经济规则约束(中世纪的欧洲虽然有私有制,但普遍的封土封臣的封建等级特权制度使其基本生产资料——土地的产权具有超经济性,只是超经济权力的附属品,因而不能接受市场平等竞争规则约束,再加上层层授封的重复体系下土地产权边界混乱,也难以产生所有权彼此让渡的市场交易界区)。因此在当代资本主义市场经济条件下,国有企业不仅占比相对较小,而且在功能上也不可能成为市场竞争中的科技创新主体,其行为首先不受市场规则制约。

但在我国社会主义市场经济中则不同,在探索公有制与市场经济相统一的实践中,国有企业普遍具有市场竞争性,需要接受市场规则硬约束,能够成为市场竞争中的创新主体,但条件在于必须深化国有企业改革,切实简政放权,完善中国特色现代企业制度,切实提高国有企业的市场竞争力、国际竞争力、核心竞争力,总体上在保证国有企业以国家利益为首要目标、以国家意志为首要约束的前提下,尽可能充分地通过市场竞争实现其企业目标,使企业目标与国家目标有机统一起来,使市场竞争规则与国家(政府)行政规则切实一致起来。如果国有企业仍然依照传统僵化的体制模式,脱离市场有效竞争和刚性约束,纳入森严的行政等级约束网络和国家与企业"父爱关系"软预算约束体系,一方面,在信息严重不对称条件下层层审批的行政机制难以适应激烈竞争的科技创新所要求的决策效率,而越是高科技竞争残酷的领域,决策低效率带来的创新滞后损失越严重;另一方面,"软预算约束"下的权利和责任的不对称使得主要经济责任难以追究或难以相对明确,因而企业及各级相关利益方获得巨大的经济权利,而约束其权利的责任在性质上只能是非经济的政治、行政或法律责任,不可能是与之相对称的经济责任,相应的利益激励也难以体现与之相对称的经济利益,这就难以保证企业创新者及相关方的风控和激励。因此,深化国有企业改革使之适应社会主义市场经济的要求,对于推动国有企业成为市场创新主体至关重要。我国民营企业总体上发展时期还不长,无论是在生存力、竞争力、发展力、持续力上,还是在创新力、管理治理力上都还亟待提升,民营经济总体上亟待发展壮大。因此,尽管民营企业在产权性质和机制上具有市场竞争性与硬约束性质,但一方面在发展上战略性科技创新力尚严重缺乏,另一方面在体制上市场竞争秩序也有待进一步完善。其实,包括"混改"在内的各种企业制度改革,包括国有企业改革的深化、非国有企业的发展等实践探索,重要的目的在于培育社会主义市场经济有效竞争主体,这不仅是社会主义初级阶段基本经济制度实现形式的改革和完善,也是培育战略性科技创新市场主体的客观要求。

第三,在战略性科技突破性重大创新中大企业和小企业的关系问题。不排除在科技创新中中小企业凭借创新突破获得迅速发展和成长的可能,但总体上看,中小企业的技术创新主要体现在个别产品、个别专业性技术、个别环节的创新上。与之相适应,中小企业的企业生命周期和技术创新周期基本上与产品生命周期一致,即伴随技术突破、成熟和创新边际效率递减,相应地在市场上表现为新产品出现、逐渐提高份额和在市场竞争中的逐渐退出,难以形成跨越产品生命周期的持续创新能力,主要原因一方面是受资本投入研发的规模和水平所限,另一方面是创新的巨大成本和风险难以消化与化解。因此作为创新主体的企业主要应当是大企业,只有大企业才有持续创新力,才能真正跨越产品生命周期,实现跨越性、颠覆性、前瞻性和储备性创新,只有大企业才能在巨大的市场规模基础上摊薄科技创新单位产品成本,从而不仅提升市场竞争力,而且能够降低创新的经济成本。日趋激烈的国际竞争对大企业的创新力要求不断提高,一个国家要提高科技创新能力,必须拥有相应的世界一流企业。我国科技创新能力的提高,不仅需要世界一流的战略科学家和大批战略型创新、科学人才,而且需要弘扬企业家精神,造就立足中国、世界一流的企业家。

(四)战略性科技创新具有深刻的开放性和全球化要求

第一,科技创新先进性的标准本身就是国际性的,因为科技创新的竞争是国际性的,封闭条件下是不可能实现具有领先意义的科技创新的。封闭即意味着落后,同一般的货物贸易和服务贸易相比,甚至与资本流动的开放相比,科技创新要求的开放性标准更高,尤其是人才的培养、人才的流动、知识产权的保护、公平竞争的秩序、法治规范的水平等方面要求更高水平的制度型开放,其中的竞争关系也更为复杂。

第二,创新驱动的战略性新兴产业和未来产业的布局是全球性的,因为产业变革和结构升级的基本经济准则是比较优势原则,突出其竞争力和效率,从长期演进趋势上看,尽管可能受种种复杂的国际关系格局和非经济因素变化的影响,脱离经济效率原则调整产业链的全球分工布局结构,但终究经济效率原则是基本准则,任何单一经济体,即使是科技创新的领先主导大国(如当代美国),即使是原始创新和技术发源地及控制国,在产业布局上也不可能在封闭条件下独自实现,而需要按照比较优势原则在全球范围展开,因为一国不可能同时独自具备产业链各环节的全部绝对优势或相对优势。

第三,科技创新上动能的差异和水平的不同,直接决定了要素禀赋和全要素生产率的水平,从而规定了不同经济体的产业结构高度和结构演进的动能。不同经济体发展水平上的差异本质上是结构质态的差异,创新力领先具有相应控制力的经济体在全球化产业链分工体系中不仅具有高端性,而且具有主动性,不仅具有全球价值链的高附加值顶端地位,而且具有更大的分享全球化红利空间,它们对于落后经济体的追赶,在量上的增长可以容忍甚至支持扩张发达经济体本身发展所需要的市场规模,但对于结构性格局的改变则是高度防范的,目的就在于将落后的发展中经济体长期甚至始终定义在全球价值链低端,固化在国际分工产业链的下游。因此,发展中经济体实现质态结构的赶超遇到的阻力是巨大的,这种阻力首先源自创新力提升方面的困难和种种科技封锁。

对于我国而言,尽管在经济总量上已成为世界第二大经济体,占全球 GDP 总量的 18% 左右(以美元计),尽管总体上已进入创新型国家行列,但结构性质态差异仍然很大,要根本改变自身在全球价值链产业链结构中的定位还需付出艰苦的努力,需要遵循科技创新国际开放性的客观趋势和内在逻辑,逐渐地扎实推进。从进展阶段性特征上看,在总体水平和关键领域及相应核心技术落后差距显著的发展阶段,特别需要极为坚定的开放立场,这种坚定性突出体现在不惜付出高昂的学习引进成本,在相当大的程度上要接受多方面的不平等竞争,从而赢得更充分的学习机会和引进可能。达到一定发展水平之后,尤其是在某些领域科技创新差距明显缩小,甚至可能"并跑"的阶段,需要明确方向、集中资源、聚焦重点领域的突破性进展,形成具有制衡能力的"撒手锏",以局部的领先增大谈判能力,以单项制衡力逐渐降低总体交易的不平等性。在进入科技创新强国行列的发展阶段,与发达经济体之间形成总体上平等和对称的交易,在全球化产业结构布局中进入上游高端,在国际竞争中与发达经济体一道展开公平竞争,在经济质态结构的高度上赶上发达经济体。这一发展过程是发展中国家实现赶超的客观总体趋势,我们应当顺应这种发展趋势,在现阶段需要强化重点突破,实事求是明确历史方位,积极进取实现关键领域铸造"撒手锏",既要注重当代科技革命产业创新急剧变化中的不确定性所提供的超越可能,把握关键重点战略方向突破的机会,又要保持历史耐心、遵循科技创新的开放规律。

第六章 "新质生产力"范畴的讨论——马克思主义生产力经济学的新发展

第三节 发展新质生产力需要遵循客观经济规律

(一)新兴产业培育和结构升级是新质生产力的载体

新质生产力发展和培育的动能首先在于创新,包括技术创新和制度创新,从而带来要素禀赋的变革和赋能,带来要素效率和全要素生产率的提升,形成新的产业革命和产业结构质态演进。一方面,经济社会发展的实质在于产业结构高度的历史提升,事实上,工业化、信息化、智能化等反映现代化进程阶段性特征的概括,本质上都是指产业结构的时代变革,而不仅仅是经济规模的扩张,尽管结构质态的变革必然带来经济量态的提升,但量的规模扩张并不等于经济结构质态演进意义上的发展。一个国民经济体有可能通过生产要素投入量的扩大实现产出量的增长,但如果没有发展结构质态升级,这种增长就是不可持续的,也不具备真正现代化历史进程的发展意义,因为发展的实质在于结构质态的改变。另一方面,经济社会发展的困难也在于产业结构的升级,特别是对于发展中国家而言,产业结构升级面临的困难和挑战要远比经济增长面临的要素投入量的扩张大。因为,结构转换是长期累积的,而量的增长在短期里可以实现;结构转换的动能在于技术创新,而创新具有极为突出的不确定性;技术创新对制度创新有着深刻全面的要求,而制度创新又是极其复杂的社会变革过程。发展中国家的结构性失衡矛盾远比总量失衡矛盾深刻,我国经济社会发展与发达经济体的差距不仅体现在量的方面(特别是人均水平上),更重要的是体现在质的方面,即全要素生产率基础上的产业结构差异上。"新质生产力"切中了发展的要害,正如习近平同志所强调的,新质生产力"由技术革命性突破、生产要素创新性配置、产业深度转型升级而催生"[①]。科技创新是发展新质生产力的核心要素,是培育发展新质生产力的新动能,新兴产业和结构升级是新质生产力的载体,科技创新切实体现为新质生产力,就必须将科技创新产业化,"改造提升传统产业,培育壮大新兴产业,布局建设未来产业,完善现代化产业体系"[②]。

---

① 《习近平在中共中央政治局第十一次集体学习时强调:加快发展新质生产力 扎实推进高质量发展》,《人民日报》,2024年2月2日,第1版。

② 同上。

正如2023年12月召开的中央经济工作会议所布署的,"要以科技创新推动产业创新,特别是以颠覆性技术和前沿技术催生新产业、新模式、新动能、发展新质生产力"①。同时明确提出,广泛应用数智技术、绿色科技,加快传统产业转型升级,着力打造生物制造、商业航天、低空经济等若干战略性新兴产业,努力开辟量子、生命科学等未来产业。尤其是在世界经济进入新旧动能转换期,物联网、大数据、云计算、人工智能等新技术新业态急速发展的背景下,以不断提升的算力为基础,推动传统产业和动能改造转换,培育战略性新兴产业和新动能,催生未来产业,日益成为竞争力发展力的根本,迫切需要在改造传统动能上以数字技术推进实体经济发展,尤其是推动制造业智能化,提升制造业的全要素生产率、产业链的水平和韧性,促进智慧农业创新发展;在发展战略性新兴产业上加快数字经济赋能、提升数字经济在战略性新兴产业中的渗透率②;以数字化引领和推动未来产业的技术突破,在培育未来产业上找准未来的基础前沿和关键技术领域,把握未来科技演进和发展趋势,激活未来产业发展新势能,特别是要重视人们普遍关注的"健康、数智、绿色"三大方向③。

"新质生产力"作为社会生产力,对生产关系的完善提出了更深刻的要求,习近平同志指出:"生产关系必须与生产力发展要求相适应,发展新质生产力必须进一步全面深化改革,形成与之相适应的新型生产关系。"④也就是说根据生产力与生产关系对立统一矛盾运动的要求,遵循客观经济规律推进新质生产力的发展。

(二)推进新质生产力发展,创新驱动是关键

一是科技创新不能脱离经济社会发展所提供的可能和所提出的要求,科技创新具有超前性、探索性和结果的不确定性等特点,但总体上必须立足经济社会发展实际和演进趋势,科技创新本身就是新质生产力及与之相适应的经济发

---

① 《中央经济工作会议在北京举行》,《人民日报》,2023年12月13日,第1版。
② 平新乔:《新旧动能转换与高质量发展》,《人民论坛》,2024年第1期,第14—18页;戚聿东、徐凯歌:《加强数字技术创新与应用 加快发展新质生产力》,《光明日报》,2023年10月3日,第7版。
③ 李辉、万劲波:《全球比拼布局未来科技与未来产业》,《光明日报》,2024年2月8日,第14版。
④ 《习近平在中共中央政治局第十一次集体学习时强调:加快发展新质生产力 扎实推进高质量发展》,《人民日报》,2024年2月2日,第1版。

第六章 "新质生产力"范畴的讨论——马克思主义生产力经济学的新发展

展的内生因素,科学研究的偏好与社会经济发展中的"真问题"结合起来才有真正的价值。二是必须遵循科技是第一生产力、创新是第一动力、人才是第一资源的生产力发展内在逻辑,人力资本的积累和质态的上升是科技创新和运用的重要基础,科技创新推动新质生产力发展,人力资本的积累相对于经济发展必须具有超前性。[①] 这是经济社会发展的客观历史规律。同时,在体制机制上需要"畅通教育、科技、人才良性循环,完善人才培养、引进、使用、合理流动的工作机制。要根据科技发展新趋势,优化高等学校学科设置、人才培养模式,为发展新质生产力、推动高质量发展培育急需人才"[②]。要尊重学科发展规律和人才培养规律。"实现科教兴国战略、人才强国战略、创新驱动发展战略有效联动……坚持原始创新、集成创新、开放创新一体设计,实现有效贯通;坚持创新链、产业链、人才链一体部署,推动深度融合。"[③]三是需要重视发展中大国的特殊性,一方面,大国经济结构的完整系统性、大国经济均衡的基本内向性,要求创新驱动具有全面性,不能存在严重受制于人的关键性短板,加快科技自立自强步伐,解决外国"卡脖子"问题,对于我国来说,无论是结构升级、经济畅通,还是高水平安全都具有生死攸关的意义。另一方面,新质生产力的先进性,要求以科技创新推动效率变革、动能变革、结构变革与自身相比不仅具有发展成长性,而且要求在高水平开放环境下,在激烈的国际竞争中与发达经济体相比具有竞争力,不仅在经济总量上增大对世界经济的影响力,而且在产业分工的全球格局中具有结构性制约力。因而中国作为最大的发展中国家,以创新推动新质生产力发展,既要"补短板"提升产业链韧性和安全性,守住大国经济健康发展的底线;又要"壮强项""在重要科技领域成为全球领跑者,在前沿交叉领域成为开拓者,力争尽早成为世界主要科学中心和创新高地"[④]。

(三)推进新质生产力发展,要遵循经济社会发展产业结构质态演进规律

一是经济社会发展质态变革的实质在于产业结构的优化升级,经济社会发

[①] 刘伟、张立元:《经济发展潜能与人力资本质量》,《管理世界》,2020年第1期,第78—79页。
[②] 《习近平在中共中央政治局第十一次集体学习时强调:加快发展新质生产力 扎实推进高质量发展》,《人民日报》,2024年2月2日,第1版。
[③] 习近平:《加快构建新发展格局 把握未来发展主动权》,《求是》,2023年第8期,第4—8页。
[④] 同上。

展的真正障碍和困难在于结构变革中的一系列矛盾。发达经济体与发展中经济体的差距不仅体现在经济量的水平上,更重要的是表现在国民经济结构上,这种结构性差异是量的水平差异的根本原因。发展中国家经济社会发展不同阶段面临的主要矛盾在于经济结构性失衡和产业结构高度不够,无论是低收入阶段的"贫困陷阱"(马尔萨斯陷阱)还是中等收入阶段的"中等收入陷阱",本质上都是结构性矛盾作用的结果。① 而这种经济结构性质态落后的直接动因又可以归结为创新力不足所导致的全要素生产率低下,全要素生产率的低下带来的生存力、竞争力、发展力、持续力匮乏,不仅使国内经济增长严重失衡,难以实现健康安全可持续发展,而且被长期定义在全球产业链、价值链低端,进一步降低经济的稳定性、提高依附性。新质生产力的培育和发展必须紧紧围绕创新驱动促使生产要素禀赋变革、提高全要素生产率这一核心,紧紧抓住产业变革和结构升级这一关键,否则便失去其应有的发展意义和先进性。二是科技创新驱动的产业革命和产业结构演进总体上具有一定的客观历史逻辑性,在先行实现现代化的发达经济体的经济发展史上,所谓第一、二、三产业的发展和结构升级在历史上是逐渐递进的,也就是说工业革命和工业化的深入是以农业发展达到相当水平为基础,以农业现代化为条件,而第三产业的发展又是以工业发展到一定水平为基础的,即所谓"后工业化"特征的体现。在当代进入第四次产业革命时期,产业变革和结构升级仍然要遵循发展的内在逻辑,没有农业的现代化,尤其是乡村振兴;没有坚实的工业化,尤其是新型工业化;没有强大的实体产业,尤其是对传统产业的改造,也就不可能有真正智能化、数字化经济的发展基础和应用场景,新质生产力的发展应当避免产生"虚高度"。② 作为发展中国家要发挥"后发优势",不是一味"跟跑",而是可以借鉴发达国家的历史经验及教训,特别是吸收科技创新成果,降低发展成本,实现重要领域的突破甚至"领跑",但一定要建立在牢固的发展基础之上,不能超越经济社会的可能和需要、主观主义地提升产业结构高度,这种唯心主义主观臆想的政策提升,只能加剧

---

① 刘伟、范欣:《中国发展仍处于重要战略机遇期——中国潜在经济增长率与增长跨越》,《管理世界》,2019年第1期,第13—23页。

② 刘伟、杨云龙:《工业化与市场化:中国第三次产业发展的双重历史使命》,《经济研究》,1992年第12期,第3—11页。

第六章 "新质生产力"范畴的讨论——马克思主义生产力经济学的新发展

形成经济泡沫、创新泡沫,从而加大发展成本和风险,最终还是要被经济发展客观历史强行纠正过来,但由此国民经济发展将会付出高昂的代价,错失真正的历史机遇,使现代化的目标实现进程严重迟滞,甚至中断。历史上我国"大跃进"大炼钢铁强行提升工业化就是惨重的教训,现阶段存在的脱实向虚的结构性矛盾更需纠正。当代许多发展中国家之所以形成巨大的发展泡沫,重要原因也在于脱离实际、脱离效率提升的根本,盲目推动产业变革和结构升级。事实上,在现阶段结构演进重要的在于协调好农业现代化、新型工业化、新型城镇化、经济信息化等方面的关系,处理好传统动能升级、战略性新兴产业发展、未来产业培育关系。三是在战略性新兴产业和未来产业培育过程中,由于在"无人区"的科技创新具有更突出的不确定性,尤其是在当代世界科技、经济社会发展进入结构迭代动能转换的深刻变革期,这种不确定性更为显著,使得我们在某些领域可以与世界发达经济体站在同一起跑线上,有可能率先实现赶超或突破。这是科技革命推动的产业革命进入急剧变革期的特点,同样具有客观规律性。[①] 新质生产力的先进性必须体现这一客观规律的要求,以一些关键领域的战略性新兴产业突破带动经济结构质态升级,以一些重要方向未来产业的先行培育引领结构演进方向。事实上,作为发展中大国所具有的"后发优势"重要的在于产业结构的演进并不完全等同于发达国家历史上的纵向逻辑迭代(串联式),在我国工业化目标达成进入新型工业化阶段,农业现代化的深化和信息化、数据化、智能化的推进,世界科技创新和产业演进的大趋势以及全球化的变化,在带来新的历史性挑战和选择困难的同时,也为我们创造了新的多种选择机遇(并联式)。[②] 我们需要切实把握住这种历史机遇,正如习近平同志所指出的,西方发达国家发展史上工业化、城市化、农业现代化、信息化等是顺序推进的,我们要实现赶超,需要也有可能实现工业化、城镇化、信息化和农业现代化"四化"叠加式发展。[③] 将产业结构升级经济社会质态演进的内在逻辑和新时

[①] 李晓华:《以新质生产力打造发展新优势》,《经济日报》,2023年12月12日,第10版。

[②] 黄群慧:《"十四五"时期深化中国工业化进程的重大挑战与战略选择》,《中共中央党校(国家行政学院)学报》,2020年第24卷第2期,第5—16页。

[③] 中共中央文献研究室编:《习近平关于科技创新论述摘编》,北京:中央文献出版社2016年版,第24—25页。

代的历史机遇统一起来,切实提高资源配置的产业结构性效率,是全要素生产率的重要构成。四是在我国这样一个超大经济体,其资源禀赋和经济社会文化发展水平及特点存在显著区域差异的条件下,发展新质生产力需要尊重生产力空间布局规律。一方面,在体制上,我国自古以来就是集中统一但又郡县分设,新中国成立以来建立的经济体制与苏联计划经济体制重要的不同也在于"条块"分设,注意调动中央和地方两方面积极性,在一定程度上弱化了苏联集中计划经济垂直管理的僵化性,虽然其中存在条块之争的矛盾,但总的来说相对更具活力。改革开放以来这一特点更为突出,新质生产力要落地,既要有国家战略性顶层规划,又要有地方具体贯彻实施,需要在利益机制和政策决策执行机制上保障两方面积极性,这是我国国情的客观要求。另一方面,在产业布局上,既要有全国一盘棋的统一系统性,又要尊重不同地区的资源禀赋和发展水平及历史文化的不同,新质生产力的空间布局需要体现主体功能区的差异,从而在资源配置上提升空间效率。这种空间效率是资源配置结构性效率的重要方向,也是全要素生产率的重要构成,尤其是要防止区域之间产业布局的结构趋同,结构趋同不仅会脱离区域实际,降低资源结构配置性效率,而且会加剧宏观经济总量失衡。此外,需要关注增长极的培育及其对国民经济全局性、区域性拉动的极化效应,新的增长极培育需要同创新中心和高地建设统一起来,增长极的培育对于非均衡发展的发展中经济体实现超越尤为重要。

(四)推进新质生产力发展,需要遵循社会主义市场经济运动规律

一是新质生产力发展要求在生产关系上深刻变革,尤其需要加快构建高水平社会主义市场经济体制,从而为新质生产力发展能够遵循经济发展规律创造体制条件。基本经济制度和经济体制本身也是作为自然形态与社会形态相统一的生产力的内在构成,其变化对于解放和发展社会生产力具有决定性意义。构建高水平社会主义市场经济体制,包括坚持和完善社会主义基本经济制度,深化改革和完善中国特色现代企业制度,深化要素市场改革、建设高标准市场体系,完善信用、法治、产权等市场经济基础制度,健全宏观经济治理体系,切实有效发挥市场在资源配置中的决定性作用,更好发挥政府作用。一方面,通过全面深化改革,"着力打通束缚新质生产力发展的堵点卡点,建立高标准市

第六章 "新质生产力"范畴的讨论——马克思主义生产力经济学的新发展

场体系,创新生产要素配置方式,让各类先进优质生产要素向发展新质生产力顺畅流动"①。另一方面,"要健全要素参与收入分配机制,激发劳动、知识、技术、管理、资本和数据等生产要素活力,更好体现知识、技术、人才的市场价值,营造鼓励创新、宽容失败的良好氛围"②。同时,要健全宏观经济治理体系,包括完善治理体制和政策机制等,尤其是在战略性新兴产业和未来产业的发展和培育过程中,要充分发挥社会主义市场经济体制的优势,有效发挥国家总体战略规划引领和资源配置协调的功能,按照新质生产力发展的内在要求,在体制上协调好政府与市场、中央与地方、国家与企业、劳动者等各方面的关系③,克服单纯依靠市场实现创新和结构升级的分散性、盲目性及不确定性等各种局限。二是要遵循市场经济条件下的供求运动规律,新质生产力的培育和发展首先要求深化供给侧结构性改革,创新驱动的要素禀赋和全要素生产率的改变,相应的产业变革和结构质态演进,实质上都是供给侧的深刻改变,因此,新质生产力的发展需要坚持以深化供给侧结构性改革为主线,但市场经济中的供求是矛盾运动的统一体,供给侧结构性改革不能脱离市场需求的牵引,否则新质生产力的发展就会产生盲目性和严重的行政性,就会脱离市场约束,进而缺乏竞争性和有效性,应当统筹扩大内需和深化供给侧结构性改革,以有效需求牵引供给,以高质量供给创造需求,在高水平的供求动态平衡中发展新质生产力。④

---

① 《习近平在中共中央政治局第十一次集体学习时强调:加快发展新质生产力 扎实推进高质量发展》,《人民日报》,2024年2月2日,第1版。
② 同上。
③ 黄瑾、唐柳:《推动新质生产力加快发展》,《光明日报》,2024年2月20日,第11版。
④ 《中央经济工作会议在北京举行》,《人民日报》,2023年12月13日,第1版。

第七章
"宏观经济治理"范畴的讨论
——治理体系和能力的创新及提升[*]

第一节 我国宏观经济治理的理论突破和实践特征

(一)当代西方宏观经济理论和政策不适用于我国的宏观经济治理

"宏观经济治理"包括宏观经济治理体制和宏观经济调控政策。改革开放以来,尤其是进入新时代以来,以习近平同志为核心的党中央在宏观经济治理实践上取得了一系列创新性成果,在实践探索的基础上,形成并不断深化中国特色社会主义宏观经济治理理论。从范畴上来看,在2020年5月《中共中央国务院关于新时代加快完善社会主义市场经济体制的意见》中首次明确提出"宏观经济治理"概念,要求"完善宏观经济治理体制",进而"进一步提高宏观经济治理能力"。在《中华人民共和国国民经济和社会发展第十四个五年规划和2035年远景目标纲要》中,首次把"完善宏观经济治理"作为"提升政府经济治理能力"的重要内容,极大地提高了宏观经济治理的地位。

在理论依据上,当代西方主要国家的宏观经济调控所依据的理论主要是凯恩斯主义需求管理理论,宏观经济政策手段主要是财政政策和货币政策,经济政策的理论分析框架仍在沿用传统的IS-LM模型,尽管在20世纪80年代后,

---

[*] 本章主要内容刊于刘伟:《中国宏观经济治理的理论突破和实践特征》,《社会科学》,2024年第10期,第147—162页。

第七章 "宏观经济治理"范畴的讨论——治理体系和能力的创新及提升

总供求模型取代了IS-LM模型在宏观经济学中的主导地位,但其宏观经济政策体系仍依据IS-LM模型,其宏观经济政策体系的发展与宏观经济理论体系的发展脱节。这种理论与政策的脱节所形成的局限性集中体现在两方面:一方面,宏观经济调控仍坚持需求管理,供给管理难以纳入宏观调控政策体系,虽然美英等国曾提出"供给革命",但并未取得成功;另一方面,脱离供给强调需求的宏观调控,必须忽视需求的质量而更为关注需求的数量,比如以持续降低利率为政策倾向的货币政策可以刺激需求规模扩张,但重要的代价是降低投资的边际效率,形成经济泡沫。2008年金融危机及经济衰退,在相当大的程度上是这种长期低质量的宏观经济刺激政策累积的结果。上述两方面的局限性相互交织,便会逻辑地形成在宏观经济理论上对创新的忽视,虽然各国在经济实践中都十分重视创新,但如何把"创新"纳入宏观经济学和宏观经济政策体系当中,仍是有待探索的问题。尽管目前西方宏观经济学,特别是在经济增长理论中的确考虑了"创新",如新古典经济增长模型提出人均产出增长率取决于科技进步率,内生增长理论研究了科技进步率的决定因素,真实经济周期理论在短期经济波动的分析中考虑了技术进步,等等,但对科技进步的来源动能以及怎样刺激技术进步讨论很少,并未真正有机深入地把科技进步纳入宏观经济学分析体系,这是当代西方宏观经济理论脱离实际的重要体现。[①]

在政策效果上,当代西方宏观经济理论与实践的这种脱节,使其宏观调控政策出现了严重的缺陷:一方面,其宏观经济政策主要关注短期稳定,难以关注长期增长,在其主流宏观经济理论中短期稳定与长期增长的分析处于分离状态,关于长期增长,西方主流理论基本建立在新古典增长理论体系之上,在这一体系中,由于不存在价格刚性,物价水平可以充分灵活变动,因而增长政策通常只关注实际变量之间的联系而不关注名义变量的长期变化。关于短期稳定,西方主流理论建立在新凯恩斯主义理论体系之上,这一体系的核心是,使用货币政策和财政政策平抑短期经济波动,从而使产出缺口和通货膨胀缺口维持在零上下,不需要关注潜在增速的变化,相应地不需要对长期目标做出理论反应。[②]另一方面,西方宏观经济政策很少关注经济结构,主要原因在于,从供给侧看经

[①] 苏剑:《基于总供求模型和中国特色的宏观调控体系》,《经济学家》,2017年第7期,第27—37页。

[②] 刘伟、陈彦斌:《建设中国经济学的科学生态体系》,《管理世界》,2022年第6期,第63页。

济结构的演进是长期的累积过程,尤其需要创新推动技术进步才能形成结构演进,而以西方主流宏观经济理论为指导,特别是以新凯恩斯主义逆周期理论为指导的宏观经济政策,强调的是平抑短期经济波动。从需求侧看,西方发达经济体的经济结构具有一定的均质性和相对稳定性,不存在发展中国家通常普遍的深刻"二元性",其经济结构演变的过程主要是市场竞争机制自发形成的发展过程,对于政府的宏观政策和结构政策的需求并不迫切,在理论上涉及对于自由竞争的经济哲学争辩,在制度上涉及对于政府与市场相互关系的调整,因而在宏观经济理论和政策上难以形成共识。

在体制机制上,西方宏观经济理论和政策面对的客观经济体不仅在发展水平上属于发达经济体,而且在其制度和体制上是资本主义市场竞争经济机制,竞争性的市场价格机制使得价格水平具有较充分的自由调整能力,因而使市场经济机制本身对供求关系具有自动调节的功能,从而形成经济具有收敛于总量和结构均衡的可能性。宏观经济政策之所以必要,主要原因便是市场价格不能充分实现灵活调整,不能充分及时准确地反映供求关系的变化,也就是说存在"价格刚性"(或"价格黏性"),导致市场失灵,难以实现充分就业。在经济现实中,即使是发达资本主义成熟市场理论制度下,这种"市场失灵"也是存在的,所以需要宏观政策,当供求严重失衡时,或者采取需求管理,移动需求曲线(或紧缩或扩张)使之与给定的供给达成均衡,或者采取供给管理,移动供给曲线(或紧缩或扩张)使之与给定的需求达成均衡,或者需求管理与供给管理同时并举。但无论是以需求管理政策为主,还是以供给管理政策为主,在一定程度上都难以从根本上即从制度和体制上克服"市场失灵",资本主义制度的内在矛盾使之不可能根除周期性的经济危机,信息的不充分和不对称以及种种原因导致的经济"外部性"必然形成市场价格刚性(黏性),要从根本上促使经济具有趋向均衡的能力,必须从制度上克服生产社会化的生产力发展与资本私有制之间的根本冲突,必须在体制上完善市场竞争机制,为消除价格刚性(黏性)提供体制条件。[①]

显然,当代西方宏观经济理论和政策体系不适用于我国的宏观经济治理,不仅其理论和政策对于西方经济体自身来说具有严重的局限和缺陷,而且更重要的在于不符合我国的经济实际,我们必须创造性地构建中国特色社会主义市

[①] 苏剑:《基于总供求模型和中国特色的宏观调控体系》,《经济学家》,2017年第7期,第27—37页。

第七章 "宏观经济治理"范畴的讨论——治理体系和能力的创新及提升

场经济的宏观经济治理理论和政策体系。一是在经济发展水平上我国仍属于发展中国家,因此短期经济增长的波动和长期经济发展的推进必须统一协调,宏观经济治理不可能仅以短期平抑波动为目标,而必须包含多重发展目标。二是在经济总量和经济结构上必须有机统一,作为经济发展水平相对落后的发展中国家,结构性失衡矛盾尤其尖锐,宏观经济治理不仅包括总量均衡目标,而且必须包括结构协调和质态演进目标,相应地在宏观经济政策工具上,应当包括需求管理政策、供给管理政策和结构政策三大类,同时在制度上,社会主义市场经济也具有总量治理和结构治理相统一的可能。三是在需求管理和供给管理上必须相互衔接,在宏观经济治理方式上形成需求管理与供给侧结构性改革双向协同发力,我国经济的薄弱环节,制约生存力、竞争力、发展力、持续力提升的关键,培育新质生产力的主要困难,主要集中在供给侧,尤其是创新力不足成为瓶颈,因而宏观经济治理需要以需求牵引供给、以供给创造需求,社会主义基本经济制度为需求供给协同发力创造了体制条件。四是在宏观经济治理机制上,我国是处于经济体制改革不断深化、构建高水平社会主义市场经济体制过程中的经济体,既有不断完善社会主义市场经济体制的发展动力,也有市场竞争不充分不完备的体制障碍,因而改革,尤其是价格刚性的克服和市场功能的培育及完善,对于我国的宏观经济均衡具有极为重要的意义。当代西方经济体在消除价格刚性上存在种种制度体制性困扰,我国则不仅对完善市场竞争机制具有更迫切的需求,除价格刚性(黏性)外,还存在多种形式的市场失灵,构建高水平社会主义市场经济体制任务极为艰巨,而且中国特色社会主义市场经济条件下为拓展新的市场制度文明创造了更为广阔的空间。因此,我国的宏观经济治理体系应当包括经济改革和开放。①

总之,由于发展和制度的不同,历史和社会的特殊性等各方面的差异,我国现阶段宏观经济治理在目标上较西方国家宏观经济调控更具多重性,不仅包括短期稳定目标,而且包括长期发展目标,不仅包括总量增长,而且包括结构升级;在手段上更具多样性,不仅包括需求政策,而且包括供给政策,不仅包括结构政策,而且包括改革政策。

---

① 刘伟、苏剑:《中国特色宏观调控体系与宏观调控政策》,《经济学动态》,2018年第3期,第4—5页。

（二）我国宏观经济治理的发展进程

改革开放以来,我国宏观调控体系不断完善,调控能力和水平不断提升,一方面有力地推动了经济持续高速发展,另一方面也提高了中国宏观经济增长和运行的稳定性,无论是与世界同期相比,还是与我国经济历史相比,经济波动性均相对较低。[①] 但在 2008 年国际金融危机发生之后,国内外经济环境发生了深刻变化,我国经济社会发展的内在矛盾也发生了系统性变化,宏观经济失衡出现了新的特点,特别是在供给侧要素成本全面上升的同时,产能过剩的矛盾进一步加剧,不仅消费品产能过剩较 1998 年亚洲金融危机后更为加深,投资品产能过剩的矛盾也逐渐加剧;在需求侧总需求疲软的趋势更为明显,不仅出口需求受国际金融危机下的世界经济萎缩和逆全球化潮流影响,"两头在外,大进大出"的国际大循环模式受阻,而且内需疲软更为严重;在需求与供给的相互关系上,不仅总量失衡进一步加重,而且结构性失衡更为突出。因此,对宏观经济调控方式提出了新挑战,要求必须做出相应的调整和改革。在 2012 年党的十八大召开之后,适应我国经济社会发展进入新时代的历史要求,宏观调控方式和政策机制发生了系统性的改变,逐渐形成了新的宏观经济治理理论和实践。这一过程大致可以分为四个阶段,并且不同阶段又具有不同的特点。

第一阶段,关于对中国经济发展进入"新常态"的判断,转变宏观经济调控理念。

2008 年之后中国经济在波动中呈现下滑趋势,2012 年经济增速同比降到 8% 以下,并且尔后持续下滑。如何"稳增长"成为宏观调控的重要问题。在 2012 年年底中央经济工作会议上,习近平同志强调"稳增长、转方式、调结构,关键是全面深化改革",强调要用改革的精神、思路、办法来完善宏观调控。[②] 2013 年 7 月 25 日中央政治局常委会会议分析了我国经济面临的"三期叠加"新特征(增长速度换挡期、结构调整阵痛期、前期刺激政策消化期),据此明确我国宏观经济调控不再进行强刺激政策。随后在 2014 年 5 月考察河南期间,习近平同

[①] 刘伟、蔡志洲:《经济周期与长期经济增长——中国的经验和特点(1978—2018)》,《经济学动态》,2019 年第 7 期,第 20—36 页。

[②] 《中央经济工作会议在北京举行》,《人民日报》,2012 年 12 月 17 日,第 1 版。

第七章 "宏观经济治理"范畴的讨论——治理体系和能力的创新及提升

志根据我国经济出现的新特征,首次明确提出我国经济进入"新常态"的重要判断,在 2014 年 12 月召开的中央经济工作会议上进一步强调:"认识新常态、适应新常态、引领新常态,是当前和今后一个时期我国经济发展的大逻辑"①,同时指出,由于在宏观调控方式上全面刺激政策的边际效果明显递减,"必须全面把握总供求关系新变化,科学进行宏观调控"②,相应地在宏观调控指导思想上做出改变,一是不再过度追求高速度增长,而是对经济增长速度实施区间管理,提高对经济增长速度波动的政策容忍度,指导思想上需要明确,习近平同志指出,"经济发展速度有升有降是正常的,经济不波动不符合经济发展规律。只要波动在合理范围内,就要保持平常心"③。二是不再"大水漫灌",而是注重定向调控,提高宏观调控的精准度和有效性,注重宏观政策总量效应的同时强调结构效应。三是增强宏观政策的前瞻性、针对性和灵活性,适时适度进行预调微调,注重预期引导,降低宏观调控成本、提高调控效率。④

第二阶段,以深化供给侧结构性改革为主线,调整宏观经济调控方向。

要根据经济新常态新特征的逻辑要求转变发展方式,需要树立并贯彻新发展理念,党的十八届五中全会提出"五大理念",与之相适应,2015 年中央经济工作会议首次提出以深化供给侧结构性改革为宏观调控的新战略方向,在相应的宏观政策目标上提出"三去一降一补"的主要任务,强调指出:"推进供给侧结构性改革,是适应和引领经济发展新常态的重大创新,是适应国际金融危机发生后综合国力竞争新形势的主动选择,是适应我国经济发展新常态的必然要求。"⑤在宏观调控上,要求"稳定经济增长,要更加注重供给侧结构性改革"。在 2016 年中央经济工作会议上进一步要求"坚持以推进供给侧结构性改革为主线",指出我国经济运行面临的突出矛盾和问题,根源是重大结构失衡,必须从供给侧结构性改革上想办法,努力实现供求关系新的动态均衡。⑥ 2017 年中

---

① 《中央经济工作会议在北京举行》,《人民日报》,2014 年 12 月 12 日,第 1 版。
② 同上。
③ 习近平:《经济工作要适应经济发展新常态》,载中共中央文献研究室编:《习近平关于社会主义经济建设论述摘要》,北京:中央文献出版社 2017 年版,第 80—81 页。
④ 刘伟、陈彦斌:《新时代宏观经济治理的发展脉络和鲜明特点》,《经济日报》,2021 年 10 月 12 日,第 1 版。
⑤ 《中央经济工作会议在北京举行》,《人民日报》,2015 年 12 月 22 日,第 1 版。
⑥ 《中央经济工作会议在北京举行》,《人民日报》,2016 年 12 月 17 日,第 1 版。

央经济工作会议继续强调,要"适应我国经济发展主要矛盾变化,完善宏观调控,相机抉择、开准药方,把推进供给侧结构性改革作为经济工作的主线"①。2018年中央经济工作会议进一步重申,"我国经济运行主要矛盾仍然是供给侧结构性的,必须坚持以供给侧结构性改革为主线不动摇"②。在相应的宏观政策目标上提出"巩固、增强、提升、畅通"(八字方针)为内容的新任务,推动供给侧结构性改革的主要任务从2015年提出的"三去一降一补"进入新阶段。2019年之后每年中央经济工作会议都始终坚持宏观经济调控要把深化供给侧结构性改革作为主线贯穿于宏观调控全过程。③ 宏观调控意义上的需求侧管理和供给侧管理,是宏观政策干预的两个不同方向,具有不同的特点,需求侧管理注重解决总量性问题,注重短期调控;供给侧管理重在解决结构性问题,注重激发经济增长动力。④ 不同国家不同发展时期,经济发展面临的条件和存在的矛盾不同,宏观调控的方向也会有所不同,是从需求侧入手还是从供给侧入手为主要方向,取决于不同经济发展的内在矛盾和发展要求;同时,即使明确了主要方向,也并不意味着将二者割裂,"供给和需求是市场经济内在关系的两个基本方面,是既对立又统一的辩证关系,二者你离不开我,我离不开你,相互依存、互为条件""放弃需求侧谈供给侧或放弃供给侧谈需求侧都是片面的,二者不是非此即彼、一去一存的替代关系,而是要相互配合、协调推进"⑤。实现这种相互配合,协同推进需要相应的制度和体制基础。

第三阶段,以实现高质量发展为首要任务,构建宏观经济治理体系。

2017年召开的党的十九大深入分析了进入新时代我国社会主要矛盾发生的转化,指出"我国社会主要矛盾已经转化为人民日益增长的美好生活需要和不平衡不充分的发展之间的矛盾",根据主要矛盾转化提出的历史要求,进一步

---

① 《中央经济工作会议在北京举行》,《人民日报》,2017年12月21日,第1版。
② 《中央经济工作会议在北京举行》,《人民日报》,2018年12月22日,第1版。
③ 《中央经济工作会议在北京举行》,《人民日报》,2019年12月13日,第1版;《中央经济工作会议在北京举行》,《人民日报》,2020年12月19日,第1版;《中央经济工作会议在北京举行》,《人民日报》,2021年12月11日,第1版;《中央经济工作会议在北京举行》,《人民日报》,2022年12月17日,第1版;《中央经济工作会议在北京举行》,《人民日报》,2023年12月13日,第1版。
④ 习近平:《在省部级主要领导干部学习贯彻党的十八届五中全会精神专题研讨班上的讲话》(2016年1月18日),载中共中央文献研究室编:《习近平关于社会主义经济建设论述摘编》,北京:中央文献出版社2017年版,第99页。
⑤ 同上。

第七章 "宏观经济治理"范畴的讨论——治理体系和能力的创新及提升

做出了"我国经济已由高速增长阶段转向高质量发展阶段"的重大判断,根据这一重大判断,在 2017 年年底召开的中央经济工作会议上,习近平同志强调指出,推动高质量发展是当前和今后一个时期确定发展思路、制定经济政策、实施宏观调控的根本要求,必须加快形成推动高质量发展的指标体系、政策体系、标准体系、统计体系、绩效评价、政绩考核,创建和完善制度环境,推动我国经济在实现高质量发展上不断取得新进展。直到 2022 年召开的党的二十大,更进一步把实现高质量发展作为推进中国式现代化这一中心任务的首要任务,进一步明确了围绕高质量发展构建宏观经济治理体系的根本目标和要求。一是创造性地将"宏观经济调控"拓展为"宏观经济治理",尤其强调将宏观调控政策和宏观调控机制统一起来,在政策和体制的统一上提出"宏观经济治理",并将完善宏观经济治理体制作为社会主义市场经济体制构建的重要内容。2020 年 5 月《中共中央 国务院关于新时代加快完善社会主义市场经济体制的意见》提出"宏观经济治理"概念的同时,明确了完善"宏观经济治理体制"的改革任务,并提出了提高"宏观经济治理能力"的改革目标。二是进一步深化了对宏观经济治理与政府经济治理的相互关系。在 2020 年召开的十九届五中全会审议通过的《中共中央关于制定国民经济和社会发展第十四个五年规划和二〇三五年远景目标的建议》中首次将"进一步提高宏观经济治理能力"作为"提升政府经济治理能力"的主要内容,一方面表明突出了宏观经济治理在政府经济治理中的首要地位,也就是说在社会主义市场经济条件下,政府的经济职责和能力首要的在于宏观经济治理职能方面,其他方面的经济职能相对宏观经济治理而言是次要的,另一方面也表明对政府与市场、政府与企业在资源配置和经济治理中的相互关系上的认识进一步深化。三是在宏观经济目标上更加清晰,更加系统,在多重目标中寻求动态平衡。尤其是 2018 年中央经济工作会议针对中美贸易摩擦等复杂的国际国内经济态势,有针对性地提出"六稳"(稳就业、稳金融、稳外贸、稳外资、稳投资、稳预期),在 2020 年新冠疫情冲击与各种风险叠加的背景下,及时提出"六保"(保居民就业、保基本民生、保市场主体、保粮食能源安全、保产业链供应链稳定、保基层运转)作为"六稳"的落脚点,实现了经济在合理区间运行和增长的预定目标。① 四是在宏观经济治理政策工具上更加丰

---

① 《中央经济工作会议在北京举行》,《人民日报》,2018 年 12 月 22 日,第 1 版;《中央经济工作会议在北京举行》,《人民日报》,2020 年 12 月 19 日,第 1 版。

富、更加多样,不断健全政策工具体系。从开始主要突出财政政策和货币政策对总需求的作用,到2015年中央经济工作会议提出在适度扩大总需求的同时,着力加强供给侧改革,同时提出"实施相互配合的五大政策支柱"(即宏观政策、产业政策、微观政策、改革政策、社会政策),再到2021年中央经济工作会议将五大政策支柱拓展为七大政策(新增了科技政策和区域政策)。并且在随后的发展中针对经济运行出现的新矛盾,对政策重点以及政策之间的相互有机联系,不断调整、不断强化。①

第四阶段,围绕构建新发展格局的历史要求,完善宏观经济治理结构。

2020年5月,习近平同志提出构建以国内大循环为主体、国内国际双循环相互促进的新格局,正如习近平同志所指出的:"进入新发展阶段、贯彻新发展理念、构建新发展格局,是由我国经济社会发展的理论逻辑、历史逻辑、现实逻辑决定的。"②2022年召开的党的二十大全面布署了加快构建新发展格局的战略措施,并且明确提出,到2035年要形成新发展格局,建成现代化经济体系③,从而对宏观经济治理提出了新要求:一是进一步明确新发展阶段完善宏观经济治理的根本任务,即推进高质量发展,实现质的有效提升和量的合理增长,以实现中国式现代化这一中心任务为根本目的。二是进一步明确了新发展阶段完善宏观经济治理的基本原则,即加强全局观念和系统统筹,突出问题导向和忧患意识,统筹发展与安全的关系,协同供给与需求双向发力等,形成目标优化、结构合理、协同高效的宏观经济治理体系。三是进一步明确了新发展阶段完善宏观经济治理的着力点,即以新发展理念为指导,以构建新发展格局为核心,以立足扩大内需为战略基点,以深化供给侧结构性改革为战略方向,以创新驱动为战略支持,以"稳中求进"为工作总基调,推动完善宏观经济治理与构建新发展格局的有机统一,推进宏观经济治理能力的提升与中国式现代化进程的统一。四是明确了新发展阶段完善宏观经济治理的体制改革要求,把完善宏观经

---

① 《中央经济工作会议在北京举行》,《人民日报》,2015年12月22日,第1版;《中央经济工作会议在北京举行》,《人民日报》,2021年12月11日,第1版。

② 习近平:《把握新发展阶段 贯彻新发展理念 构建新发展格局》,《求是》,2021年第9期,第4—18页。

③ 习近平:《高举中国特色社会主义伟大旗帜 为全面建设社会主义现代化国家而团结奋斗——在中国共产党第二十次全国代表大会上的报告》,《人民日报》,2022年10月26日,第1版。

济治理机制作为构建高水平社会主义市场经济体制的重要构成部分,以此为基础进一步明确了新发展阶段完善宏观经济治理机制的主要任务。①

(三)我国宏观经济治理的突出特点

进入新时代特别是进入新发展阶段,我国宏观经济治理体系不断发展和完善,使得我国宏观经济政策的功能效果和实现方式等均发生了深刻变化,其中十分突出的特点在于显示出较为鲜明的统筹协调和系统性。一是以国家中长期发展规划为战略导向,统筹宏观经济短期增长目标和长期发展目标,把年度宏观经济政策目标纳入五年规划发展目标,20世纪50年代至今已制定实施14个五年规划(2016年之前称为"计划"),把五年规划目标纳入长期发展目标(现阶段的"十四五"规划与2035年中国式现代化的发展阶段性目标相互衔接)。党的二十大报告再次强调了国家中长期发展规划对于宏观经济政策的战略导向作用,同时强调了必须构建高水平社会主义市场经济体制,为实现这一战略导向提供保障。二是以宏观经济失衡的主要矛盾和矛盾主要方面的变化为依据,统筹宏观经济供给侧与需求侧的改革和调控,协调总量目标和结构目标,形成供求良性互动,党的二十大报告进一步强调了以"把实施扩大内需战略同深化供给侧结构性改革有机结合起来"的宏观经济调控方式,同时中国特色社会主义基本经济制度及完善为实现这种良性互动创造了更为坚实的基础和更为深刻的可能。三是以宏观经济波动的特点为依据,统筹货币政策和财政政策,在调控方式上构建"区间调控+定向调控+相机调控"的政策组合调控方式,以防止宏观经济大起大落的不稳定性加剧,提高宏观经济运行质量和宏观调控效率;在政策组合上,以货币政策和财政政策为主要手段,形成产业、就业、投资、消费、区域、社会、价格、科技等多方面政策的相互协调配合。四是以淡化经济周期为出发点,统筹协调逆周期调节与跨周期调节,逆周期调节是新凯恩斯主义为代表的西方宏观政策主流理论强调的重点,针对经济短期波动采取反方向政策调控,使产出缺口和通货膨胀缺口逐渐综合并趋向于零,但其局限性在于可能会导致金融风险加剧,尤其是在经济严重衰退时强刺激会产生大量劣质需

---

① 习近平:《高举中国特色社会主义伟大旗帜　为全面建设社会主义现代化国家而团结奋斗——在中国共产党第二十次全国代表大会上的报告》,《人民日报》,2022年10月26日,第1版。

求,形成经济泡沫,对未来发展形成阻碍。我国在2020年首次提出要"完善宏观调控跨周期设计和调节"①,逐渐形成了跨周期和逆周期宏观调控政策的有机组合,从而更有利于平衡短期经济与长期经济发展,平衡经济增长与金融风险防范、经济结构升级等多重目标间的关系。五是以推动国内与国际经济双循环相互促进为目标,统筹国内宏观经济政策与国际宏观经济政策,2020年12月召开的中央经济工作会议明确要求"完善宏观经济治理,加强国际宏观经济政策协调"②,以高水平制度型开放作为中国式现代化的必由之路,使新发展阶段的宏观经济治理与构建新发展格局切实形成有机统一③。

我国宏观经济治理机制和政策上的特点形成,一方面是根据经济社会发展的客观要求,特别是根据宏观经济失衡矛盾的历史变化,逐渐形成并健全和完善宏观经济治理体系;另一方面,也是基于中国特色社会主义的基本制度和根本制度等方面的制度基础与体制保障及要求。

我国宏观经济治理体系的特点之所以能够形成,重要的制度条件在于坚持党的领导,特别是坚持党中央对经济的集中统一领导,党的统一领导、党中央的集中指挥,是中国经济发展内生的具有决定性意义的变量,而不是一般的外在政治前提条件,尤其是对于我国这样一个发展中大国来说,发展的艰巨性、矛盾的复杂性,要求高质量的宏观经济治理必须有高水平的集中统一领导,这个领导力量只能是中国共产党,这个领导核心只能是以习近平为核心的党中央。特别是党的十九大以来,我们在经济发展实践中,进一步深化了对党中央集中统一领导经济工作的认识。2018年12月召开的中央经济工作会议指出:"我们在实践中深化了对做好经济工作的规律性认识:必须坚持党中央集中统一领导,发挥掌舵领航作用。"2020年12月中央经济工作会议进一步指出:"在统筹国内国际两个大局、统筹疫情防控和经济社会发展的实践中,我们深化了对在严峻挑战下做好经济工作的规律性认识:党中央权威是危难时刻全党全国各族人

---

① 《中共中央政治局召开会议 决定召开十九届五中全会》,《人民日报》,2020年7月31日,第1版;《中共中央政治局召开会议 分析研究当前经济形势和经济工作》,《人民日报》,2021年7月31日,第1版;《中央经济工作会议在北京举行》,《人民日报》,2021年12月11日,第1版。

② 《中央经济工作会议在北京举行》,《人民日报》,2020年12月19日,第1版。

③ 刘伟、陈彦斌:《新时代宏观经济治理的发展脉络和鲜明特点》,《经济日报》,2021年10月12日,第1版。

第七章 "宏观经济治理"范畴的讨论——治理体系和能力的创新及提升

民迎难而上的根本依靠,在重大历史关头、重大考验面前,党中央的判断力、决策力、行动力具有决定性作用。"党的二十大把党的领导概括为中国式现代化的本质内容,把实现中国式现代化作为党的中心任务,把高质量发展作为首要任务。2023年中央经济工作会议进一步强调把高质量发展作为新时代的硬道理,作为最大的政治。中国式现代化、中国经济社会发展、中国经济宏观治理等各方面工作,需要也只能在党领导下,特别是在党中央集中统一领导下才可能真正实现,这是历史事实,更是新发展阶段的客观要求,也是未来的发展趋势,具有历史发展的客观规律性。①

中国特色社会主义基本经济制度为坚持党的全面领导这一本质特征和根本优势提供了经济制度基础。生产资料所有制上的公有制为主体、多种所有制经济共同发展的结构,收入分配制度上的按劳分配为主体、多种分配方式并存的格局,社会主义市场经济体制下的资源配置方式,从社会所有制结构和企业制度上,从经济发展的根本目的和利益实现上,从资源配置机制的政府与市场关系上,为实现党的领导,特别是在宏观经济治理上党中央的统一指挥提供了深刻的基本经济制度上的根据;同时,社会主义基本经济制度的实现,也对党的领导和党中央的统一指挥提出了深刻的要求。

相应地,必然要求不断加强党的建设,切实提高党的执政能力和水平,这是推进我国治理能力和水平现代化的关键,也是提升宏观经济治理能力和水平的决定性因素,要求不断健全和完善实现党对宏观经济治理和经济工作领导的机制,从中央经济工作会议的决定到全国人民代表大会的审议,从党中央的统一决策到国务院的贯彻执行,从党中央国务院的统一部署到各级地方政府的具体落实,等等,都需要在社会主义市场经济体制下形成有效的实现机制。②

---

① 《中央经济工作会议在北京举行》,《人民日报》,2018年12月22日,第1版;《中央经济工作会议在北京举行》,《人民日报》,2019年12月13日,第1版;《中央经济工作会议在北京举行》,《人民日报》,2020年12月19日,第1版;《中央经济工作会议在北京举行》,《人民日报》,2021年12月11日,第1版;《中央经济工作会议在北京举行》,《人民日报》,2023年12月13日,第1版。

② 刘伟:《习近平宏观经济治理思想开拓马克思主义政治经济学新境界》,《马克思主义理论学科研究》,2022年第1期,第4—16页。

第二节 "以有效需求牵引供给 以高水平供给创造需求"是宏观经济治理的基本任务①

宏观经济治理和宏观调控的重要问题在于推动总供给和总需求在相互作用中接近均衡状态,包括总量均衡和结构协调。宏观经济治理机制的有效性重要的在于能否有效推动趋向于均衡,宏观调控政策的目标重要的在于能否有效地克服失衡,或者说能够将失衡控制在国民经济可以承受的范围之内。我国发展进入新时代以来,尤其是进入新发展阶段以来,国内国际各种风险叠加,供给需求双向同时受到严重冲击,各种矛盾交织,经济发展不平衡不充分的挑战更为艰巨。2023年12月召开的中央经济工作会议特别提出加大宏观调控力度,统筹扩大内需和深化供给侧结构性改革,并且把"必须坚持深化供给侧结构性改革和扩大有效需求协同发力"作为深化新时代做好经济工作的规律性认识的重要内容。② 因此,把握经济规律、深入学习和领会习近平宏观经济治理思想,特别是其中关于供求关系的论述,科学认识和正确把握供求矛盾运动关系,对于加快构建新发展格局,完整、准确、全面贯彻新发展理念,实现高质量发展,推动我国经济质的有效提升和量的合理增长,具有极为重要的理论意义和实践意义。

(一)改革开放相当长的时期里我国宏观经济调控是以需求侧管理为立足点,需求侧是宏观经济失衡矛盾的主要方面

所谓宏观调控方式首先是指宏观调控政策作用的主要方向,即是直接从供给侧入手为主,还是直接从需求侧入手,对宏观经济进行政策调控为主,或是双向同时发力。正如习近平同志所指出的:"纵观世界经济发展史,经济政策是以供给侧为重点还是以需求侧为重点,要依据一国宏观经济形势作出抉择。"③选

---

① 刘伟:《以有效需求牵引供给 以高水平供给创造需求——学习习近平宏观经济治理供求关系良性互动的论述》,《治理研究》,2024年第1期,第4—12页。
② 《中央经济工作会议在北京举行》,《人民日报》,2023年12月13日,第1版。
③ 习近平:《在省部级主要领导干部学习十八届五中全会精神专题研讨班上的讲话》(2016年1月18日),载中共中央文献研究室编:《习近平关于社会主义经济建设论述摘编》,北京:中央文献出版社2017年版,第99页。

第七章 "宏观经济治理"范畴的讨论——治理体系和能力的创新及提升

择的根据主要在于两方面:一方面,宏观经济失衡矛盾运动特点和经济发展不同阶段不同水平提出的发展要求不同,进而对克服失衡的政策提出不同的目标、倾向和力度;另一方面,不同国家的制度和体制机制条件不同,进而为实现宏观治理和宏观调控提供的制度及体制机制条件可能不同,从而在客观必要性和可能性两个方面规定并约束着不同国家、不同发展阶段宏观调控方式的选择和调整。

供给管理和需求管理有其不同的特点。就政策的基本目标而言,正如习近平同志所阐释的:"供给侧和需求侧是管理和调控宏观经济的两个基本手段。需求侧管理,重点解决总量性问题,注重短期调控,主要是通过调节税收、财政支出、货币信贷等来刺激或抑制需求,进而推动经济增长。供给侧管理,重在解决结构性问题,注重激发经济增长动力,主要通过优化要素配置和调整生产结构来提高供给体系质量和效率,进而推动经济增长。"[①]之所以有这种不同,主要是由于,一方面,政策直接作用对象不同,需求侧管理政策主要是直接针对消费者和购买者,包括最终消费者的消费行为和作为购买者的企业购买活动,影响市场购买力和购买预期;供给侧管理政策直接作用对象则是生产者和投资行为,包括企业和居民的投资活动,影响生产者的积极性和投资效率及能力。另一方面,由于政策产生作用效果不同,在其他条件不变的情况下,需求管理政策会推动价格水平与政策方向同向变动,即紧缩时需求价格水平一般可能下降,而扩张时需求价格则会相应上升,在增大产出、增加就业、提高企业利润的同时会加大通货膨胀压力。采取供给管理政策一般会推动价格水平与政策方向反向变动,即扩张时供给价格水平通常可能下降,而紧缩时供给价格水平则可能上升[②],主要是通过降低成本、优化结构、提升效率、增大产出、增加就业,但同时需要较长时期,需要创新支撑。总之,供给侧管理"要从生产端入手,重点是促进产能过剩有效化解,促进产业优化重组,降低企业成本,发展战略性新兴产业和现代服务业,增加公共产品和服务供给,提高供给结构对需求变化

---

① 习近平:《在省部级主要领导干部学习十八届五中全会精神专题研讨班上的讲话》,载中共中央文献研究室编:《习近平关于社会主义经济建设论述摘编》,北京:中央文献出版社2017年版,第99页。
② 刘伟、苏剑:《供给管理与我国现阶段的宏观调控》,《经济研究》,2007年第2期,第4—15页。

的适应性和灵活性"①。就两者的相互关系而言,国民经济总量与结构、经济政策短期与长期效应都是紧密关联的,因而供给侧和需求侧管理之间也是存在深刻内在联系的。正如习近平同志所指出的:"放弃需求侧谈供给侧或放弃供给侧谈需求侧都是片面的,二者不是非此即彼、一去一存的替代关系,而是要相互配合、协调推进。"②

从我国的经济实践来看,相当长的时期里是以需求管理为主。在改革开放之前采取计划经济,因而不存在市场经济条件下的总供给与总需求,也不存在政府对市场经济运行中的宏观总量进行调控的问题。改革开放之后,伴随着市场机制的逐渐培育,市场供求矛盾的对立统一运动逐渐形成,由于种种原因,主要是经济发展水平低下的发展性原因和市场机制不完善的体制性原因,特别是在从计划经济向社会主义市场经济转轨过程中,传统计划经济条件下形成的短缺经济的克服仍需要一个艰苦的发展和改革过程。因此,从1978年改革开放初期,直到1998年亚洲金融危机对我国经济产生深刻冲击,二十多年的时间里,我国宏观经济失衡的主要特点是需求膨胀、供给不足、经济短缺,因而主要冲击压力是需求拉动的通货膨胀,矛盾的主要方面在需求侧,相应的宏观经济政策调控重点是需求管理,宏观政策的基本方向是紧缩需求,宏观政策的首要目标是遏制通货膨胀。1997年亚洲金融危机爆发,至1998年春对我国经济产生明显冲击,突出表现是出口受挫之后内需不足的矛盾进一步加剧。相对于内需不足的市场条件变化,产能过剩,首先是耐用消费品产能过剩矛盾逐渐加剧,要求长期适度紧缩需求的宏观经济政策倾向必须作出调整,由紧缩转为扩张,继而围绕扩大内需,开始采取"积极的财政政策,稳健的货币政策"。2008年之后,世界金融危机爆发,进一步对我国经济产生冲击,内需疲软矛盾进一步尖锐,产能过剩由消费品产能过剩进一步扩展到投资品产能过剩。为应对世界金融危机冲击,2008年年末开始,宏观经济政策进一步提升扩张力度,采取"更加积极的财政政策和适度宽松的货币政策",直到2010年年底回到1998年以来的"积极的财政政策,稳健的货币政策"轨道,但政策的着力方向仍然主要集中

---

① 习近平:《在省部级主要领导干部学习十八届五中全会精神专题研讨班上的讲话》(2016年1月18日),载中共中央文献研究室编:《习近平关于社会主义经济建设论述摘编》,北京:中央文献出版社2017年版,第99页。

② 同上。

于扩大内需,只是力度有所调整。从 1998 年到 2008 年再到党的十八大召开之前,这一时期我国宏观经济失衡矛盾的主要方向仍在于需求侧,与此前不同的是,不是需求膨胀,而是需求疲软,相应的宏观经济调控的主要入手方向仍然是需求侧,不同于以往的是政策方向不是紧缩需求,而是扩张需求。

(二)进入新时代之后我国宏观经济矛盾的主要方面在于供给侧,供给侧结构性改革成为宏观治理和调控的主线

我国经济发展进入"十三五"时期之后,经济新常态成为显著特征,国际国内经济态势发生了新的趋势性变化,经济社会发展面临的矛盾和约束条件发生了历史性改变,开放环境和体制条件也发生了根本性的演化,供给和需求的内在特征及相互关系发生了深刻的改变。"从需求方面看,全面刺激政策的边际效果明显递减;从供给方面看,既要全面化解产能过剩,也要通过发挥市场机制作用探索未来产业发展方向。我们必须全面把握总供求关系新变化,科学进行宏观调控。"[①]在经济新常态下,"我国经济发展虽然有周期性、总量性问题,但结构性问题最突出,矛盾的主要方面在供给侧。"[②]宏观经济政策单纯依靠刺激内需难以解决结构性矛盾,矛盾的主要方面在供给侧,因此,必须把改善供给结构作为主攻方向,实现由低水平供需平衡向高水平供需平衡跃升。在试图扩大需求的前提下,把推进供给侧结构性改革作为适应经济新常态、引领新常态的经济发展和经济工作的主线。从生产方入手,围绕提升企业竞争力,调整经济结构,提高供给质量,采取并实施一系列供给侧管理的宏观政策和供给侧结构性改革,先是明确"三去一降一补",尔后又进一步制定"巩固、增强、提升、畅通"的八字方针,推动供给体系的质量和竞争效率的提高,进而克服深层次的结构性矛盾,实现供给与需求之间更高水平基础上的平衡。

事实上,长期发展中从供给侧入手解决结构性矛盾和失衡,从生产端提升企业、产业和整个国民经济的竞争力,进而推进结构升级和经济质态的演进,从发展质态和规模总量上实现经济增长和可持续发展,是国际社会各国普遍的追

---

① 习近平:《经济工作要适应经济发展新常态》(2014 年 12 月 9 日),载中共中央文献研究室编:《习近平关于社会主义经济建设论述摘编》,北京:中央文献出版社 2017 年版,第 78 页。

② 习近平:《在中央财经领导小组第 13 次会议上的讲话》(2016 年 5 月 16 日),载中共中央文献研究室编:《习近平关于社会主义经济建设论述摘编》,北京:中央文献出版社 2017 年版,第 105 页。

求。"从国际经验看,一个国家发展从根本上要靠供给侧推动。一次次科技和产业革命,带来一次次生产力提升,创造着难以想象的供给能力。当今时代,社会化大生产的突出特点,就是供给侧一旦实现了成功的颠覆性创新,市场就会以波澜壮阔的交易生成进行回应。"① 也就是说,高质量创新驱动的供给能够创造出巨大的市场需求。第二次世界大战后包括美国、英国、德国、法国、日本等在内的主要资本主义国家在坚持凯恩斯主义的需求管理为主(特别是短期宏观调控)的同时,也都以不同方式对产业结构、科技创新等供给侧的长期发展做出过战略性的调控和政策引导。日本和法国等在战后初期一段时间里甚至制定了有计划的产业政策。20世纪80年代,美英等国面对传统凯恩斯主义政策形成的"滞胀",还曾发动过所谓"供给革命",但都未取得预想的成效,事实上又都重回凯恩斯主义立场。而战后苏联、东欧国家等社会主义传统的计划经济国家的经济调控和管理的着力方向和重点,始终集中于生产侧,并以集中计划的方式直接掌控企业、产业和整个国民经济体系,力图以非均衡的赶超式发展大力推进结构升级,迅速实现工业化,但总体上来说也不成功。从西方主要资本主义国家的经济实践上看,供给管理和供给革命之所以不成功,主要原因有:一是在政策上,其宏观政策更为重视短期目标,这与其所谓民主政体的任期制有关,因而更强调需求管理,而忽视具有长期性质的供给管理;二是在制度上,供给管理及革命直接影响生产者,首先是影响作为要素集合的企业(微观意义上的生产者),进而影响作为企业集合的产业(中观意义上的生产者),再影响作为产业集合的国民经济结构(宏观意义上的生产者),这与资本主义市场经济的私有制和自由竞争制度存在矛盾。传统社会主义计划经济国家以集中计划的方式直接控制企业、产业、国民经济,之所以也未能如期实现赶超,根本原因在于取消了市场竞争,不存在市场需求对供给的约束和牵引。因而,一方面,生产的发展和产业结构调整具有盲目性,脱离了市场反应的社会经济发展真实有效的需求,会形成资源配置的结构性失效;另一方面,企业可以不受市场约束,不受市场需求制约,在国有制"软预算约束"的体制下,不仅在微观上形成企业低效

---

① 习近平:《在省部级主要领导干部学习十八届五中全会精神专题研讨班上的讲话》(2016年1月18日),载中共中央文献研究室编:《习近平关于社会主义经济建设论述摘编》,北京:中央文献出版社2017年版,第99页。

率,而且在宏观上形成"短缺经济",进而产生严重的总量失衡和结构失衡。[①]因此,在需求与供给的对立统一矛盾运动中,要有效实施供给管理政策,实现"供给侧结构性"发展目标,必须要创造并具备相应的制度和体制条件,因而我国提出以供给侧结构性改革来适应和引领经济新常态,特别突出了结构性"改革"的意义。把"结构性"作为供给侧入手要解决的关键问题,把"改革"作为实现目标的不可或缺的条件,把社会主义市场经济体制的完善作为基础[②],同时必须贯彻新发展理念。

(三)进入新发展阶段我国经济在总供给和总需求两端双向受到冲击,宏观经济治理和宏观调控需要在机制及政策上更加强调统筹需求与供给,需要两端协同发力

伴随我国经济社会发展"十三五"规划目标的达成,我们党提出的"第一个百年奋斗目标"实现,我国经济社会发展进入新阶段(2020年10月召开的党的十九届五中全会正式提出),我国发展面临新的机遇和挑战。就机遇而言,我们在实现了"第一个百年奋斗目标"基础上开启了"第二个百年奋斗目标"新征程,中华民族伟大复兴进入了不可逆转的历史进程。经过理论和实践上的长期探索与艰苦奋斗,我们为以中国式现代化实现中华民族伟大复兴提供了更为坚实的物质条件、更为完善的体制保证、更为主动的精神力量。就挑战而言,国际国内环境的深刻变化,约束条件和发展目标的历史性演变,我国经济社会发展各种矛盾和社会主要矛盾运动呈现新特点,遇到的矛盾、风险和挑战空前复杂、系统、尖锐。机遇与挑战的内涵发生了深刻变化,机遇更具战略性、可塑性,即总体的趋势性和过程的不确定性,挑战更具复杂性、全局性,即矛盾更尖锐,风险更具系统性;机遇和挑战的相互关系发生了深刻变化,不再是一般的机遇大于挑战,而是更具辩证性,即机遇与挑战并存,挑战前所未有,应对好了,机遇也

[①] 匈牙利经济学家亚诺什·科尔奈在其《短缺经济学》(1980年)中对传统计划经济条件下的"短缺经济"进行了深入分析。参见亚诺什·科尔奈著,张晓光、李振宁、黄卫平译:《短缺经济学》(上、下)中译本,北京:经济科学出版社1986年版。

[②] 刘伟:《经济新常态与供给侧结构性改革》,《管理世界》,2016年第7期,第1—9页;刘伟、苏剑:《供给管理与我国的市场化改革进程》,《北京大学学报(哲学社会科学版)》,2007年第5期,第97—104页。

前所未有,显然挑战更具前置性;战略机遇期发生了深刻变化,具体战略机遇期的时长难以再明确,而是正处于不确定难预料因素增多的状态。

特别是在 2020 年新冠疫情冲击下,就宏观经济运行而言,需求供给双向萎缩,一方面,在全球经济负增长条件下,我国内需疲软的矛盾进一步突出,特别是在疫情冲击下消费需求增长动力不足尤为突出;另一方面,供给侧结构性矛盾仍然突出,结构性产能过剩和新动能不足并存,在欧美国家加大围堵打压力度的情况下,"卡脖子"矛盾和结构升级动能不足相互交织,经济增长在总量和结构上均受到严重影响。受需求和供给双向萎缩冲击,虽然 2020 年在全球经济负增长的同时,我国经济增长率达到 2.3%,是世界主要经济体当中唯一保持正增长的国家,但与我国经济发展历史数据相对照,仍然处于最低增长速度水平。

与这种宏观经济失衡出现的新态势相适应,我国宏观调控方式、政策力度及着力点开始发生变化,对于统筹协调供给与需求有了进一步的认识,对需求侧管理予以新的强调。2020 年 12 月召开的中央经济工作会议,在坚持以深化供给侧结构性改革为主线的同时,提出科学精准实施宏观政策,努力保持经济运行在合理区间,坚持扩大内需;强调在加快构建以国内大循环为主体、国内国际双循环相互促进的新发展格局过程中,紧紧扭住供给侧结构性改革这条主线的同时,"注重需求侧管理,打通堵点,补齐短板,贯通生产、分配、流通、消费各环节,形成需求牵引供给,供给创造需求的更高水平动态平衡,提升国民经济体系整体效能"①。

2021 年 12 月,中央经济工作会议进一步分析宏观经济面临的新挑战,指出:"我国经济面临需求收缩、供给冲击、预期转弱三重压力。"②首先要求宏观政策要稳健有效,积极的财政政策要提升效能,加大财政支出政策强度和财政收入政策支持力度;稳健的货币政策要灵活适度,保持流动性合理充裕;强调"财政政策和货币政策要协调联动,跨周期和逆周期宏观调控政策要有机结合。实施好扩大内需战略,增强发展内生动力"③。明确提出宏观上实施好扩大内需

---

① 《中央经济工作会议在北京举行》,《人民日报》,2020 年 12 月 19 日,第 1 版。
② 《中央经济工作会议在北京举行》,《人民日报》,2021 年 12 月 11 日,第 1 版。
③ 同上。

第七章 "宏观经济治理"范畴的讨论——治理体系和能力的创新及提升

战略,在此基础上,提出结构政策要着力畅通国民经济循环,"要深化供给侧结构性改革,重在畅通国内大循环,重在突破供给约束堵点,重在打通生产、分配、流通、消费各环节。"①

2022年12月,中央经济工作会议上针对我国经济恢复的基础尚不牢固的问题,进一步强调需求侧管理的战略重要性,强调扩大内需与深化供给侧结构性改革两方面的有机结合,指出"需求收缩、供给冲击、预期转弱三重压力仍然较大,外部环境动荡不安,给我国经济的影响加深",要求在宏观调控方式上,"把实施扩大内需战略同深化供给侧结构性改革有机结合起来"。在宏观经济政策上,突出强调"着力扩大国内需求。要把恢复和扩大消费摆在优先位置""要通过政府投资和政策激励有效带动全社会投资"②。进一步要求,积极的财政政策要"加力提效",稳健的货币政策要"精准有力",以加大宏观政策刺激总需求,特别是扩大内需的力度,更好应对各种超预期因素冲击。

2023年中央经济工作会议深入剖析了进一步推动经济回升向好需要克服的困难和挑战,更加强调有效需求不足等方面的失衡特点,把"深化供给侧结构性改革和扩大有效需求协同发力"上升为新时代做好经济工作需要认识和遵循的重要规律,指出"进一步推动经济回升向好需要克服一些困难和挑战,主要是有效需求不足、部分行业产能过剩、社会预期偏弱、风险隐患仍然较多,国内大循环存在堵点,外部环境的复杂性、严峻性、不确定性上升"。因而,在宏观调控方式上要求"加大宏观调控力度,统筹扩大内需和深化供给侧结构性改革";在宏观经济政策上要求"强化宏观政策逆周期和跨周期调节,继续实施积极的财政政策和稳健的货币政策,加强政策工具创新和协调配合",财政政策要适度加力、提质增效,货币政策要灵活适度、精准有效。特别需要指出的是,2023年中央经济工作会议在总结深化新时代做好经济工作规律性认识时,在以往总结概括基础上进一步概括了"五个必须",其中第二个"必须"即为"必须坚持深化供给侧结构性改革和着力扩大有效需求协同发力,发挥超大规模市场和强大生产能力的优势,使国内大循环建立在内需主动力的基础上,提升国际循环质量和水平"③。

---

① 《中央经济工作会议在北京举行》,《人民日报》,2021年12月11日,第1版。
② 《中央经济工作会议在北京举行》,《人民日报》,2022年12月17日,第1版。
③ 《中央经济工作会议在北京举行》,《人民日报》,2023年12月13日,第1版。

（四）当前实现需求与供给两端协同发力，需要深化认识和自觉遵循客观经济规律，切实提升宏观经济治理和政策调控的有效性

回顾和总结我国经济社会发展进入新阶段以来，特别是自2020年受新冠疫情冲击等国内外多重风险挑战深刻影响下，我国宏观经济治理和宏观经济政策与经济中出现的新矛盾、新失衡不断变化适应，做出了相应的调整，在供给与需求两端的关系处理上，无论是在实践上还是在理论上都不断深化。在2020年提出扭住深化供给侧结构性改革主线的同时，强调要注重需求侧管理；在2021年明确提出在面对"三重压力"条件下，要实施好扩大内需战略，同时要深化供给侧结构性改革；在2022年进一步要求把实施扩大内需战略同深化供给侧结构性改革有机结合起来；到2023年则更进一步，把"坚持深化供给侧结构性改革和着力扩大有效需求协同发力"作为新时代做好经济工作必须认识和遵循的客观规律。

正如习近平总书记所深入阐释的，"更好统筹扩大内需和深化供给侧结构性改革，增强国内大循环动力和可靠性"是破除制约形成新发展格局主要矛盾和问题的需要，是加快构建新发展格局的客观要求。习近平同志指出："构建新发展格局的关键在于实现经济循环的畅通无阻。能否实现，主要取决于供给和需求两端是否动力强劲、总体匹配、动态平衡、良性互动。这就需要把扩大内需战略同深化供给侧结构性改革有机结合起来，供需两端同时发力、协调配合，形成需求牵引供给、供给创造需求的更高水平动态平衡，实现国民经济良性循环。"①党的二十大报告在阐释高质量发展这一主题的内涵和要求时，突出强调了把实施扩大内需战略同深化供给侧结构性改革有机结合起来，进而推动经济实现质的有效提升和量的合理增长。②可以说，习近平总书记关于需求与供给相互关系的分析，是习近平新时代中国特色社会主义经济思想中的重要内容，特别是关于宏观经济治理和宏观经济调控论述的重要内容，是党的创新理论关于新时代做好经济工作的规律性认识的深化，也是加快构建新发展格局实现的重要遵循。只有真正实现两者的有机结合，才能切实增强国内大循环的动力和可靠性，

---

① 习近平：《加快构建新发展格局 把握未来发展主动权》，《求是》，2023年第8期，第4—8页。
② 习近平：《高举中国特色社会主义伟大旗帜 为全面建设社会主义现代化国家而团结奋斗——在中国共产党第二十次全国代表大会上的报告》，《人民日报》，2022年10月26日，第1版。

第七章 "宏观经济治理"范畴的讨论——治理体系和能力的创新及提升

进而为实现国内国际双循环提供坚实基础并赢得主动权;才能有效缓解供求严重失衡错位和循环不畅,进而从根源上推动防范化解经济金融领域重大风险。

实现两者的有机结合重要的政策要求在于:一是在政策目标和政策导向上,必须追求以有效的市场需求牵引供给,以高质量的供给创造需求,从而实现高水平的动态平衡,而不是以大水漫灌式的劣质需求去拉动低效率的经济泡沫。所谓扩大有效的市场需求,是指扩大"有收入支撑的消费需求,有合理回报的投资需求,有本金和债务约束的金融需求"①"激发有潜能的消费,扩大有效益的投资,形成消费和投资相互促进的良性循环"②。所谓高质量的供给是指通过深化供给侧结构性改革,以"持续推动科技创新、制度创新,突破供给约束堵点、卡点、脆弱点,增强产业链供应链的竞争力和安全性"③,进而自主可控、高质量的供给。说到底是要贯彻新发展理念,以科技创新引领现代化产业体系,以科技创新推动产业创新,催生新产业、新模式、新动能,发展新质生产力④。二是在政策制定和传导机制上,要坚持稳中求进工作总基调,并以此作为长期坚持的治国理政的重要原则,这是我们党对经济工作重要的规律性认识。⑤ 当前,要特别强调坚持稳中求进,以进促稳、先立后破;加强政策工具创新和协调配合,准确把握经济工作的政策取向,在政策实施上强化协同联动,放大组合效应;在政策效果评价上注重有效性,着力提升宏观政策支持高质量发展的效果;加强宏观经济调控的统筹协调,坚持系统观念,这是我们党总结的对经济工作的又一重要规律性认识。⑥ 在多重目标中寻求动态平衡,在统筹兼顾中突出重点。当前特别需要抓住主要矛盾,突破瓶颈制约,注重前瞻布局,统筹扩大内需和深化供给侧结构性改革,统筹新型城镇化和乡村全面振兴,统筹高质量发展和高水平安全,统筹推进深层次改革和高水平开放。⑦ 三是在宏观经济治理机制上,我国作为不断深化社会主义市场经济历史进程中最大的发展中国家,就宏观经济政策类型而言,不仅包括总量政策,而且包括结构政策,以适应总量均衡和结

---

① 习近平:《加快构建新发展格局 把握未来发展主动权》,《求是》,2023年第8期,第4—8页。
② 《中央经济工作会议在北京举行》,《人民日报》,2023年12月13日,第1版。
③ 习近平:《加快构建新发展格局 把握未来发展主动权》,《求是》,2023年第8期,第4—8页。
④ 《中央经济工作会议在北京举行》,《人民日报》,2023年12月13日,第1版。
⑤ 《中央经济工作会议在北京举行》,《人民日报》,2021年12月11日,第1版。
⑥ 同上。
⑦ 《中央经济工作会议在北京举行》,《人民日报》,2023年12月13日,第1版。

构均衡、总量增长与结构升级、短期均衡和长期协调的发展要求。就政策工具而言,不仅包括财政政策、货币政策,而且包括市场机制和市场环境培育等改革政策,以适应宏观政策实施和传导对市场经济体制的要求。就宏观调控的方向而言,不仅包括需求管理(包括重视需求管理的短期总量效应,也包括关注需求管理的长期结构效应,强调逆周期调节的同时重视跨周期调节),而且包括供给管理(包括重视供给管理的长期结构效应,也包括注重供给管理的短期总量效应),以对冲经济面临的需求和供给双重冲击。就宏观治理体制而言,根本在于构建高水平的社会主义市场经济体制,切实在体制上为市场在资源配置中发挥决定性作用、更好发挥政府作用提供保证,推动供给和需求之间的总量和结构性动态均衡。就其实现过程来讲,本质上是市场竞争并逐渐趋向于收敛的过程,强调供给与需求两端协同发力,真正有机统一扩大内需战略与深化供给侧结构性改革,而不是将两者孤立,甚至分割开来。关键在于培育充分竞争的市场体系,同时切实在体制上为更好发挥政府作用提供条件,单纯依靠市场在现实中是不具备充分实现供求均衡的可能的,现代化的经济体系所要求的现代经济体制,必须是市场与政府有机结合良性互动的体制。对于处于深化改革和实现赶超过程中的我国经济而言,发展中的特殊矛盾和体制机制上的不完善,更需要推进市场化、法治化,需要坚持社会主义市场经济改革方向,才可能具备供求均衡发展的制度基础。

总之,要深化认识和自觉遵循新时代客观经济规律,把高质量发展作为新时代的硬道理,把推进中国式现代化作为最大的政治,在党的统一领导下,聚焦经济建设中心工作,实现高质量发展。①

第三节 "稳中求进"是新发展阶段宏观经济治理的工作总基调

(一)"稳中求进"工作总基调是治国理政的重要原则,是新时代党对做好经济工作的重要规律性认识,必须在宏观经济治理和调控中长期坚持科学贯彻

将"稳中求进"作为工作总基调进而作为治国理政的重要原则,是习近平经

---

① 《中央经济工作会议在北京举行》,《人民日报》,2023年12月13日,第1版。

第七章 "宏观经济治理"范畴的讨论——治理体系和能力的创新及提升

济思想中的重要观点。从宏观经济治理和调控上理解稳和进的内涵,正如习近平同志所指出的,"坚持稳中求进工作总基调,'稳'的重点要放在稳住经济运行上,确保增长、就业、物价不出现大的波动,确保金融不出现区域性系统性风险。'进'的重点要放在调整经济结构和深化改革开放上,确保转变经济发展方式和创新驱动发展取得新成效"①。也就是说,"稳"的关键在于宏观经济具有稳定性,宏观经济运行质量重要的在于减轻波动性,主要宏观经济指标运行要稳健,尤其是经济增长率,与之相联系的失业率、通货膨胀率,以及国际收支等指标均衡稳健,宏观经济运行质量好坏重要的是看宏观经济指标能否均衡达成,看经济运行是否稳定,进而为微观经济主体对宏观经济做出合理预期创造可能。"进"的关键在于技术创新驱动的产业革命和相应的经济结构质态演进符合经济发展历史规律,改革开放推动的制度创新和相应的治理体系变化符合解放发展生产力的历史要求。经济发展的质量高低根本在于结构质态演进,结构演进以新质生产力培育为产业基础,新质生产力的培育及相应的结构升级是效率的函数,而效率是创新的函数,包括技术创新和制度创新,科技是第一生产力,改革是解放和发展生产力的关键动力。

"稳中求进"是新时代我们党在实践探索中形成的对于做好经济工作的一项规律性认识。党的十八大以来,党中央始终强调坚持稳中求进工作总基调。2012年12月召开的中央经济工作会议上明确要求,"要继续把握好稳中求进的工作总基调"。2013年12月召开的中央经济工作会议上进一步指出,做好经济工作,"最核心的是要坚持稳中求进、改革创新"。2014年12月和2015年12月中央经济工作会议都将坚持稳中求进工作总基调列入做好经济工作的总体要求。2016年12月中央经济工作会议把稳中求进上升为治国理政的重要原则,指出"稳中求进工作总基调是治国理政的重要原则,也是做好经济工作的方法论",强调"稳是主基调,稳是大局,在稳的前提下要在关键领域有所进取,在把握好度的前提下奋发有为"。党的十九大之后,2017年12月中央经济工作会议进一步明确,稳中求进工作总基调是治国理政的长期重要原则,必须长期坚持。

---

① 习近平:《在中央经济工作会议上的讲话》(2014年12月9日),载中共中央文献研究室编:《习近平关于社会主义经济建设论述摘编》,北京:中央文献出版社2017年版,第321页。

2018年12月、2019年12月和2020年12月相继召开的中央经济工作会议坚持稳中求进工作总基调,强调宏观政策要稳,稳字当头,并且具体化为"六稳"。① 2020年12月中央经济工作会议分析新冠疫情与国内国际各方面经济社会发展风险叠加的冲击,提出继续坚持"稳中求进"工作总基调,要求保持宏观经济政策上的连续性、稳定性、可持续性,在扎实做好"六稳"的基础上,进一步具体化为"六保"。② 2021年12月中央经济工作会议深刻剖析了需求收缩、供给冲击、预期转弱的"三重压力",总结了对做好经济工作的规律性认识,即"四个必须",其中之一便是把"稳中求进"这一工作总基调和治国理政的重要原则上升为我们党在应对风险挑战实践中积累形成的一条做好经济工作的规律性认识,做好经济工作必须遵循这一客观经济规律的要求,"稳字当头、稳中求进,各地区各部门要担负起稳定宏观经济的责任,各方面要积极推出有利于经济稳定的政策"③。党的二十大之后,2022年12月召开的中央经济工作会议明确概括了做好经济工作必须努力做到"六个坚持"的客观要求,其中一条便是"坚持稳中求进工作总基调"④。2023年12月召开的中央经济工作会议进一步深化了对于"稳中求进"的认识,要求"继续坚持稳中求进工作总基调,坚持稳中求进、以进促稳、先立后破,多出有利于稳预期、稳增长、稳就业的政策,在转方式、调结构、提质量、增效益上积极进取,不断巩固稳中向好的基础"⑤。也就是说,从当前宏观经济目标来看,实现"稳"的目标,要求突出"三稳"(稳增长、稳就业、稳预期);从长期经济发展趋势来看,体现"进"的要求,需要提质增效转变结构。以"稳"为"进"创造时间窗口,提供宏观经济环境,以"进"为稳中向好创造基础,提供经济发展动能。

---

① 《中央经济工作会议在北京举行》,《人民日报》,2012年12月17日,第1版;《中央经济工作会议在北京举行》,《人民日报》,2013年12月14日,第1版;《中央经济工作会议在北京举行》,《人民日报》,2014年12月12日,第1版;《中央经济工作会议在北京举行》,《人民日报》,2015年12月22日,第1版;《中央经济工作会议在北京举行》,《人民日报》,2016年12月17日,第1版;《中央经济工作会议在北京举行》,《人民日报》,2017年12月21日,第1版;《中央经济工作会议在北京举行》,《人民日报》,2018年12月22日,第1版;《中央经济工作会议在北京举行》,《人民日报》,2019年12月13日,第1版。
② 《中央经济工作会议在北京举行》,《人民日报》,2020年12月19日,第1版。
③ 《中央经济工作会议在北京举行》,《人民日报》,2021年12月11日,第1版。
④ 《中央经济工作会议在北京举行》,《人民日报》,2022年12月17日,第1版。
⑤ 《中央经济工作会议在北京举行》,《人民日报》,2023年12月13日,第1版。

第七章 "宏观经济治理"范畴的讨论——治理体系和能力的创新及提升

显然,进入新时代以来,我们党对"稳中求进"重要性的认识和强调不断深化和加强,从提出贯彻"稳中求进"原则,到明确"稳中求进"为工作总基调,从将其作为做好经济工作需要坚持的"最核心"的工作方针,到在实践上将其上升为"治国理政的重要原则",在理论上将其凝练为"做好经济工作的方法论",从而在理论与实践的统一上,将"稳中求进"工作总基调和治国理政重要原则深化为党对做好经济工作的规律性认识,成为习近平经济思想重要创新的集中体现,作为规律性认识,反映着经济社会发展的客观要求,需要在经济社会中尤其是宏观经济治理和宏观调控过程中自觉遵循、科学贯彻、长期坚持。

(二)不断深化对稳与进内涵的认识,科学把握稳与进内在的联系,推进经济发展质的有效提升和量的合理增长

"稳"和"进"的具体内涵是伴随经济社会发展而历史性变化的,就"稳"而言,其核心内容是经济增长要稳,防止出现大的波动,经济运行要稳,防止发生严重失衡。经济增长的速度不能大起大落,而要保持相应的稳定性,宏观经济目标之间、宏观经济与微观经济之间、总量目标与结构目标之间等各方面不能严重冲突,要保持一定的均衡性。事实上,稳定性和均衡性是宏观经济质量高低的重要判断依据,我国经济社会发展进入新时代以来,约束条件和目标函数等都发生了深刻而又系统的变化,因此对于"稳"相应就有了新的要求。

党的十八大以后我国经济社会发展出现新常态,而新常态中突出的一个特征便是经济增长速度进入换挡期。在 2013 年 12 月召开的中央经济工作会议上,习近平同志指出,"面对我国经济增长速度换挡期、结构调整阵痛期、前期刺激政策消化期'三期叠加'的状况,经济形势可以说是变幻莫测、瞬息万变"[①]。可以说"三期叠加"表明我国经济发展进入新常态,这是不以人的主观意志为转移的客观进程。因而,认识新常态、适应新常态、引领新常态,成为我国经济发展的大逻辑,针对经济新常态下的速度变化、结构优化、动力转换三大特点,要求"在增长速度不可避免换挡的同时,经济发展方式加快转变,经济结构不断优

---

① 习近平:《在中央经济工作会议上的讲话》(2013 年 12 月 10 日),载中共中央文献研究室编:《习近平关于社会主义经济建设论述摘编》,北京:中央文献出版社 2017 年版,第 73 页。

化,发展动力持续转换,改革开放释放出新的发展活力",推动我国经济向形态更高级、分工更优化、结构更合理的阶段演进。① "稳"有了新内涵:一是稳增长要顺应新常态下经济增速换档期的客观要求,不能不切实际继续追求高速增长,而是稳定在合理水平上,经济增长必须建立在供给约束条件提供的可能和需求约束环境提供的必要性基础之上;二是稳增长要遵循经济发展速度有升有降的客观趋势,不能绝对地机械地对待经济增速波动,经济波动是经济发展规律,稳增长不是取消波动,而是使之在合理范围内,宏观调控的基本目标就是使波动性控制在预期范围之内,宏观经济运行质量的重要标志是降低经济波动的幅度②;三是稳增长不能作为孤立的经济目标,必须与转变发展方式、调整经济结构、转换经济动能相统一。稳增长要为长期发展质量提升创造条件,拓展"窗口期",所谓宏观政策要稳,就是要为经济结构性改革营造稳定的宏观经济环境③。同时要适应转方式调结构的发展要求,不能为短期增长目标的实现,"继续透支未来的增长"④。总体而言,"稳"更体现经济增长的总量运行和增长速度方面的特征,更具短期性,在政策上更具需求管理的特点,因而从可持续高质量发展的意义上来看,之所以需要"稳",重要的原因在于不能使短期增长目标的实现以牺牲未来长期发展可能为代价。对于"稳"的认识,从稳增长到稳定经济社会发展大局,从防止经济大起大落式的波动到稳定宏观经济大盘,从实现既定宏观经济增长目标到保持经济运行在合理区间,在实践中不断深化和丰富,不断提升与客观经济规律间的契合度。

就"进"而言,其核心内容是通过创新,包括技术创新和制度创新,提高要素效率和全要素生产率,从而形成战略性新兴产业和未来产业,切实推进经济结构质态演进,培育新质生产力,建设现代化经济体系,首先是构建现代化产业体

---

① 习近平:《以新的发展理念引领发展,夺取全面建成小康社会决胜阶段的伟大胜利》(2015 年 10 月 29 日),载中共中央文献研究室:《十八大以来重要文献选编》(中),北京:中央文献出版社 2016 年版,第 823 页。

② 习近平:《经济工作要适应经济发展新常态》(2014 年 12 月 9 日),载中共中央文献研究室编:《十八大以来重要文献选编》(中),北京:中央文献出版社 2016 年版,第 245—246 页。

③ 《习近平主持召开中央财经领导小组第十一次会议强调:全面贯彻党的十八届五中全会精神落实发展理念推进经济结构性改革》(2015 年 11 月 10 日),《人民日报》,2015 年 11 月 11 日,第 1 版。

④ 习近平:《经济工作要适应经济发展新常态》(2014 年 12 月 9 日),载中共中央文献研究室编:《十八大以来重要文献选编》(中),北京:中央文献出版社 2016 年版,第 245—246 页。

第七章 "宏观经济治理"范畴的讨论——治理体系和能力的创新及提升

系,形成新发展格局,完整准确全面贯彻新发展理念,推进高质量发展。党的十八大之后我国经济社会发展进入新时代,制约经济发展的基本经济条件发生了深刻而又系统的变化,经济社会本身的内在矛盾也发生了根本而又显著的变化,以经济总量扩张为目标、高速翻番式增长为方略的发展理念和基本战略产生了严重的历史局限,无论是在供给侧的要素成本上还是在需求侧的市场规模上,都难以持续支持以往的高速增长,必须重塑新优势,根本转变发展方式。经济发展摆脱了低收入贫困陷阱的困扰,进入上中等收入阶段(以人均 GDP 水平为标准,我国 2010 年达到世界银行划分的上中等收入起点线),需要克服"中等收入陷阱"困扰,关键需要从以解决总量失衡矛盾,特别是短缺矛盾为主逐渐向以解决一系列深层次的结构性失衡为主转换,解决深层次的结构性矛盾追求的目标重在结构质态升级优化,结构升级则是要素效率和全要素效率提升的结果,而效率提升只能是创新的函数。因而"进"的根本在于效率提升结构优化。并且伴随新时代经济社会发展,"进"的内涵不断发生历史性的变化:一是从强调结构升级扩展到构建现代化经济体系,二是从突出深化供给侧结构性改革聚焦到培育和发展新质生产力,三是从明确以提高全要素生产率为关键上升到以高质量发展为首要任务。总体而言,"进"更体现经济长期发展的结构性和质态演进方向的特征,更具长期性,在政策上也更具供给管理的特点。真正实现"进",本质上就是实现高质量发展,即在宏观上实现供求均衡,特别是结构均衡的发展,在微观上实现高效率,特别是依靠全要素生产率提高为主要动能的发展,在结构上实现协调,特别是产业结构、区域结构、分配结构等方面协调发展,在风险防范上实现高水平安全,特别是提高国民经济抗击打能力的发展韧性,在内外循环上实现高水平开放,特别是制度型开放的发展。这种高质量的发展目标的达成,要求高水平的创新,首先是科技创新推动的产业变革形成新质生产力,要求高水平的改革,关键是加快构建高水平的社会主义市场经济体制,要求高水平的开放,目标是形成国内国际双循环相互促进的新发展格局。

就稳与进的关系而言,稳中求进是辩证统一的整体,不能分割,更不能相互对立。稳是前提,进是根本,就国民经济宏观调控而言,"稳是主基调,稳是大局,在稳的前提下要在关键领域有所进取,在把握好度的前提下奋发有为"[①]。

[①] 《中央经济工作会议在北京举行》,《人民日报》,2016 年 12 月 17 日,第 1 版。

就国民经济长期发展而言,进是根本,实现高质量发展,培育新质生产力、提升经济结构质态是提升我国经济社会发展生存力、竞争力、发展力、可持续力的根本。没有"稳"就没有"进"的宏观经济条件,也就是说,没有相对稳定的宏观经济环境,没有基本的宏观经济政策目标的达成,没有总供求关系的基本均衡(至少不出现严重失衡),就难以实质性地推动"进"。因此,"经济工作要稳字当头、稳中求进,各地区各部门要担负起稳定宏观经济的责任,各方面要积极推出有利于经济稳定的政策"①"坚持稳中求进、以进促稳、先立后破"②。

没有进就不具稳的基础。在新发展阶段,伴随国内国际经济社会发展条件和环境的深刻变化,需要重塑新优势,根本改变发展方式,否则根本不可能实现可持续健康稳定的发展,不能完整准确贯彻新发展理念,加快培育现代化经济体系、形成新质生产力、长期经济社会发展的目标难以达成,中国式现代化的历史进程就有可能被迟滞甚至中断,经济社会大局也就不存在长期稳定的可能和基础,不能有效提升国民经济质态,提高创新能力促进要素效率和全要素生产率提高,带动经济社会发展质的有效提升和量的合理增长实现有机统一,不仅量的增长目标难以达成,而且将加剧宏观经济的不稳定和失衡,从而国民竞争力不断绝对或相对降低,在国际竞争全球化新格局中将被固化在产业价值链低端,国民经济高水平安全难以保障。

因此,在实践上,稳中求进不仅是宏观经济工作的总要求,更是治国理政的重要原则,是新时代经济社会发展客观规律的要求。在理论上,也是重要的方法论,是对客观经济规律认识的深化。认识稳与进,既要坚持唯物主义的立场,即实事求是的出发点,不能脱离实际;又要体现辩证法的要求,即积极能动的态度,一动一静,动静结合。

---

① 《中央经济工作会议在北京举行》,《人民日报》,2021年12月11日,第1版。
② 《中央经济工作会议在北京举行》,《人民日报》,2023年12月13日,第1版。

第八章
"人类命运共同体"范畴的讨论
——社会主义市场经济制度型开放

第一节 "共同体"的概念及其演变①

在思想史上,"共同体"的概念由来已久,共同体有多种形态,包括血缘的、地缘的、精神的、物质的,以及人类社会生活历史进程中的各方面,如政治、经济、文化、军事等。"共同体"范畴虽然不等同于"社会",但与"社会"有着深刻的联系,因为"共同体"是一种文明,而文明首先是以人类聚集为社会才可能产生,有了"社会","共同体"才可能产生。② 严格地说,从理论上来看,"共同体"很难有一个统一而又精确的定义,只是对特定标准、目标、理念、规则等的某种"认同"。从实践上看,以一定的社会形式维持某种"认同"需要满足各种条件,而这些条件又总是处于各种博弈的历史运动中,具有不稳定性,因此"共同体"的维系面临许多困难。现代化及相应的经济全球化的发展,要求现代社会中的"共同体"的构建,具有更主动的自觉性而非强迫性,具有更广泛的包容性而非对立性,具有更强烈的整体性而非离散性。在理论与实践的统一上科学认识"共同体"需要艰苦探索。马克思主义的"交往理论"对于我们科学分析和认识

---

① 本节参见刘伟、王文:《新时代中国特色社会主义政治经济学视阈下的"人类命运共同体"》,《管理世界》,2019年第3期,第1—16页。
② 秦晖:《共同体·社会·大共同体——评滕尼〈共同体与社会〉》,《书屋》,2000年第2期,第57—59页;钱乘旦:《西方那一块土》,北京:北京大学出版社2015年版,第1—2页。

现代社会"共同体"具有重要指导意义,习近平同志"人类命运共同体"思想恰是对马克思主义"交往理论"的运用和发展。

交往理论是马克思对人类历史进行社会形态种类划分的重要工具。马克思强调,人是类的存在物,是相互联系的社会,进而才有人类文明。① 在马克思的分析逻辑中,人类交往、生产方式、社会分期三者之间是有机联系的整体,交往方式和生产方式在发展中相互促进,生产方式的发展变革为人类交往创造新的物质条件和社会需要,而交往方式的改变和扩展又推动着生产方式的变化,生产方式和交往方式的发展推动着历史演进并形成社会分期的根据,经济全球化、世界现代化的历史也是在这种演进中形成的。

马克思交往理论关于"交往关系"的概念(马克思主义经典作家在《德意志意识形态》中使用的词汇,德文是 verkehr,英文是 commerce),包含贸易、交换、流通等含义,是指具有广泛意义的社会关系。② 这一范畴,从内涵上涉及经济、政治、文化、社会、生态等五大领域;从方式上包含贸易、战争、交流等多种形式;从范围上包括内部交往、民族交往、国际交往等种类;从主体上看,包括人与人之间、人与社会(市场)、人与自然之间的相互能动作用。③ 马克思交往理论中的国际交往是其论述的交往表现形式的重要类型,马克思指出:"资产阶级社会在人类历史上第一次将整个人类带入到一个单一社会秩序的范围之内。"④ 国际交往在全球市场、国际分工、世界经济体系形成过程中不断强化,逐渐深入,推动交流联系普遍化,甚至不断消解各国文化的历史特性。

"交往"便会产生"共同体",马克思深入分析了人类历史发展中存在的各种共同体,阐释了其产生的原因、发展的过程以及不同的性质和特征,在此基础上对共同体未来发展趋势作出了预测。马克思概括出三种共同体:一是"自然共同体",也称"原始共同体",是人类社会早期一种以血缘关系为纽带的社会形态,是"家庭和扩大为部落的家庭",或通过家庭之间互相通婚(而组成的部

---

① 《马克思恩格斯全集》(第三卷),北京:人民出版社 2002 年版,第 272 页。
② 万光侠:《马克思的交往理论及其当代价值》,《江西社会科学》,2000 年第 4 期,第 6—9 页。
③ 张峰:《马克思恩格斯的国际交往理论与"一带一路"建设》,《马克思主义研究》,2016 年第 5 期,第 68—75 页。
④ 安东尼·吉登斯:《资本主义与现代社会理论》,北京:北京大学出版社 2006 年版,第 54 页。

第八章 "人类命运共同体"范畴的讨论——社会主义市场经济制度型开放

落),或"部落的联合"。① 在"自然共同体"中,生产力水平极为低下,只有通过集体行动才能弥补个体能力的不足,因而个体对于共同体存在完全依赖关系。二是"政治共同体",其本质是"完全虚幻的共同体"和对人的"新的桎梏"②,"政治共同体"是在生产力不断发展的基础上,相应社会生产方式发生演变的过程中,个体对原始的自然共同体集体的完全依赖程度逐渐减弱,个体人的能力和独立性逐渐提高的条件下,自然共同体逐渐演变为"政治共同体",个体利益与集体利益形成对立,统治者以"共同利益"为借口维护自身利益、攫取社会利益,是一定的阶级利益的实现形式。三是"真正共同体",马克思基于对自然共同体和政治共同体的历史批判,进一步提出了"真正共同体",即"自由人联合体",在这里人与人之间不存在社会差别,消灭了一切私有制和阶级统治,实现了个人利益与社会利益的高度统一③,一切人(个体的人)的全面自由发展成为整个社会存在和发展的前提。实际上,马克思指出了人类未来社会发展的共产主义方向,"真正共同体"作为与共产主义社会相对应的"自由人联合体"是对"自然共同体"和"政治共同体"的根本否定及历史超越。

但是,这个根本否定及历史超越是一个极为漫长的发展演进过程,一是资本主义生产方式在其所包含的社会生产力发展能力释放完毕之前是不可能彻底被取代的,更何况当代资本主义生产方式本身仍不断进行变革和创新,使其根本矛盾得以缓和,资本主义经济仍是而且在未来长时期里还将居世界领先水平并主导世界经济。二是社会主义革命实践首先是从帝国主义链条的薄弱环节开始,并且是首先发生在个别国家(发生十月革命的俄国、发生新民主主义革命的中国等),并非像马克思主义经典作家所设想的在主要的发达资本主义国家共同发生的普遍革命。因此,一方面,就国内经济社会发展而言,要经过长期的社会主义阶段(共产主义低级阶段)才能创造向共产主义高级阶段过渡的必要条件,对于我国的中国特色社会主义来说则更需要经过长期的社会主义初级阶段;另一方面,就国际环境而言,正如列宁曾指出的,由于经济和政治性原因,"由于发展的速度和基础与欧洲不同,我们的俄罗斯社会主义苏维埃共和国暂

---

① 《马克思恩格斯文集》(第八卷),北京:人民出版社 2009 年版,第 123 页。
② 《马克思恩格斯选集》(第一卷),北京:人民出版社 2012 年版,第 199 页。
③ 康渝生、陈奕诺:《"人类命运共同体":马克思"真正的共同体"思想在当代中国的实践》,《学术交流》,2016 年第 11 期,第 11—15 页。

时还是处于帝国主义强盗势力的波涛汹涌的大海中的一个孤岛"①。实际上,中国特色社会主义也还处于这种世界资本主义大海中的"孤岛"状态,作为发展中国家,经济社会发展水平与发达资本主义经济仍有显著差距,对于世界发展的影响力仍然不够充分;同时,中国特色社会主义的我国仍处在资本主义世界体系的包围之中,需要妥善处理与资本主义国家主导的世界经济政治体系之间的关系。在马克思所说的由存在阶级和私有制社会历史条件下的"政治共同体"向未来人类社会的"真正共同体"发展的长期进程中,特别是在这一长期发展进程的国际关系处理中,历史地创造和运用各种"共同体"有着极为重要的意义,尤其是在当代经济全球化发展中形成了一系列发展赤字,全球治理结构面临深刻复合型危机,同时经济全球化又使不同制度、不同信仰、不同民族的不同国家之间形成了前所未有且仍在不断加深的经济发展上的联系,任何单一行为主体遭受的危机打击和负面不负责任的"破坏"行为都可能给整个世界经济体系带来难以预料的冲击。特别是以我国为典型的新兴经济体在世界经济发展中崛起,虽然并未根本改变资本主义发达经济体对世界经济体系的主导地位,但对世界经济结构产生着深刻的影响,根植于西方资本主义世界经济体系的全球治理理念、理论、模式都面临新的历史性挑战。② 当代世界人类交往联系程度的提升和关系的复杂性,与以往国际社会提供的各类"政治共同体"之间产生了严重的不适应,包容性极其不足。世界发展需要创造新型治理体系以应对全球性治理危机,需要构建新型"共同体"来衔接(容纳)全球化发展中的利益(矛盾),需要以马克思主义的"交往理论"为指导结合新的历史条件变化提出新的全球治理理念和模式。

第二节 "人类命运共同体"的内涵及其理念

党的十八大提出构建"人类命运共同体",习近平同志进一步强调指出:构建"人类命运共同体"需要各国相互间"建立平等相待、互商互谅的伙伴关系"

---

① 《列宁全集》(第二十七卷),北京:人民出版社 2017 年版,第 345 页。
② "中心-边缘"结构,参见 Immanuel Wallerstein, World-systems Analysis: An introduction, Durham: Duke University Press, 2004, p. 23。

第八章 "人类命运共同体"范畴的讨论——社会主义市场经济制度型开放

"营造公道正义、共建共享的安全格局""谋求开放创新、包容互惠的发展前景""促进和而不同、兼收并蓄的文明交流"①。显然,"人类命运共同体"的构想就其内容而言包含了当代人类全球化发展需要处理的国际的伙伴关系、安全格局、发展前景、文明交流等各个方面。就其理念而言,体现着新时代中国特色社会主义发展新开放格局的精神智慧:一是"人类命运共同体"适应当代世界高度发达的国际交往关系,提出"共商、共建、共享"的全球治理新秩序,为缓解治理赤字、促进经济全球化提供不同于以往的崭新的治理原则。强调各国面对共同的发展及治理问题,平等而又充实的国际治理参与权,进而提高全球治理的公平性、充分性和认同感,"人类命运共同体"展现了一种全新的国际交往观。二是"人类命运共同体"适应人类文明发展历史多样性的状态,对不同文明的和谐共存做出了新的时代阐释。正如党的二十大报告所强调的,坚持和平发展道路,推动构建人类命运共同体,"以文明交流超越文明隔阂、文明互鉴超越文明冲突、文明共存超越文明优越",这是对西方文明冲突论的有力回应,更是一种崭新的文明观,代表着人类文明发展进步的历史方向,反映了广大发展中国家对于文明和谐、共处促进的普遍要求,"人类命运共同体"展现了一种全新的人类文明观。三是"人类命运共同体"适应历史发展正义和进步性的价值取向,在尊重各国主体独立意志和注重人类发展共同利益间统一和谐的基础上,阐释并明确当代人类共同价值,强调和平、发展、公平、正义、民主、自由等是全人类的认同价值,这种普遍认同的人类共同价值是在人类社会发展,包括各国文明发展实践中逐渐形成的,更是在世界文明,包括各种文明形态的演进中历史地实现的,而不应是强权国家的帝国意志下的价值趋同。"人类命运共同体"展现了一种全新的历史价值观。

"人类命运共同体"是对经济全球化的发展实践进程,特别是对中国式现代化进入不可逆转新进程的时代开放性的历史回应。从思想渊源上来看,是马克思主义与中国具体实践、与中国优秀传统文化相结合的产物。

"人类命运共同体"概念一方面是对马克思主义的运用和发展,是马克思主义关于"共同体"思想中国化的最新成果,是把马克思主义与中国具体实践,包

---

① 《习近平出席世界经济论坛 2007 年年会开幕式并发表主旨演讲》,《人民日报》,2015 年 9 月 29 日,第 1 版。

括与世界历史发展紧密结合的开拓性成果。在现代社会以及未来可以预见的长期发展实践中,世界上不同社会制度、不同经济发展水平、不同文明形态将会长期并存,生产力水平不可能是单一直线式的递进,制度形态也不可能是机械式的演替,结构演进意义上的"串联式"的现代化将越来越普遍地为"并联式"所替代,多元性多层次多形态的文明并存,多方式多道路多制度的发展进程,都将会对人类社会"共同体"演变产生极为长远和深刻的历史影响。要回应这种历史影响,迫切需要创造性运用和发展马克思主义"共同体"思想,"人类命运共同体"思想正是这种创造性运用和发展的集中体现。

另一方面,"人类命运共同体"理念根植于中国历史,是把马克思主义与中国优秀传统文化紧密结合起来的重要结晶,在中华文明五千多年不间断的历史发展中,"和为贵"始终是重要的价值取向。和谐、和睦、和平、和善、祥和等始终是珍贵的精神追求。"中华和合思维与和合精神,上始于伏羲,他画八卦,由阴阳两个符号,组合成代表天地、水火、风雷、山泽多元异质事物的和合;中历《五经》和先秦百家的凝聚锤炼、智能创新,形成了体现民族精神和生命智慧的逻辑思维,建构了安身立命的价值理想和精神家园;下开汉唐以后各个时代的天人合一、三教合一、情景合一、知行合一等学术文化、思想观念、伦理道德、宗教信仰、百姓日用,彰显了其无穷的力量和光彩的魅力。"[①]中华传统文明强调:"和生",即和生万物,万物共生,共生则需平衡、协调、和谐,不否定冲突,但坚持以融合为导向,以求新生;"和处",既和而不同,和谐共处,天人合一,人与自然不相斗,人文相通,文明之间不同而不相害;"和立",即立己立人,共立共和,使人人能安身立命,相互间有竞争但合乎道;"和达",即己欲达而达人,共同发达,不能以己达而压制人达;"和爱",即"仁民爱物",和爱是和生、和处、和立、和达的核心要义,是其立足和归宿,没有和爱,其他都不存在。[②] 可以说,中华文明五千多年优秀传统文化中蕴含着极富智慧和哲理的思想,而"和"的价值理念和标准,对于应对人类发展所面临的危机和治理赤字,对于缓解全球化进程中的文明冲突、引导人类文明发展,具有深刻的启迪意义。"人类命运共同体"的理念扎根中华优秀传统文化丰厚土壤,是对优秀传统文化中始终追

---

① 张立文:《和合学与文化创新》,北京:人民出版社2020年版,第4—5页。
② 同上书,第8—11页。

第八章 "人类命运共同体"范畴的讨论——社会主义市场经济制度型开放

求的价值目标——"和"的精神的时代阐释。

以实践的历史逻辑上看,当代世界不仅具有构建"人类命运共同体"的历史要求,而且也创造着历史可能。一是全球经贸格局发生着重大转变,包括:传统的货币体系发生着重大转变,布雷顿森林体系瓦解之后形成的美元与石油挂钩体系面临挑战;传统的经济协调体系发生深刻变化,新兴经济力量崛起的同时,国际经济组织本身也在发生着结构变革;推动全球化发展的核心动能由发达国家单一主导向发达经济体与发展中经济体共同推进方向逐渐变化,相应地全球治理逐渐由发达经济体主控向发达经济体与新兴经济体共同协商方向变化。二是全球经济增长动力逐渐发生结构性转换,包括:发达经济体经济增长动力减弱,一系列发展性和制度性的深层结构性、根本性矛盾加剧,劳动生产率、经济增长率等方面的持续下降,创新动力的严重不足,使之陷入长期衰退和深刻危机;相对应的发展中经济体经济势头增强,以中国等为代表的新兴市场经济体在世界经济格局中地位不断提升,改变着全球价值链,也改变着世界经济增长的动力结构。三是当代世界政治经济治理体系面临系统性危机:一方面,资本主义发展的矛盾不断深化,同时传统的全球化路径面临严峻挑战,资本扩张和技术创新作为两大引擎在推进经济全球化的同时,进一步拉大了发展中经济体之间的贫富差距,加深了发展鸿沟,引发了更为深刻的经济危机和金融动荡,对世界经济发展的政治经济环境产生了严重的破坏。另一方面,世界治理需要以中国为典型的新兴经济体更加积极地参与全球治理,特别是中国"一带一路"的倡议和建设,体现着"人类命运共同体"的理念日益转变为全球治理体系变革的实践。

第三节 高水平开放与"人类命运共同体"

高水平的开放是高质量发展的要求,是实现中国式现代化的必由之路,也是贯彻"人类命运共同体"理念的重要实践。

(一)高水平开放的逻辑转变

新发展阶段构建新发展格局需要以高水平对外开放主动牵引国际循环,通过目标变迁、模式转化、路径重构和类型演进的四重逻辑转变推动建设全方位、高质量的动态对外开放新格局。

第一,目标变迁:由比较优势向竞争新优势的目标导向转变。

纵观改革开放四十余年,我国发挥比较优势,积极参与国际分工,经济发展成效显著。而随着要素成本优势逐渐弱化、传统产业优势动力不足、对外出口需求在全球经济衰退中走向低迷,比较优势战略面临新的发展困境。双循环新发展格局下高水平对外开放的目标变迁提出一个核心理论问题:摆脱"比较优势陷阱",重塑新的竞争优势。

一方面,发展中国家长期按照比较优势理论将劳动密集型产品与发达国家的资本密集型产品进行交换,使其国际分工模式趋于固化,在国际分工中被锁定在低端。同时,以劳动密集型产品出口为主的国家内部要素所有者收入出现分化,既得利益群体为了保护具有比较优势的产品,阻碍发展中国家技术进步,使发展中国家产业升级受阻。另一方面,发达国家往往为了缓解国内的就业压力,以各种壁垒限制劳动密集型产品的进口,使发展中国家比较优势的竞争力受到压制,这些都导致发展中国家与发达国家的差距进一步扩大,落入"比较优势陷阱"。

可见,比较优势存在一种"隐匿性",拥有比较优势的产品不会直接转化为经济利益,只有在国际市场中将比较优势转化为竞争优势,才能有效获得利益。我国经济社会发展进入新阶段要求发展动态成本优势,转变竞争优势,加快迈向全球价值链的中高端。

第二,模式转化:由"两头在外、大进大出"向"以内促外、优进优出"的运行机制转变。

自实行改革开放政策以来,我国利用劳动密集型产业的成本优势参与国际分工,发展以"两头在外、大进大出"出口导向型开放经济为主的对外模式,融入国际经济大循环进程中,形成以我国市场为枢纽的"双环流"①。"两头在外、大进大出"是一个问题的两个方面,中国从国外大批进口用于制造产品的原材料,经过国内大规模低成本的劳动力进行生产后,再将大批的制成品出口创汇。

可见,原材料供给和制成品销售两头大量来自国际市场,国内中间生产环

---

① "双环流"指我国与其他发展中经济体及发达经济体之间各形成国际经济环流,参见刘伟、郭濂:《一带一路:全球价值双环流下的区域互惠互赢》,北京:北京大学出版社2015年版,第3—15页。

第八章 "人类命运共同体"范畴的讨论——社会主义市场经济制度型开放

节引进国外技术开展低附加值的加工,构成典型的外向型经济发展模式。过去几十年的实践证明,这种对外发展模式极大地缩减了制造业的生产成本,使全球制造业加工订单快速向中国累积,为中国廉价劳动力带来大量的就业岗位,使中国迅速成长为"世界工厂",加快了中国工业化进程。同时,大量外汇流入国内,也在一定程度上缓解了国内外汇储备不足等问题,实现了国家经济的快速增长,克服了发展中国家开放经济中的"双缺口"矛盾。然而,"两头在外、大进大出"发展模式的弊端伴随经济社会发展逐渐开始显现,借助其他国家技术外溢效应进行产品代加工,使制造业被锁定在分工体系中全球价值链的中低端环节。中国以一种单向顺应国外需求的机制融入国际循环,这在一定程度上导致技术研发长期相对落后,"卡脖子"的技术瓶颈日益凸显,区域经济不平衡等问题不断累积。"两头在外、大进大出"使我国对外依赖性明显增强,自主创新不足。同时,逆全球化的泛起,特别是2008年世界金融危机之后,以美国等发达经济体为主要力量的世界经济进入深入调整的新变革期,不确定性极大提高,国际经济政治关系和市场结构发生着深刻变化,客观上也使"两头在外、大进大出"模式难以持续。针对市场和资源"两头在外"开放模式的弊端,需要调整对外经济发展战略,以构建双循环新发展格局为基点,从"单方面融入国际大循环"向"以国内大循环为主体、国内国际双循环相互促进"转型,同时推进高水平对外开放战略,形成需求牵引供给、供给创造需求的动态平衡,增强对内开放与对外开放之间的协调互动,实现国内产业结构高级化和区域协调发展。

第三,路径重构:由产业路径依赖向产业协同创新的路径创造转变。

改革开放初期,我国在一些容易被模仿、低进入壁垒的产品生产和工艺设计上占据价格竞争力,借助这种低要素优势嵌入以发达国家为主导的全球价值链。尤其是2001年加入WTO以来,凭借劳动密集型产品的成本优势参与国际分工。由于低端市场切入、对引进技术的模仿和复制、规模经济的影响,低级要素驱动下的制造业只能参与全球价值链上低附加值的初级产品生产和装配环节,产业发展呈现出较强的路径依赖现象,陷入发达国家的前沿技术俘获型网络控制之中。

发展中国家亟须纠正产业发展过程中的技术路径依赖,扭转在全球价值链中的低端出口角色,促进加工制造业从简单装配向全面升级的转变。由于我国高端技术和共性关键技术供给能力相对偏低,订单式制造业过度依赖国外市场需求,传统产业正面临着绝对规模、净利润增速和产业效率同步放缓的三重压力,产业效率长期处于低位。我国必须致力于寻求发展自身的高级要素条件,从根本上解决制造大国迈向制造强国的核心技术欠缺、质量良莠不齐等问题,因而党的二十大报告提出,实行更加积极主动的开放战略,推动制造业高端化、智能化。

双循环新发展格局下的高水平对外开放战略便是这一说法的题中应有之义。国内国际双循环相互促进的内生动力是以高水平对外开放,促进国内循环的生产、分配、流通、消费四个环节有机衔接,将各环节置于高水平开放的大环境中,以创新强劲驱动跨国企业继续将产业链、加工厂留在中国,建立对国际资本和要素资源的引力场。因此,双循环新发展格局下的高水平对外开放需要开拓产业协同创新的路径,推动传统产业摆脱路径依赖,稳固产业链供应链韧性,实现高技术制造业"解锁"的关键。

第四,类型演进:由政策型开放向制度型开放转变。

两者的重要区别在于,政策型开放主要是政府本身的权力和决策,制度型开放则是与国际社会深度博弈和互动;政策性开放聚焦于不同具体事项和区域,制度型开放则具有普遍一致性;政策型开放具有政府行政性和变化的难预期性,制度型开放则具有明显的法治性和程序性;等等。

新发展阶段我国参与全球经济治理的过程是实现国内制度和国际制度协调互动的过程,背后离不开利益、权力的重新分配和观念的重塑,制度实现均衡的过程往往是各方力量博弈演化的过程。在这一过程中,我国通过制度型开放参与全球经济治理制度改革是可行的制度路径:通过制度学习改革国内制度,对接国际通行规则,提高制度型开放水平,在发展中发挥自身优势并逐渐引领一些特定领域的制度安排,谋求与自身经济实力需要并相适应的制度空间,促进有效的制度创新;在制度竞争中不断保持开放学习,应对制度挤压,持续有效地提供制度供给,促成国内制度向国际制度转变,塑造有利于自身的全球经济治理制度,这也是制度型开放的最终目标。特别是在中美战略竞争长期化的大背景下,全球经济治理制度复杂性长期存在并不断加剧,我国需要在国际竞争中推进主体更加多元、分配更加普惠、治理更加有效、规则更加公平的制度培育,并且在深化区域合作的同时,做好持续制度供给,做负责任的大国。构建"人类命运共同体"过程中的制度竞争并不是传统国际关系中的生死之争,而是可以通过竞争实现制度的优化,进而实现双赢的局面。在未来制度竞争中,可能形成相互依赖的高度复杂网络结构:功能层面,制度高度重叠,在各项具体制度和机制中存在广泛竞争与合作的可能,具有较强的兼容性;而在构成性原则层面,应承认其中存在矛盾冲突,同时不断解放思想,保持制度学习的能动性和开放性,在国内国际制度互动中提高中国的全球经济治理制度性话语权,促进中国经济持续健康发展。

2008年全球金融危机冲击之后,世界经济进入深度调整期。此间,由于前一轮科技革命和产业革命形成的推进动能基本衰竭,而新一轮科技革命和产业革命又尚在孕育之中,还未集中爆发并形成新的生产力,从而世界经济增长动力不足仍然是突出问题。正因为如此,经济全球化发展中积累的一些问题,也是在经济相对繁荣时期容易"隐藏"的问题,如发展失衡、公平赤字、治理赤字、数字鸿沟等,在世界经济周期性因素和世纪疫情等各种风险叠加冲击下得到放大,进而引发了当前"逆全球化"思潮的兴起和贸易保护主义的加剧。尽管经济全球化进程遭遇挑战,但由于经济全球化是技术进步和生产力发展的必然规律,因此,经济全球化发展是不可能中断和停止的,只能说明经济全球化原有的模式、路径及其主导的规则和理念需要做出变革和调整。与以往主要以商品和要素流动型开放为特征的经济全球化不同,新型经济全球化的突出特征是资本和数据、技术和信息等新要素的开放和流动,因而,必然要求从政策型开放转向制度型开放。

过去四十多年中国开放型经济成功发展的宝贵经验之一,就在于顺应了经济全球化发展形势。中国发展高水平开放型经济,需要在继续适应、顺应乃至引领经济全球化发展大势下实现。具体而言,进一步理解制度型开放作为中国高水平开放的必然要求,既要明晰经济全球化发展转向制度型开放的必然性和趋势性,也要清楚中国以此为契机发展更高水平、更高层次开放型经济面临的机遇及其内在逻辑。

(二)自贸区创新与制度型开放

中国迈入新时代大国开放新阶段,推动由商品和要素流动型开放向规则等制度型开放转变,是适应新形势的需要。深化制度型开放,需要加快国内的制度、规则与国际通行规则或先进标准接轨,加强对外开放政策的贯彻与落实,以及主动提供更多的制度型公共产品。自贸区以制度创新为核心,是制度型开放的新高地和战略突破。中国的对外开放已经从政策型开放进入制度型开放的新阶段,自贸区在其中发挥了重要的先行先试探索者的作用,而环顾全球卓越城市和国际资源配置中心,无一不是制度型开放高地。

第一,推动投资规则创新。自贸区需要进一步完善负面清单管理模式,负面清单条款数目的缩减固然重要,但形成完整、透明、有效的负面清单管理模式是高水平投资规则的核心。自贸区在负面清单透明度、市场准入可预期性、商事登记制度、国家安全审查、公平竞争审查等方面展开系统集成的探索,进而完善负面清单管理模式,并形成可复制、可推广的制度性公共产品。自贸区能够率先实现从政策型开放向系统集成的制度型开放的转变,进而大力推进与投资高度便利化甚至自由化有关的税收、市场准入、事中事后监管等制度和规则体系的建设。

第二,深化贸易规则建设。对标国际自由贸易港的通行做法,自贸区在进一步提升高水平贸易便利化的基础上,探索贸易自由化的措施和做法,重点研究贸易、运输、投资、资金、人员和数据的自由流动,探索转口贸易、离岸贸易、数字贸易、离岸金融等,及时总结相关经验,最终形成相关的制度和规则。对接中美、中欧经贸谈判,提炼出相应的制度和规则。针对国际服务贸易新规则的变化,特别是专业服务、金融服务、电信服务、科技服务、自然人流动、数据服务等领域国际高标准规则的变化,开展先行先试的探索,总结服务贸易领域可行的做法和经验,并形成相应的制度和规则。

第三,法制环境和营商环境的完善。按照中国与世界各国达成的多边和双边经贸协议,对标高水平投资贸易规则和标准,自贸区建设全面梳理现有的法律法规和规章制度,率先赋予自贸区更大的改革自主权,进一步完善投资与贸易开放事权的赋权并与法制建设相衔接,公平对待外资企业、民营企业等在内的所有企业和经营者,在准入清单管理模式、行业许可管理规定、业务牌照和资质申请审核标准等方面率先落实内外资一致原则。强化履约执行,加强诚信企业、诚信政府建设。同时,对标世界银行全球营商环境评价指标体系等国际标准,持续打造国际化、法治化、市场化、便利化的一流营商环境,进一步推进制度优化和监管优化。自贸区还应进一步推动形成调解、仲裁和诉讼顺畅衔接及相

第八章 "人类命运共同体"范畴的讨论——社会主义市场经济制度型开放

互配合的多元争端解决机制,为当事人提供国际化、"一站式"法律服务,及时总结具有中国特色的国际调解经验,归纳形成国际调解示范程序,加快国际仲裁中心建设,为多元解决争端提供示范性程序、惯例、规则等。

第四,提供制度性公共产品。制度型开放既包括加快国内的制度、规则与国际通行规则或先进标准接轨,也包括更积极地参与制定及完善国际经贸规则和国际经济治理。在中国的一些优势领域,比如跨境电商、移动支付等,自贸区可以参与制定上述优势领域的国际经贸合作新规则或产业发展新标准,贡献"中国智慧",提出"中国议题"和"中国方案"。在"一带一路"建设中加强制度性、结构性安排,促进更高水平的开放和政策沟通,这是目前深化与拓展制度型开放的重要突破点和着力点。以服务新时期的"一带一路"政策沟通为突破口,为"一带一路"建设在高标准自由贸易协定、高标准投资协议、技术标准、融资合作原则性协议等方面的政策沟通提供诸如议题、文本、标准和规则等制度性贡献。自贸区应利用与发达经济体贸易投资合作的良好基础,加大力度吸引发达经济体、国际组织、跨国公司等参与"一带一路"第三方合作,在三方合作和沟通中更多地学习和借鉴国际通行做法与规则。

(三)"一带一路"与制度型开放

"一带一路"建设有助于推动中国制度型开放,反过来,中国高质量的制度型开放对"一带一路"建设也能够提供保障作用,从而助力"一带一路"建设。甚至可以说,"一带一路"建设离不开高质量制度型开放。从规则等制度角度理解其对"一带一路"建设的作用,实际上就是"开放倒逼改革"的作用机制,即在建设"一带一路"的扩大开放过程中,需要通过深化改革实现与全球通行国际经贸规则相衔接,尤其是对标高标准的国际经贸规则,而必须对自身体制机制进行调整和完善,以更好地满足"一带一路"建设之需。

第一,"一带一路"建设需要对标高标准国际经贸规则。"一带一路"建设不是推倒现有国际秩序,而是对现有国际秩序的修正和完善。但作为现行国际经贸规则的制定者和领导者,美国与西方国家一直将中国倡议的"一带一路"建设视为对其全球领导地位的威胁和挑战,一直通过巩固和重构国际经贸规则以试图巩固和维持其对全球经贸规则的主导地位,削弱中国通过"一带一路"建设提升对国际经贸规则的话语权,以引领新时期更加全面和高标准的投资及贸易规则,将中国排除在外,着力构建以其为主导的排他性的地区经贸安排,并同中国重新开展国际和区域贸易领域的制度竞争。上述变化无疑对中国倡导的"一带一路"建设带来了一定的挑战和压力。从经济全球化发展大趋势看,高标准的国际经贸规则确实是未来的主流趋势。因此,面对来自外部的压力,主动适应乃至引领这一趋势,以高标准的国际经贸规则作为参照而倒逼自身改革,对于提升中国制度型开放水平和层次具有积极意义。也唯有如此,才能以经济全球化发展大势的顺应者和引领者角色,更好地倡导和推动"一带一路"建设,并更好地以此为依托,对现有国际秩序进行修正和完善。

第二,"一带一路"合作机制现存问题的克服需要高质量制度型开放。"一带一路"沿线国家由于在基本国情、发展水平、利益需求、文化制度等方面存在较大差异,真正实现政策沟通等领域的互联互通、建立统一性的合作机制仍然存在较大的困难和挑战。虽然中国一直在积极倡导沿线国家之间加强战略对接和规则统一,为"一带一路"合作提供强有力的机制保障。但客观而言,"一带一路"合作机制仍然具有相当程度的松散性和非正式性,致使"一带一路"沿线国家均以自身的利益作为政策出发点,很难构建起超越个体和双边层面的广泛政治共识。虽然在双边和多边层面,"一带一路"建设已经达成了很多原则性的协议和战略合作框架。然而,由于没有具备约束力的监督和惩戒机制,之后的政策执行效果究竟如何仍然存在很大的不确定性。

此外,一个非常突出和重要的问题是,既然中国倡导的"一带一路"建设是对现行全球经济治理规则和体系的补充与完善,那么必然涉及与其他诸如国际合作机制和区域合作机制的对接问题。比如在国际层面上,"一带一路"建设中的体制机制和规则制度安排,如何与现行的国际货币基金组织、世界银行、二十国集团等的治理体制和制度框架进行有效对接,目前仍然是一个悬而未决的问题;在区域层面同样如此,突出表现为"一带一路"也没有明确同亚洲开发银行、上海合作组织、亚太经合组织、亚欧会议、中亚区域经济合作等现有地区多边机制之间究竟是何种关系,以及如何做到相互之间的有益补充。这些问题的存在无疑对中国转向制度型开放提出了更高的要求,为顺利推动"一带一路"建设,中国在迈向制度型开放进程中,亟须不断提升全球经济治理能力和水平,提升制度型开放质量。

第八章 "人类命运共同体"范畴的讨论——社会主义市场经济制度型开放

总之,"一带一路"是"人类命运共同体"理念的具体展现和贯彻。"一带一路"倡议自习近平同志 2013 年提出至今 12 年,已发展成为贯穿欧亚大陆、东连亚太经济圈、西接欧洲经济圈、南通非洲经济圈、与美洲大陆紧密相连的当今世界最广阔的合作平台和影响力巨大的国际公共品[1],为重构全球治理模式提供了中国智慧,展现了"人类命运共同体"理念的强烈感召力和价值认同。一是,"一带一路"体现了"人类命运共同体"理念所倡导的治理规则变革要求。一方面,改变了西方国家以往主导的所谓"规则至上、理性主义"的国际政治经济交往原则,强调"先发展、后分享"的新方式,突出发展先行;另一方面,改革了以往西方文明主导的"中心-外围"体系下的世界发展"支配依附"格局,强调各国"共商共建"的身份认同的伙伴关系和合作治理的积极主动性。二是,"一带一路"体现了"人类命运共同体"理念贯彻的路径探索。首先,以推进基础设施建设先行,为沿线国家的"精神交往"提供"物质交往"基础,以及在"逆全球化"背景下,为开放性经济发展提供抗风险的战略依托[2]。其次,超越古丝绸之路的经贸合作方式,推动全方位互联互通,促进形成价值相融、利益相通、命运共同的和谐统一体。最后,改变世界经济传统的"中心-外围"式的单向循环模式,推动构建双环流全球新价值体系,立足中国国内大循环,形成与发达经济体和其他发展中经济体"双环流"的循环体系,"一带一路"是这一新型循环体系的重要国际治理平台。三是,"一带一路"体现了"人类命运共同体"理念以中国发展智慧重构全球治理范式的愿望。一方面,"一带一路"的实践正在创造新型全球化结构关系,丰富了全球化的内涵,推进全球化的"再平衡",以马克思主义交往理论和中国优秀传统文化"和为贵"相统一的价值理念来定义"丝路精神",以"丝路精神"来阐释和引领"全球化";另一方面,"一带一路"的进展推动着全球治理范式的重构,包括在"利益和合""价值链融合""机制耦合"等多方面,使中国与世界形成系列结点,为全球治理机制注入新的内涵,重组全球治理网络,推动全球治理模式从"国家中心主义治理"逐渐向"多元多层协同治理"转变。[3]

---

[1] 艾伦·布坎南、罗伯特·基欧汉著,赵晶晶、杨娜译,吴志成校:《全球治理机制的合法性》,《南京大学学报(哲学·人文科学·社会科学版)》,2011 年第 2 期,第 29—44 页。
[2] 刘伟:《读懂"一带一路"蓝图》,北京:商务印书馆 2017 年版,第 70 页。
[3] 石晨霞:《试析全球治理模式的转型——从国家中心主义治理到多元多层协同治理》,《东北亚论坛》,2016 年第 4 期,第 108—118 页。

第九章
"高质量发展"范畴的讨论
——新发展阶段首要任务的内在逻辑

第一节 新发展阶段需要新发展理念

党的十九届五中全会在总结"第一个百年奋斗目标"实现的基础上,立足实现"第二个百年奋斗目标",指出我国进入新发展阶段,开启了中国式现代化的新征程。党的二十大报告明确指出,从现在起,以中国式现代化推进中华民族伟大复兴是我们的中心任务,而要践行这一中心任务则必须坚持高质量发展主题,推动高质量发展是全面建设社会主义现代化国家的首要任务。因此,阐释高质量发展问题是中国特色社会主义政治经济学的重要命题。关于高质量发展的思想,在党的代表大会报告中早有表述,特别是改革开放以来,伴随改革开放的不断深入,生产方式逐渐转变,经济发展水平的不断上升以及经济发展环境和国内外条件的系统性变化,对高质量发展要求的迫切性不断加强,实现高质量发展的可能性也在逐渐提高,从提出发展"集约型经济",到强调"内涵式扩大再生产",从党的十五大明确科学发展观,到党的十九大提出坚持高质量发展的要求,集中体现了我们党在发展指导思想科学性上的不断深化。尤其是党的十八大以来,面对我国经济社会发展目标和约束条件的深刻变化,在以往长期实践的基础上,经过新时代艰苦探索,形成了高质量发展的理论体系,厘清了高质量发展的实践逻辑。①

---

① 刘伟:《加快构建新发展格局 扎实推动高质量发展》,《教学与研究》,2023年第11期,第28—37页。

第九章 "高质量发展"范畴的讨论——新发展阶段首要任务的内在逻辑

（一）新发展阶段的新发展特征

这些新的发展历史特征集中体现为：

1. 经济发展达到了新水平

一是经济发展量的规模达到新的水平。我国GDP总量从改革开放初期列世界第十位,自2010年起我国超过日本成为世界第二大经济体(按汇率法折算为美元)之后,稳居世界第二大经济体位置,占全球GDP比重从初期的不足1.8%上升到18%以上,40多年里年均经济增长率达到9%以上;人均GDP水平从初期不足300美元,处于落后的低收入贫困状态,提高至上中等收入发展阶段(按世界银行划分方法),全面建成小康社会,摆脱了绝对贫困。二是在经济发展质的结构上达到新的高度。在产业结构演进上,在农业现代化水平和农业劳动生产率逐渐上升的基础上(农业劳动力就业比重从初期的70.2%降至23.0%左右),基本实现了工业化(2020),建成了完整独立的工业生产体系,并开启新型工业化的新征程,全面深入推动"四化"协调发展,产业结构上开始体现"后工业化"时代的部分特点,信息化、网络化、数字化推动产业结构质态发生深刻改变。三是伴随经济发展水平和质态结构的提升,社会结构发生着深刻变化。在城市化水平上,从初期的不到18%升至65%以上(2022年按常住人口计),进入城市发展史上的城市化(S形曲线变动)加速期(30%—70%),逐渐接近当代发达国家的平均水平(80%左右),与之相适应,社会生活方式发生着深刻变化,城乡居民家庭消费恩格尔系数由初期的63%左右——贫困状态,演进到30%以下——富足状态(根据联合国划分标准)。四是在物质基础发展壮大的基础上,人力资本积累取得了跨越式进展,教育强国指数达到世界第23位,较2012年上升26位,创新能力总体进入世界创新型国家行列。五是国际影响力大幅提高,在进出口贸易总额、工业生产规模、年社会消费品总额、年固定资产投资总额等重要经济指标上均已名列世界前茅,在GDP增量上已连续十多年超过世界经济增量25%以上,有些年份甚至达到30%以上,成为拉动全球经济增长的重要新引擎,深刻改变着世界经济格局。同时,国际环境发生着深刻变化,从经济全球化进程上看,自2008年世界金融危机以来,加之世纪疫情等多种因素叠加,全球经济衰退,甚至出现负增长(2020),保护主义、单边主义等逆全球化潮流涌动,我国改革开放以来"两头在外、大进大出"的经济循环模式走到了尽头,从大国关系变化上看,自2010年我国超过日本成为第二大经济体,"修昔底德陷阱"表现日益突出。

2. 经济发展目标函数和约束函数发生了系统性变化

一是经济社会发展目标发生了历史性变化,在全面建成小康社会(第一个百年奋斗目标)目标达成基础上,全面建设社会主义现代化强国成为新的目标,到2025年(第14个五年规划)全面达成"十四五"规划目标。在经济发展上进入高收入阶段(人均GDP水平从2020年的10 500美元达到当代高收入国家的平均水平——世界银行以1987年人均6 000美元为高收入阶段的起点水平,现阶段约80个国家和地区平均水平为1 500美元以上)。到2035年基本实现现代化,中国式现代化第一阶段目标全面达成,在经济发展的人均GDP水平指标上达到当代中等发达国家水平(2020年中等发达国家人均GDP水平为25 000美元左右)。到2049年前后全面建成富强、民主、文明、和谐、美丽的社会主义现代化强国,实现中国式现代化目标。在人均GDP水平指标上达到当代包括主要发达经济体在内的全部发达经济体人均GDP的平均水平(2020年全部发达经济体人均GDP水平为47 000美元左右)。发展目标的历史性变化既是历史机遇的体现,同时也提出了更为艰巨的发展任务。二是约束经济发展的条件在供求两端均发生了系统性改变。从供给方面看,一方面,各类生产要素成本不断上升,土地、自然资源、人口红利、技术进步、生态环境等方面的绝对优势及相对优势逐渐减弱,依靠要素投入量扩大为主的外延式扩大再生产方式不再具有可持续性,依靠要素成本低为主的竞争优势也不再显著,需要重塑新竞争优势;另一方面,伴随科技创新驱动,产业革命加速,中国式现代化发展进程中农业现代化、新型工业化和经济数字化深刻交织,世界经济新的结构重塑竞争格局剧烈变化,需要加快培育新质生产力。从需求方面看,一方面,伴随人们收入水平和需求能力及层次的不断提升,最终需求结构发生了深刻变化,需求质量发生了显著改进,需要以高质量的需求牵引供给,以高质量的供给创造需求;另一方面,伴随国内国际市场竞争供求关系的变化,我国宏观经济失衡的特征发生了深刻改变,长期存在的需求膨胀、供给不足(包括总量和结构的失衡)的短缺经济发生了逆转,尤其是在1997年亚洲金融危机以及2008年世界金融危机

第九章 "高质量发展"范畴的讨论——新发展阶段首要任务的内在逻辑

冲击之下,我国内需不足、产能过剩的矛盾日益突出,首先表现出来的是1997年亚洲金融危机冲击下出口受挫进而显现的工业消费品产能普遍过剩,进一步的表现则是2008年世界金融危机冲击下工业投资品产能的严重过剩,需要加快形成新发展格局。①

3. 机遇与挑战发生了历史性变化

总之,进入新时代,特别是进入新发展阶段,我国社会主要矛盾发生了深刻变化,与之相适应,我国经济社会发展目标和约束条件均发生着系统性的改变,根本转变发展方式,真正实现高质量发展,才能把握机遇应对挑战。从中国式现代化发展历史方位上看,我们取得了经济社会发展的历史性突破和伟大成就,但仍然是世界上最大的发展中国家;从制度创新和治理体系及能力上看,中国特色社会主义制度(包括基本制度、根本制度、重要制度等)更加成熟更加定型,但仍然处于社会主义初级阶段;从第二个百年奋斗目标达成的发展趋势上看,中国式现代化推进中华民族伟大复兴进入不可逆转的历史进程,但仍然面临前所未有的挑战。

就机遇和挑战的历史变化而言,一是机遇与挑战的内涵发生了变化,机遇更具战略性、可塑性,即更具方向上的趋向性和过程中的不确定性,挑战更具复杂性、全局性,即更具矛盾的尖锐性和风险的系统性;二是机遇与挑战间的相互关系发生了变化,不能再简单地概括为机遇大于挑战,而是挑战前所未有,应对好了,机遇也前所未有,挑战更具前置性,应对挑战更具前提性;三是战略机遇期发生了变化,既难以像改革开放初期能明确判断战略机遇的存在,也难以像21世纪之初(2002年党的十六大)能清晰认清进入21世纪前20年所处的重要战略期的时间期限。正如党的二十大报告所概括的,新发展阶段是机遇与挑战并存、不确定难预料因素增多的时期。②

(二)新发展阶段的新特征要求新发展理念

事实上,自党的十八大以来,中国特色社会主义事业发展进入新时代,相应

---

① 刘伟:《新时代中国经济发展的逻辑》,《中国社会科学》,2018年第9期,第16—25页。
② 习近平:《高举中国特色社会主义伟大旗帜　为全面建设社会主义现代化国家而团结奋斗——在中国共产党第二十次全国代表大会上的报告》,《人民日报》,2022年10月26日,第1版。

地我国经济社会发展出现新常态,党的十九大之后,实现了第一个百年奋斗目标,进入立足实现第二个百年奋斗目标的新发展阶段,新的发展特征更加明显,党的二十大将以高质量发展全面推进中国式现代化作为新发展阶段的首要任务,将以中国式现代化推进中华民族伟大复兴作为中心任务,高质量发展的转型具有空前突出的紧迫性,相应地,完整准确全面贯彻新发展理念具有更为重要的必要性。新发展理念是适应我国经济社会发展要求的历史性演变而提出来的,是我们党对经济社会发展规律认识深化的集中体现。

要妥善应对新发展阶段面临的前所未有的新挑战,进而把握新机遇,实现第二个百年奋斗目标,必须根本转变发展方式,要根本转变发展方式,必须确立和贯彻新发展理念。正如习近平同志所说:"理念是行动的先导,一定的发展实践都是由一定的发展理念来引领的。"[①]因而,适应国际国内经济社会发展条件的历史性变化,适应党的十八大之后我国经济出现新常态的特征,党的十八届五中全会提出新的发展理念,"发展理念是否对头,从根本上决定着发展成效乃至成败。实践告诉我们,发展是个不断变化的进程,发展环境不会一成不变,发展条件不会一成不变,发展理念自然也不会一成不变"[②]。改革开放以来相当长的时期里,我们基于国情和国际经济政治格局的变化,抓住机遇,实现了持续高速增长,制定了在20世纪后20年实现GDP翻两番,即"三步走"中的前两步实现初步小康目标。在实现初步小康目标之后,根据对战略机遇期的判断,进一步制定了在进入21世纪前20年再翻两番,即实现全面建成小康社会目标的战略,创造了持续40年的年均增长率9%以上的奇迹。其背后的发展思路即发展理念归结起来集中体现为三点:一是以经济发展为中心,具体以GDP增长为核心指标;二是以高速增长为特征,具体以十年翻一番为基本方略;三是以尽快摆脱贫穷为初衷,具体以实现初步小康和全面小康为根本目标。这种发展理念适应处于贫困状态的中国国情,不仅具有客观必要性,而且具有历史可能性。事实上,我们不仅如期建成了全面小康社会,而且提前达到全面建成小康社会目标。但这种发展理念及高速增长的实践模式的历史局限性伴随发展水平和条

[①] 习近平:《以新发展理念引领发展,夺取全面建成小康社会决胜阶段的伟大胜利》,载中共中央文献研究室编:《十八大以来重要文献选编》(中),北京:中央文献出版社2016年版,第824页。

[②] 同上书,第824—825页。

第九章 "高质量发展"范畴的讨论——新发展阶段首要任务的内在逻辑

件的历史变化逐渐显现。党的十八届五中全会正是针对这种发展模式的历史局限性和不可持续性提出了新的发展理念,创新发展注重的是解决发展动力问题,协调发展注重的是解决发展不平衡问题,绿色发展注重的是解决人与自然和谐的问题,开放发展注重的是解决发展内外联动问题,共享发展注重的是解决社会公平正义问题。正如习近平同志所提出的:"这五大发展理念不是凭空得来的,是我们在深刻总结国内外发展经验教训的基础上形成的,也是在深刻分析国内外发展大势的基础上形成的,集中反映了我们党对经济社会发展规律认识的深化,也是针对我国发展中的突出矛盾和问题提出来的。"①

贯彻新发展理念本质上是发展方式的根本变革,因而是关系发展全局的深刻革命。早在 2016 年习近平同志就指出:"按照新发展理念推动我国经济社会发展,是当前和今后一个时期我国发展的总要求和大趋势。"②经济社会发展进入新阶段,在约束条件发生系统性新变化的状态下,实现新阶段的新的发展战略目标必须全面推进经济发展方式由以往主要依靠要素投入量扩大带动经济高速增长,向主要依靠要素效率提升拉动经济高质量发展转变,这一历史性的转变既是新发展阶段的客观发展大趋势,又对发展方式提出了全面深刻变革的要求。而高质量发展的转变首先必须由新发展理念引领,高质量发展的根本特征在于体现新发展理念的要求,即高质量发展是体现新发展理念的发展,是创新成为第一动力、协调成为内生特点、绿色成为普遍形态、开放成为必由之路、共享成为根本目的的发展。

(三)新发展理念坚持马克思主义唯物史观,将"发展"的科学思想和理论提升到崭新的历史高度③

第一,新发展理念坚持马克思主义辩证唯物史观,突出强调"发展是解决我国一切问题的基础和关键",特别强调"必须坚定不移地把发展作为党执政兴国的第一要务,坚持解放和发展生产力",鲜明地体现了马克思主义的唯物史观,与改革开放以来逐渐形成的中国特色社会主义理论体系(包括邓小平理论、"三

---

① 《习近平关于社会主义经济建设论述摘编》,北京:中央文献出版社 2017 年版,第 21 页。
② 同上书,第 45 页。
③ 刘伟:《坚持新发展理念,推动现代化经济体系建设——学习习近平新时代中国特色社会主义思想关于新发展理念的体会》,《管理世界》,2017 年第 12 期,第 1—7 页。

个代表"重要思想、科学发展观等)一脉相承,创造性地拓展了新时代中国经济社会发展的理论,为我们在跨越了"贫困陷阱"、摆脱绝对贫困之后,跨越"中等收入陷阱",继而实现第二个百年奋斗目标提供了科学指引。

第二,新发展理念集中体现了社会主要矛盾历史变化的新要求,进入新时代特别是进入新发展阶段,党的十九大报告提出,我国社会主要矛盾已经转化为人民日益增长的美好生活需要和不平衡不充分的发展之间的矛盾。新发展理念的提出是适应社会主要矛盾转化的历史必然。一方面,进入新发展阶段,我国社会主要矛盾仍然是"发展"与"需要"之间的矛盾,同时,"发展"和"需要"的内涵均已发生了深刻的历史变化,人们的生活从贫困进入温饱再进入小康,无论是在总量还是在结构、水平还是质量上都发生了深刻变化。要求发展方式根本转变,经济增长的动力要从要素投入扩张为主转变为创新驱动为主,经济发展的逻辑要从总量非均衡扩张转变为结构协调发展,经济发展的成果要从强调允许一部人先富起来逐渐更鲜明地体现共同富裕,经济发展的生态要从外在于发展转化为发展本身的内在要求,经济发展的国际格局从边缘逐渐走近世界舞台中央。"发展"内涵的深刻变化要求树立新的发展理念。这种深刻的历史变化推动了社会主要矛盾的转化,可是并没有改变我们对我国社会主义所处历史阶段的判断,我国仍处于并将长期处于社会主义初级阶段的基本国情没有变,我国是世界上最大发展中国家的国际地位没有变,因而仍然必须坚定不移地坚持党在中国特色社会主义初级阶段的基本路线、基本理论、基本方略,坚持"发展是第一要务"。另一方面,在"人民日益增长的美好生活需要和不平衡不充分的发展之间的矛盾"中,相比较而言,"不平衡不充分的发展"是矛盾的主要方面,尽管满足"人民日益增长的美好生活需要"是发展的根本目的,但"发展"决定"需要"可能实现的程度,发展的不平衡不充分是制约美好生活需要实现的决定性因素,新发展理念进一步强调发展的根本性地位,强调解决发展的不平衡不充分的突出意义,是我们党对新时代中国特色社会主义发展规律认识深化的集中体现。

第三,新发展理念特别强调了发展目标上的结构性要求,强调发展质量提升和质态演进,强调结构升级优化,强调推动新型工业化、信息化、城镇化、农业现代化同步发展。就现代经济发展的本质而言,发展的根本在于质量提升和质态改进,即效率的提高和基于效率改进基础上的经济结构优化,特别是产业结

第九章 "高质量发展"范畴的讨论——新发展阶段首要任务的内在逻辑

构高度的演进,而不是单纯的经济增长,以及建立在经济要素投入规模不断扩张基础上的经济产出的数量增长。早期关于"经济发展"的认识通常是把经济发展定义为"经济增长"。特别是基于对落后的发展中国家摆脱贫困的迫切要求,为打破"贫困恶性循环"的陷阱,在探讨"贫困陷阱"产生的原因时,经济学家往往将其归结为投资增长不足,进而导致贫困再造贫困的累积性循环效应,因而不断扩大投资带动经济规模扩张以增加就业机会成为实现发展的根本。显然这种对"经济发展"本质的理解具有严重的历史局限,经济发展的实质重要的在于结构升级,结构优化和升级也形成发展的真正难点。社会经济发展上的真正差异,不仅在于经济数量水平的差距,更重要的在于经济结构高度上的差异,不同经济发展阶段的本质特征不仅是数量水平上的不同,更重要的是结构特征上的不同,农业文明、工业文明、现代文明之间的区别,本质上体现为经济结构首先是产业结构上的区别。因为,结构变化是长期累积而成的,结构变化的动因在于效率的提升,结构演变是效率改善的结果,而效率的改善又只能是创新的结果,包括技术创新和制度创新等。只有坚持长期和持续不断创新,才能真正引起效率的持续改善,进而推动经济结构的演进,推动经济实质性发展,而不是单纯的数量增长。新发展理念要求新型工业化、信息化、城镇化、农业现代化同步性,集中体现了对经济发展中质态演进结构变化的强调。

第四,新发展理念把经济制度和经济体制改革及完善作为"发展"本身的有机组成部分,充分体现了对现代化过程中经济发展与制度和体制变迁的内在统一性的深刻认识。习近平总书记在党的十九大报告中阐释坚持新发展理念时,明确提出必须坚持和完善我国社会主义基本经济制度和分配制度,强调在基本制度上坚持"两个毫不动摇",强调在资源配置机制上坚持发挥市场的决定性作用与更好发挥政府作用的统一。实际上,这构成中国特色社会主义现代化发展区别于西方正统经济学所说的"发展"的重要方面,一方面,"发展"命题除经济增长和经济结构升级等经济数量和质态变化外,是否包含制度和体制变革与完善?在经济发展史和经济发展思想史上,人们对于一般意义上的"发展"和制度变迁之间的关系,尤其是以怎样的制度支持发展有着长期争论。从早期单纯把"发展"理解为经济增长,特别是归结为 GDP 规模扩张,到后来虽然把产业结构质态演变纳入"发展"命题,但往往同时把制度及体制作为发展的外在约束条件,而不视为发展本身的历史内涵,使发展与制度相互之间形成割裂或机械式的联系,再到较为普遍承认制度和体制变化对于"发展"的不可或缺性和内在性,但把这种制度变迁归结为资本主义私有化、市场化、自由化。从20世纪50年代的美国经济学家罗斯托针对战后贫困发展中国家提出的"经济起飞和发展阶段"学说,到70年代西方主流经济学家针对"拉美漩涡"提出,后又运用到体制转轨国家的"华盛顿共识",莫不如此。习近平新时代中国特色社会主义思想中的"新发展理念",基于中国特色社会主义实践的总结,基于在实践总结基础上的"四个自信",把中国特色社会主义基本制度和分配制度,把与之相适应的政府与市场的相互统一的经济运行机制,作为"新发展"的有机组成部分,实际上不仅是对发展本质的科学认识的极大提升,而且是给世界上那些既希望加快发展又希望保持自身独立性的国家和民族提供了全新选择,为解决人类问题贡献了中国智慧和中国方案。另一方面,将分配制度同基本制度一道纳入"新发展理念",是对发展认识深化和科学化的又一体现。"发展"命题应当包括发展成果如何分配的历史内容,根据马克思主义政治经济学原理,生产决定分配,分配制约生产,生产方式决定分配方式,分配方式又反作用于生产方式[①]。因此如果把中国特色社会主义基本制度(基本生产关系),统一于"发展"命题,与之相联系的分配制度自然应当成为"发展"的题中应有之义。特别需要指出的是,几乎所有发展中国家之所以难以持续健康协调发展,重要的更是普遍的原因之一,在于未能有效地处理好发展成果在不同历史发展阶段如何合理分配的问题。其实,当代资本主义国家社会经济之所以发生严重问题,之所以产生深刻的经济、金融、社会等方面的危机,重要的原因也在于分配制度的不合理。而这种分配制度又是由不合理的生产方式及基本制度决定的。"新发展理念"以中国特色社会主义基本制度为基础,特别明确分配制度的特征以及所要贯彻的原则,目的是体现新发展理念所要求的发展成果由广大人民"共享"。新发展理念追求的是在中国特色社会主义制度基础上的发展,是以增进民生福祉为发展的根本目的,是为保证全体人民在共建共享发展中有更多获得感,不断促进人的全面发展、全体人民共同富裕。"发展"不是抽象的无社会目的的发展,"发展"本身是历史的社会的,因而就必然包含"为谁发展、为什么发展"的问题。

第五,新发展理念把开放纳入"发展"命题,从而使发展、改革、开放形成有

---

① 《马克思恩格斯选集》(第二卷),北京:人民出版社2012年版,第695页。

机统一。把新时代的开放纳入新发展理念是对发展认识的科学深化,也是基于对我国发展与世界之间关系变化的深刻认识的清醒判断。中国经济的发展使中国经济在世界经济格局中的地位发生了显著变化,党的十八大以来,我国GDP总量从相当于美国的53%(2012年),上升至相当于美国的60%(2016年)再上升到70%以上(2021年),显然由于增长率、价格、汇率等变化,不同年份间会有波动,但趋势是明显的。2009年起,中国商品出口总额超过德国,成为世界最大出口国,2013年中国商品进出口总额超过美国,成为世界第一大进出口国;2010年制造业总额超过美国,成为世界上制造业规模第一大的国家,2011年整个工业和第二产业规模超过美国[①]……一系列的变化,使得中国虽然作为世界上最大的发展中国家、距离发达国家仍有较大距离这种国情并未改变,但中国经济对全球的影响,全球经济对中国发展的影响,其程度和复杂性均达到新的高度,需要在新时代新发展中推动形成全面开放的新格局。在新时代中国特色社会主义现代化过程中,坚持推动构建"人类命运共同体",以"一带一路"倡议为引导,以"共商、共建、共享"为基本国际合作范式,在促进自身经济可持续发展的同时,对世界经济增长和贡献作出中国的努力,与世界各国一道在寻求共同发展中,构建经济利益共同体、社会责任共同体、生态环境共同体,形成新时代的政治互信、经济互惠、文化包容、生态文明可持续发展的"人类命运共同体"。把新时代的开放命题纳入"新发展理念",不仅是对"发展"内涵认识的新的升华,对发展、改革、开放三者内在联系的进一步深刻把握,而且更是在义利观、安全观上向世界展示中国的价值观。

第二节 贯彻新发展理念需要构建现代化经济体系

实现高质量发展,根本转变发展方式,需要以新发展理念来引领。因而,新发展理念不能停留在"理念"上,必须真正有效地落实于发展实践,将新发展理念贯彻于发展实践,需要相应的传导机制和实现方式,这一传导机制和实现方式便是"现代化经济体系"。

---

① 根据中国国家统计局和美国商务部经济分析局公布的分行业增加值分析计算。

（一）现代化经济体系的内涵和意义

在党的十八大之后的十八届五中全会上，在深刻把握新时代经济社会发展新变化（新常态）基础上，我们党提出了新发展理念。党的十九大进一步对如何贯彻新发展理念做出了部署，特别强调，要贯彻新发展理念必须构建现代化经济体系，指出：我国经济已由高速增长阶段转向高质量发展阶段，正处在转变发展方式、优化经济结构、转换增长动力的攻关期，建设现代化经济体系是跨越关口的迫切要求和我国发展的战略目标，揭示了贯彻新发展理念与建设现代化经济体系的内在联系。党的二十大则深入部署了建设现代化经济体系的各方面战略举措，深入阐释了建设现代化经济体系的途径、方式，尤其是指出了加快构建新发展格局与推动建设现代化经济体系的有机统一，要求在2035年基本实现中国式现代化目标的同时，形成新发展格局，建成现代化经济体系，可见构建新发展格局的战略目的便在于建成现代化经济体系，从而使新发展理念能够贯彻落实于发展实践，切实推进高质量发展，进而全面实现中国式现代化发展目标。

什么是现代化经济体系？早在2017年党的十九大提出"贯彻新发展理念 构建现代化经济体系"不久，2018年年初中央政治局集体学习研究现代化经济体系问题时，习近平同志就指出："现代化经济体系，是由经济活动各个环节、各个层面、各个领域的相互联系和内在联系构成的一个有机整体。"①就其内涵而言，主要包括七大体系：一是创新引领、协同发展的产业体系；二是统一开放、竞争有序的市场体系；三是体现效率、促进公平的收入分配体系；四是彰显优势、协同互动城乡区域布局体系；五是资源节约、环境友好的绿色发展体系；六是多元平衡、安全高效的全面开放体系；七是充分发挥市场作用、更好发挥政府作用的经济体系。②

现代化经济体系七个方面相互之间是紧密联系的统一体，不能割裂开来，而需要统一建设、协同协调推进，建设现代化经济体系的战略目的是为贯彻新

---

① 习近平：《深刻认识建设现代化经济体系重要性 推动我国经济发展焕发新活力迈上新台阶》，《人民日报》，2018年2月1日，第1版。

② 同上。

第九章 "高质量发展"范畴的讨论——新发展阶段首要任务的内在逻辑

发展理念提供实现机制和发展条件,因而必须以新发展理念为引领,完整、准确、全面体现新发展理念的要求。

(二)构建现代化产业体系是建设现代化经济体系的发展基础

建设现代化经济体系,首先在于必须坚持质量第一、效益优先,以供给侧结构性改革为主线,推动经济发展质量变革、效率变革、动力变革,提高全要素生产率,着力加快建设实体经济、科技创新、现代金融、人力资源协同发展的产业体系。一方面,以供给侧结构性改革为主线,协同发展产业体系,政策和制度创新的着眼点及着力点需要从生产者出发(这是与从需求侧入手的重要不同,从需求侧入手的着眼点和着力点首先在于消费者),这里的生产者包括:劳动者——提高劳动生产率,建设知识型、技能型、创新型劳动者大军,弘扬劳模精神和工匠精神,营造劳动光荣的社会风尚和精益求精的敬业风气;企业和企业家——提高企业竞争力,培育具有全球竞争力的世界一流企业;产业——完善产业组织、推动产业结构优化和升级。建设现代化经济体系,必须把发展经济的着力点放在实体经济上,把提高供给体系质量作为主攻方向,要做到这一点,创新成为关键,创新是引领发展的第一动力,是建设现代化经济体系的战略支撑。另一方面,以供给侧结构性改革为主线,协同发展产业体系,政策和制度安排的落脚点和效应体现在经济结构的演变(这是与从需求侧入手的又一重要不同,从需求侧入手的落脚点和效应体现于总量变化)上,由于创新力的驱动,带动生产者效率的持续全面上升,效率的提升推动经济增长的同时推动结构的演变,包括传统产业优化升级、先进制造业集群的成长、基础网络建设的发展、新兴产业的崛起、农业现代化的加速等,进而为改善城乡结构实施乡村振兴战略,为改善区域结构实施区域协调发展战略,创造经济发展的现代化产业体系打下基础。

构建新时代中国特色社会主义现代化产业体系,之所以需要以供给侧结构性改革为主线,主要原因在于:首先,我国经济供给与需求之间的失衡和矛盾,其主要方面在于供给侧。从社会主要矛盾的转化来说,我国发展不适应人民日益增长的美好生活需要的突出原因在于发展上的不平衡不充分,这种发展上的不平衡不充分首先集中在供给方面的质量、效率、结构和水平的不适应上,因此就新时代中国特色社会主义社会主要矛盾运动而言,发展不平衡不充分的一些尚未解决的问题,如发展质量和效益还不高,创新能力不够强,实体经济水平有待提高,生态环境保护任重道远等,主要集中于供给方面,在供需矛盾运动中,供给侧结构性改革更具决定意义。其次,我国作为世界上最大的发展中国家,虽然经济发展取得了长足进展,但与发达国家相比,在经济发展水平、质量等各方面的发展上仍存在显著差距,发展仍是我党执政兴国的第一要务,而供给侧结构性改革构成"新时代"贯彻"新发展理念"的关键所在。因此,就我国经济发展阶段性特征与当代发达国家经济相比而言,约束经济发展、制约满足人民日益增长的美好生活需要实现程度的主要因素,在于供给侧存在结构性问题。再次,中国经济发展进入新时代,经济进入新常态,出现新失衡的深层原因主要集中于供给的结构性失衡。经济新常态下,中国宏观经济出现了潜在的成本推动的通货膨胀与需求疲软压力下的经济下行并存的"双重风险"。从表象上看,"双重风险"的存在是总量上失衡,特别是需求侧产生的问题,但从深层动因上考察,主要原因在于供给侧。一方面,就潜在的通货膨胀压力而言,主要是成本上升的压力,需求拉上的因素是潜在的,而成本推动的压力则主要来自供给侧,要素成本在经济发展进入上中等收入阶段后会规律性地大幅上升,解决问题的根本出路在于以创新提高效率,根本改变以往以要素投入量扩张为主拉动增长的方式,从而降低成本、提高可持续竞争力,否则必然形成成本推动的高通货膨胀。我国经济目前之所以现实物价水平较低(CPI长期在3%左右),主要原因在于需求疲软,使成本推动的通货膨胀难以形成市场兑现的条件,一旦市场需求重新活跃,便会面临成本推动与需求拉上共同作用的通货膨胀的风险,这种风险的消除,根本在于深化供给侧结构性改革。另一方面,就市场需求疲软形成的经济下行压力而言,内需疲软包括投资需求与消费需求增速下降(固定资产投资增速和社会消费品的零售总额增速近年来均出现持续下降状态),深层原因同样集中于供给侧,就投资需求增速放缓而言,主要原因并不是资本和货币供给不足问题,对大型和特大型企业特别是国有企业而言,直接融资和间接融资渠道是基本通畅的,广义货币供应量(M2)增速和社会直接融资增速并不低,问题发生在供给侧,企业创新力不足,产业结构升级乏力,因此难以找到有效投资机会,限制了投资需求增长。就消费需求增速放缓而言,主要原因不是居民收入未能增长,城乡居民收入近年来与经济增长保持同步,问题同样发生

第九章 "高质量发展"范畴的讨论——新发展阶段首要任务的内在逻辑

在供给侧,从供给的实物形态来看是产品和服务质量、结构、品种等不适应人们日益增长和不断变化的需求,限制了人们消费的增长,从供给的价值形态上看,是国民收入分配结构不合理,特别是居民之间收入差距扩大,导致居民消费倾向下降,影响了消费需求扩张。因此,克服需求疲软的关键在于深化供给侧结构性改革,包括创新驱动的技术结构、产业结构升级和产品结构优化以及国民收入分配结构调整等方面的改革。最后,中国经济新失衡要求转变宏观调控方式,转变的重点在于从供给侧结构性改革入手,统一需求与供给两方面调控。在经济出现"双重风险"并存(类似"滞胀")的条件下,总需求管理方面面临严重的局限。在治理"双重风险"的过程中,从总需求角度采取的宏观政策会发生方向性冲突,进而使政策失效,若简单选择一种风险为政策治理目标,又会同时加剧另一种风险,从而加剧宏观经济的不稳定性。只有从供给侧结构性改革入手,提高生产效率和产业优化程度,才能在不片面扩大总需求的条件下,提高企业和产业的市场竞争力,在需求疲软状态下能够适应市场、引领市场、创造需求、推动增长,在增加就业的同时,不以扩大需求、激发通货膨胀为代价。因此以创新为"引领发展的第一动力,是建设现代化经济体系的战略支撑",在创新支撑下,以供给侧结构性改革为主线,"建设现代化经济体系,必须把发展经济的着力点放在实体经济上,把提高供给体系质量作为主攻方向,显著增强我国经济质量优势"①。

党的二十大对建设现代化产业体系做出了战略布署,强调指出,坚持把发展经济的着力点放在实体经济上,推进新型工业化,加快建设制造强国、质量强国、航天强国、交通强国、网络强国、数字强国;推动制造业高端化、智能化、绿色化发展;推动战略性新兴产业融合集群发展,构建新的增长引擎;构建优质高效的服务业新体系;建设高效顺畅的流通体系;打造具有国际竞争力的数字产业集群;构建现代化基础设施体系。②

---

① 刘伟:《坚持新发展理念,推动现代化经济体系建设——学习习近平新时代中国特色社会主义思想关于新发展理念的体会》,《管理世界》,2017 年第 12 期,第 1—7 页。
② 习近平:《高举中国特色社会主义伟大旗帜　为全面建设社会主义现代化国家而团结奋斗——在中国共产党第二十次全国代表大会上的报告》,《人民日报》,2022 年 10 月 26 日,第 1 版。

（三）构建高水平社会主义市场经济体制是建设现代化经济体系的制度保证

一方面，建设现代化的经济体制本身是构建现代化经济体系的重要有机组成；另一方面，现代化经济体制的培育和建设对于社会经济发展和治理体系及能力的现代化水平提升又是不可或缺的制度保证。把制度创新和体制改革纳入"发展"命题，把建设现代化经济体制纳入现代化经济体系，体现了我们党对于"发展"命题理解的深化，也体现了对改革与发展相互关系和内在联系的深刻把握，是对马克思主义关于生产力与生产关系矛盾运动的辩证唯物史观的进一步中国化、时代化的阐释。

构建高水平社会主义市场经济体制，第一，必须坚持和完善社会主义基本经济制度，正如党的十九届四中全会所总结的包括以公有制为主体、多种所有制经济共同发展的生产资料所有制，以按劳分配为主体、多种分配方式并存的分配制度，社会主义市场经济的资源配置机制等，尤其要"毫不动摇巩固和发展公有制经济，毫不动摇鼓励、支持、引导非公有制经济发展，充分发挥市场在资源配置中的决定性作用，更好发挥政府作用"①。坚持社会主义市场经济改革方向，根本就在于坚持和完善社会主义基本经济制度，在经济思想史和社会主义发展史上，都未能实现社会主义与市场经济的有机统一，或者在理论上将两者对立起来，或者在实践上回归到"华盛顿共识"。中国特色社会主义的伟大实践，开创性地将社会主义与市场经济统一起来，进入新时代，进一步将这一历史性探索推向新高度，成功打破了把现代化等同于西方化的制度迷思。②

第二，必须培育和完善市场竞争制度，包括企业制度（市场竞争主体制度）：深化国有企业改革，优化布局调整结构，优化民营企业发展环境，依法保护促进发展；完善中国特色社会主义企业制度，加快建设世界一流企业；支持中小微企业发展；等等。价格制度（市场竞争交易制度）：构建全国统一市场，深化要素市

---

① 习近平：《高举中国特色社会主义伟大旗帜　为全面建设社会主义现代化国家而团结奋斗——在中国共产党第二十次全国代表大会上的报告》，《人民日报》，2022年10月26日，第1版。
② 刘伟：《中国经济改革对中国特色社会主义政治经济学根本性难题的突破》，《中国社会科学》，2017年第5期，第23—43页。

第九章 "高质量发展"范畴的讨论——新发展阶段首要任务的内在逻辑

场化改革,特别是打破各种封闭和垄断,加快要素价格市场化改革,完善市场竞争监管机制,建设高标准市场体系。基础制度(市场机制的法治和道德基础):完善产权保护、市场准入、公平竞争、社会信用等市场经济基础制度。在企业制度、价格制度、基础制度三者之间,企业制度涉及的是市场竞争中的行为主体的制度安排,核心是企业产权制度及相应的治理结构;价格制度涉及的是市场竞争中的交易条件如何确定,核心是交易的公平性和价格决定的等价交换原则贯彻。事实上,企业制度回答的是"谁在竞争",价格制度回答的是"怎样竞争"。两者统一构成市场经济内在竞争制度。市场经济基础制度的根本是法治和信用制度,体现对市场经济内在竞争制度的法治保护和道德支持。基础制度与内在竞争制度相互统一,构成市场竞争机制。

第三,必须创新和完善宏观调控机制,健全宏观经济治理体系,发挥国家发展规划的战略导向作用,深化投融资体制改革,健全资本市场功能,加快建立现代财政制度,健全现代预算制度,优化税制,完善转移支付体系;深化金融体制改革,建设现代中央银行制度,加强和完善金融监管,强化金融稳定保障体系;完善和健全财政、货币、产业、区域等经济调控政策的协调机制,提高宏观经济政策逆周期调节和跨周期调节相互配合的有效性,为更好发挥政府作用提供宏观体制保证。[①]

总之,构建市场机制有效、微观主体有活力、宏观调控有度的经济体制,为在资源配置中发挥市场的决定性作用,更好发挥政府作用,完善政府与市场的关系创造体制机制条件,是建设中国特色社会主义现代化经济体系的不可或缺的内在要求。因而不断深化改革是贯彻新发展理念、建设现代化经济体系的重要动力。贯彻新发展理念、建设现代化经济体系,把发展命题与改革命题更为紧密地统一在一起,对经济体制和治理结构的现代化,对资源配置机制上完善政府与市场的关系,对社会主义与市场经济的有机统一等,都提出了更为深刻的要求。[②]

[①] 习近平:《高举中国特色社会主义伟大旗帜　为全面建设社会主义现代化国家而团结奋斗——在中国共产党第二十次全国代表大会上的报告》,《人民日报》,2022年10月26日,第1版。

[②] 关于中国特色社会主义基本经济制度的讨论可参见本书第三章。

第三节　建设现代化经济体系需要构建新发展格局

我们要以新发展理念引领现代化经济体系建设,以现代化经济体系建设保证贯彻新发展理念,进而实现高质量发展。那么贯彻新发展理念建设现代化经济体系实现高质量发展,在现阶段需要坚持哪些战略原则、采取哪些战略举措,便成为亟待明确的问题。

(一)推动高质量发展必须加快构建新发展格局

在新发展阶段如何贯彻新发展理念建设现代化经济体系,推动高质量发展?2020年春,习近平总书记明确提出,必须"构建以国内大循环为主体,国内国际双循环相互促进的新发展格局"①。并且多次强调指出,推进高质量发展需要以加快构建新发展格局为战略基点。②

1. 构建新发展格局是把握未来发展主动权的需要

进入新时代,尤其是进入新发展阶段,国内国际发展环境和条件发生了深刻变化,目标函数和约束函数发生了系统性的演变,新发展机遇和前所未有的挑战并存,继续沿袭原有的发展模式,其发展的可持续性难以保证,就经济自然增长率而言,也难以达成中国式现代化目标,更难以适应发展条件的变化,必须根本转变发展方式,加快构建新发展格局,实现高质量发展。③ 正如习近平同志所强调的:"事实充分证明,加快构建新发展格局,是立足实现第二个百年奋斗目标,统筹发展和安全作出的战略决策,是把握未来发展主动权的战略布署。"④

---

① 习近平:《加快构建新发展格局　把握未来发展主动权》,《求是》,2023年第8期,第4—8页。
② 《习近平在参加江苏代表团审议时强调:牢牢把握高质量发展这个首要任务》,《人民日报》,2023年3月6日,第1版。
③ 据测算,我国"十四五"期间要进入高收入阶段,年均GDP增长率要达到5%以上。2035年基本实现现代化人均GDP赶上中等发达国家水平,15年间(2021—2035)年均增长率要达到4.8%。2050年要实现社会主义现代化强国目标、人均GDP赶上包括主要发达国家在内的全部发达国家水平,30年间(2021—2050)年均增长率要达到4.6%。而事实上按目前的发展方式,可能达到的潜在增长率在2035年之前约为4%,在2050年之前约为3.5%。参见刘伟、陈彦斌:《"两个一百年"奋斗目标之间的经济发展:任务、挑战与应对方略》,《中国社会科学》,2021年第3期,第86—102页。
④ 习近平:《加快构建新发展格局　把握未来发展主动权》,《求是》,2023年第8期,第4—8页。

第九章 "高质量发展"范畴的讨论——新发展阶段首要任务的内在逻辑

2. 构建新发展格局是以问题为导向

一是补短板,二是上水平,进而从根本上克服我国经济大而不强的深层矛盾,切实提升我国发展的生存力、竞争力、发展力、持续力。正如习近平同志所说:"加快构建新发展格局,要从两个维度来研究和布局:一是更有针对性地加快补上我国产业链供应链短板弱项,确保国民经济循环畅通;二是提升国内大循环内生动力和可靠性,提高国际竞争力,增强对国际循环的吸引力、推动力。"①只有不断增强我国发展的生存力、竞争力、持续力、发展力,才能"确保中华民族伟大复兴进程不被迟滞甚至中断,顺利实现全面建成社会主义现代化强国目标"②。要达到这一目标,必须加快构建新发展格局。习近平同志指出:"我们只有加快构建新发展格局,才能夯实我国经济发展的根基、增强发展的安全性稳定性,才能在各种可以预见和难以预见的狂风暴雨、惊涛骇浪中增强我国的生存力、竞争力、发展力、持续力。"③

3. 构建新发展格局是一个系统工程

以加快构建新发展格局为战略基点全面推进高质量发展,以新发展理念为引领根本转变发展方式,以问题为导向夯实我国经济发展根基,是我国发展全局意义上的深刻变革,涉及经济社会发展的各方面,因而,一方面,构建新发展格局必然是一个系统工程。习近平同志指出:"必须坚持问题导向和系统观念,着力破除制约加快构建新发展格局的主要矛盾和问题,全面深化改革,推进实践创新、制度创新,不断扬优势、补短板、强弱项。"④另一方面,构建新发展格局具有深刻的历史艰巨性。习近平同志指出:"全面建成新发展格局还任重道远。"⑤构建新发展格局的进程与我国实现第二个百年奋斗目标,特别是与实现中国式现代化两步走中的第一步,即到2035年基本实现社会主义现代化的战略步骤和进程形成历史的统一。党的二十大报告明确提出,在2035年基本实现中国式现代化的同时,形成新发展格局,建成现代化经济体系。没有通过加快构建新发展格局以建成现代化经济体系,实现新发展理念引领的高质量发展,就没有中国式现代化战略目标的实现。也就是说,构建新发展格局的历史性使命就在于克服中国式现代化进程所面临的种种矛盾和挑战。正由于构建

---

① 习近平:《加快构建新发展格局 把握未来发展主动权》,《求是》,2023年第8期,第4—8页。
②③④⑤同上。

新发展格局的艰巨性、历史性,要求必须在战略上做出系统全面的部署,并使各方面的战略部署相互协调、有机统一。需要坚持以扩大内需为畅通国民经济循环的战略基点和立足点,以深化供给侧结构性改革为战略方向和主线,以教育、人才、科技、创新驱动为基础性战略性支撑,以高水平开放为战略前提和必由之路,以乡村振兴、区域协调发展为重大发展战略举措,以构建高水平社会主义市场经济体制为制度保证和战略动能,以稳中求进为工作总基调和战略方针等,切实形成相互联系的统一系统的战略实施体系。

(二)加快构建新发展格局亟待破解的突出矛盾

1. 统筹好扩大内需和深化供给侧结构性改革的关系

增强国内大循环动力和可靠性,畅通国民经济循环,畅通生产和再生产,实现均衡发展,关键在于需求与供给在总量和结构上的均衡,主要取决于需求与供给两端动力是否强劲,以有效需求(包括有收入支撑的消费需求,有合理回报的投资需求,有本金和债务约束的金融需求等)牵引供给,以高水平供给(包括以科技创新、制度创新驱动的供给,突破瓶颈增强产业链供应链竞争力和安全性的供给,自主可控高质量供给)适应满足现有需求,创造引领新需求,形成需求与供给间高水平动态平衡,把扩大内需战略基点与深化供给侧结构性改革战略主线有机结合起来,使需求与供给之间形成良性互动,而不是严重失衡错位。

2. 统筹好科技自立自强与开放借鉴引进的关系

加快自立自强步伐,解决外围"卡脖子"问题。作为发展中国家,构建新发展格局、建设现代化经济体系,需要尽可能地吸收、借鉴和引进外国先进技术,这也是中国式现代化要以高水平开放为必由之路的重要原因。但开放引进必须立足自立自强,一方面,关键核心技术,特别是"卡脖子"技术是买不来、引不进、换不来的,必须立足自主创新,越是接近赶超目标的实现,遇到的"卡脖子"压力越大,越需要加快科技自立自强步伐;另一方面,自立自强、自主创新能力提升,在重要科技领域领跑,在前沿交叉领域开拓者地位越突出,在世界科学创新中心和创新高地地位越凸显,对外国先进科技的吸引能力才可能越强,才越可能高水平、高质量地引进外国先进技术。因而,必须自立自强,实现科教兴国战略、人才强国战略、创新驱动发展战略有效联动,一体推进,坚持原始创新、集成创新、开放创新有效贯通,一体部署,而不是脱离自主创新的立足点,把自立自强与吸收引进割裂开来。

3. 统筹建设现代化产业体系与现代化经济体系的关系

加快建设现代化产业体系,夯实新发展格局的产业基础。以新发展格局推动建设现代化经济体系,其基础在于加快建设现代化产业体系,畅通国民经济循环关键在于产业链水平的提高和产业间的协调有序链接,宏观经济供求动态良性互动前提在于产业结构的调整互洽。从全球产业体系和产业链供应链演变趋势看,呈现出多元化布局,区域化合作,绿色化转型,数字化加速的态势,这一态势体现了不以人的意志为转移的客观规律。从我国现代化进程的发展特点看,作为后发展起来的我国与传统发达经济体现代化的历史不同在于,正如习近平同志所总结的,不是沿着机械化、电气化、信息化(数字化、智能化)纵向"串联式"发展,也不是循着第一、二、三产业依次历史推进,而是"并联式"发展,叠加式推进。这一特点为我们提供了新的机遇,但同时也产生了新的矛盾。要顺应这种产业演进发展客观趋势和我国发展的历史特点,一方面,我们需要把着力点放在发展实体经济上,在基本实现工业化的基础上进一步扎实推进新型工业化,加快建设制造强国、质量强国、网络强国、数字中国等一系列发展强国战略,切实夯实产业基础;另一方面,统筹推进产业升级和产业转移,在增强产业发展的接续性和竞争力的同时,推动重要产业在国内和国际有序转移,优化产业和生产力区域布局,促进内外产业深度融合。防止脱实向虚,要克服布局失衡,避免产业封闭,形成自主可控、竞争力强的现代产业体系,以此为基础,加快建设现代化经济体系。

4. 统筹并全面推进城乡间、区域间协调发展,提高国内大循环的覆盖面

发展中国家的突出特点在于发展的二元性特征,这一特征突出表现在城乡间的二元性、区域间的二元性上,构建新发展格局、建设现代化经济体系、实现高质量发展,重要的便在于克服二元性,提高协调性和均衡性。要实现这种协调发展,一方面,必须协调推进乡村振兴战略与新型城镇化中的城市群和中心城市发展战略,特别需要推进以县城为重要载体的城镇化建设,畅通城乡经济循环;另一方面,必须协调区域重大战略、区域协调发展战略和主体功能区战略,在提高区域间协调和均衡发展水平的过程中,培育和提升经济区域重大发

展极(增长点)水平和带动辐射效应,在均衡协调和优化高效的有机统一中,推动区域协调发展战略、区域重大战略、主体功能区战略等深度融合,促进要素合理流动和高效集聚,畅通国内大循环。此外,在体制上,需要加快推动全国统一大市场的真正形成,防止各地自我小循环,要消除区域壁垒,以国内统一大市场推动国内大循环畅通。

5. 统筹国外与国内大循环的关系,进一步深化改革开放

增强国内外循环的动力和活力,提升双循环的相互促动能力。一方面,加快构建高水平社会主义市场经济体制,完善包括国有企业、民营企业、混合所有制企业等市场经济企业制度,建设全国统一包括商品市场和要素市场的高标准市场体系,完善包括产权保护、市场准入、公平竞争、社会信用等市场经济基础制度,完善现代财税金融体制和宏观政策机制,提升宏观经济治理体系和能力现代化水平。以高水平社会主义市场经济体制保证国内大循环的畅通。同时为推进高水平的对外开放,吸引国际资本、资源、市场创造制度型条件。另一方面,推进高水平对外开放,对标高标准国际贸易和投资通行规则,稳步扩大规则、规制、管理、标准等制度型开放,构建参与国际经济合作和竞争的新优势、新机会,包括发展上的和制度上的新机遇、新优势。同时,推动"一带一路"高质量发展,更充分地体现"人类命运共同体"理念,在更加深入融入全球化的过程中,让世界能够更充分地分享中国现代化高质量发展带来的红利,增强中国在国际大循环中的话语权,推动形成开放、多元、稳定的世界经济秩序。以高质量的国内大循环支持高水平的开放,以高水平制度型的开放推进高质量的国际大循环,为实现国内国际双循环相互促进、国内国际两个市场两种资源联动循环创造条件,形成自主可控同时又是高水平开放,以国内大循环为主体、国内国际双循环相互促进的新发展格局。

(三)切实实现并坚持高质量发展主题

立足新发展阶段,贯彻新发展理念,建设现代化经济体系,加快构建新发展格局,从而实现高质量发展,以高质量发展推进中国式现代化,以中国式现代化全面推进中华民族伟大复兴。

高质量发展这一主题所包括的内涵,正如党的二十大报告所概括的:"把实施扩大内需战略同深化供给侧结构性改革有机结合起来,增强国内大循环内生

第九章 "高质量发展"范畴的讨论——新发展阶段首要任务的内在逻辑

动力和可靠性,提升国际循环质量和水平,加快建设现代化经济体系,着力提高全要素生产率,着力提升产业链供应链韧性和安全水平,着力推进城乡融合和区域协调发展,推动经济实现质的有效提升和量的合理增长。"① 也就是说,所谓高质量发展要求,一是在宏观上要求供给与需求有机结合的发展良性互动并趋向于均衡,包括总量和结构均衡的发展,以有效需求牵引供给,以高质量供给创造需求。二是在微观上要求低风险高效率的发展,包括主要依靠要素效率和全要素生产率提升为动能,依靠在此基础上的产业链供应链韧性和安全水平提升所支撑的发展。三是在结构上要求国民经济协调发展,包括城乡融合和区域协调。四是在内外联动上要求高水平制度型开放性的发展,以国内大循环内生动力和可靠性的增强吸引全球资源要素,提升国际循环质量和水平,在此基础上增强国内国际两个方面的两种资源的联动效应。五是在实现方式上是以新发展理念为引领、以现代化经济体系为机制实现的质的有效提升和量的合理增长有机统一的发展。

只有实现高质量发展,才能切实增强我国的生存力、竞争力、发展力、持续力,才能使以中国式现代化推进中华民族伟大复兴进程不被迟滞甚至中断,才能适应经济社会发展约束条件的历史变化,如期达成经济社会发展战略目标。

---

① 习近平:《高举中国特色社会主义伟大旗帜 为全面建设社会主义现代化国家而团结奋斗——在中国共产党第二十次全国代表大会上的报告》,《人民日报》,2022年10月26日,第1版。

第十章
"中国式现代化"范畴的讨论
——中国特色社会主义开创人类文明新形态

第一节　中国式现代化理论基于中国共产党长期实践

中国式现代化理论,是党的二十大的重大理论创新,是科学社会主义的最新重大成果,是习近平新时代中国特色社会主义思想的重要内容。正如习近平同志所指出的:党的十八大以来,我们党在已有基础上继续前进,不断实现理论和实践上的创新突破,成功推进和拓展了中国式现代化。初步构建中国式现代化的理论体系[①],并且在中国式现代化的深入实践中,中国式现代化理论体系必然会不断丰富和发展。

现代化理论基于人类现代化的历史文明发展历史,并在人类文明演进中不断丰富和发展,进而对现代化的历史实践提供重要的理论指导。现代化作为历史发展范畴,反映人类文明史上最为深刻和剧烈的社会革命,包括社会经济、政治、文化等多方面的系统性、长期性、复杂性的变革,这一变革进程具有许多特征。首先,经济现代化居核心位置。现代化具有鲜明的物质性,从经济社会发展的绝对进程上看,现代化反映一国从传统农业经济向现代经济,首先是现代

---

① 《习近平在学习贯彻党的二十大精神研讨班开班式上发表重要讲话强调:正确理解和大力推进中国式现代化》,《人民日报》,2023年2月8日,第1版。

第十章 "中国式现代化"范畴的讨论——中国特色社会主义开创人类文明新形态

工业经济的转换程度;从相对发展状态上看,现代化体现一国在全球经济发展中所处的位置。① 无论是绝对水平还是相对程度的提升,经济发展现代化都包括量的水平和质态的演进两个基本方面,尽管现代化涉及社会多方面的转型,但经济现代化是国家(社会)现代化的核心内容,经济现代化最为直接的重要动力来自技术变革,技术变革则需要深刻的制度变革推动。从"蒸汽时代"到"电气时代",再到"信息时代"直至当下的"数字时代",现代化的经济发展的历史,充分体现了历史唯物主义的生产力与生产关系、经济基础与上层建筑矛盾运动规律。② 其次,现代化的又一突出特征在于其实现进程的多样性。历史唯物主义的基本规律、具体运动的历史方式在不同国家不同发展阶段是不同的,因而,现代化的实现进程具有普遍规律性和各国特殊性相统一的特征。现代化的普遍性特征寓于各国历史实践的特殊性之中,特殊性则建立在普遍性基础之上。无论是早期的英国光荣革命带动的商业革命及后来的工业革命,还是"地中海革命"带来的西欧资本主义工业化,以及"大西洋革命"推动的北美现代化,特别是战后大量发展中国家开始的现代化追赶进程,包括经济落后国家的工业化和经济转轨国家的现代化等,事实上,都既体现出现代化作为人类文明进程的一系列普遍发展要求,又体现着各国国情规定的特殊性,现代化进程的突出特点在于其多样性。最后,现代化历史演进的另一突出特征还在于其发展的曲折性。作为人类文明发展史迄今为止最为深刻的革命,无论在哪个国家,其现代化的发展所面临的矛盾和挑战都是极其复杂尖锐的,制度创新的滞后及相应的国家治理体系和能力现代化水平的低下,科技创新的不足及相应的可持续发展能力不足,意识形态变革及相应的道德秩序重构与现代化转型不相适应,等等,都可能导致现代化进程被迟滞甚至中断,在世界范围内这种现代化被逆转的事实是一种客观存在。认识现代化的物质性、多样性、曲折性,对于构建现代化理论体系具有十分重要的意义。

"现代化"作为人类文明时代发展是以产业革命为发端,直至现在仍在不断深化的世界变革的历史进程,在西方学者的文献中,开始称之为"西化"或"欧

---

① 刘伟、范欣:《以高质量发展实现中国式现代化 推进中华民族伟大复兴不可逆转的历史进程》,《管理世界》,2023年第4期,第1—15页。
② 刘伟:《中国式现代化的本质特征与内在逻辑》,《中国人民大学学报》,2023年第1期,第1—18页。

化",强调其地理文化特征,后来称为"现代化"。这种改变"表面上看只是修辞上的变化,但实质上是对现代化世界变革趋势的再认识"①。"现代化"概念在我国开始出现时被称为"洋化",在实践上则被概括为"洋务"。这种认识和实践上的特点有着极为深刻的历史背景,是近代之后中国沦为半殖民地半封建社会条件下对自身文明的失信和对西方文明的盲从的集中体现。正如20世纪30年代冯友兰先生所说,国人后来能够提出"现代化"范畴并以此来替代以往的"洋化"及"洋务",乃是一种对于现代化认识和追求的民族自觉的提升,是一种思想上的"觉悟"。②

在理论上真正科学推进中国式现代化认识进程的是中国共产党的艰苦探索。早在1938年延安召开的六届六中全会上,毛泽东就强调在中国进行现代化建设的主要任务是实现工业化和农业现代化,并指出革命的目的是把我们国家建设成为农业近代化和工业化的国家。在1945年召开的党的七大上,进一步正式明确提出了党的使命,"不但是为着建立新民主主义的国家而奋斗,而且是为着中国的工业化和农业近代化而斗争"③。新中国成立之后,党和国家领导人在多次重要会议上反复强调要实现"四个现代化",并将其作为我国社会主义建设事业的宏伟目标,即农业现代化、工业现代化、国防现代化和科技现代化。④进入改革开放新时期,邓小平首次明确提出"中国式现代化"范畴,同时指出,中国式现代化的本质在于坚持中国共产党领导和走社会主义道路;中国式现代化的特征在于人口规模巨大,因而经济发展上的人均水平标准可以低一些,如以赶上中等发达国家人均 GDP 水平为重要标志;中国式现代化的步骤在于"三步走"战略。⑤ 党的十八大以来的中国式现代化理论与实践探索,"初步构建中国

---

① 罗荣渠:《"现代化"的历史定位与对现代世界发展的再认识》,《历史研究》,1994年第3期,第153—165页。

② 罗荣渠主编:《从"西化"到现代化——五四以来有关中国的文化趋势和发展道路论争文选》,北京:北京大学出版社1989年版,第338页。

③ 《毛泽东选集》(第三卷),北京:人民出版社1991年版,第1081页。"四个现代化"的基本内容有所演变,早在1954年第一届人大一次会议上首次提出这一概念时,是指工业、农业、交通运输业、国防四个方面的现代化,到1964年第三届人大一次会议,则明确为农业、工业、国防和科技现代化。

④ 《周恩来选集》(下),北京:人民出版社1984年版,第412—413页。

⑤ 《邓小平文选》(第二卷),北京:人民出版社1994年版,第163、194页。《邓小平文选》(第三卷),北京:人民出版社1993年版,第64、229页。

第十章 "中国式现代化"范畴的讨论——中国特色社会主义开创人类文明新形态

式现代化的理论体系,使中国式现代化更加清晰、更加科学、更加可感可行"①。

在实践上,以中国式现代化推进中华民族伟大复兴是中国共产党的初心使命,更是新时代的中心任务。早在 1922 年党的第二次全国代表大会上通过的第一部党章中,就在把实现共产主义作为最高纲领的同时,把实现中华民族伟大复兴作为基本纲领(最低纲领),而实现这一基本纲领的基本方式就是建设现代化国家。正如党的十九届六中全会所总结的,新民主主义革命时期党的主要任务是推翻三座大山、建立新民主主义新中国,目的是为实现中华民族伟大复兴创造根本社会条件;社会主义革命和建设时期党的主要任务是建立社会主义制度、推进社会主义建设,目的是为实现中华民族伟大复兴奠定根本政治前提和制度基础;改革开放新时期党的主要任务是探索中国特色社会主义主题,目的是为实现中华民族伟大复兴提供充满新的活力的体制保证和快速发展的物质条件。② 党的十八大之后进入新时代以来,党的主要任务是在实现第一个百年奋斗目标基础上继续实现第二个百年奋斗目标,目的是将中国式现代化推进到不可逆转的历史进程并使之成为现实;党的二十大报告宣告:"从现在起,中国共产党的中心任务就是团结带领全国各族人民全面建成社会主义现代化强国、实现第二个百年奋斗目标,以中国式现代化全面推进中华民族伟大复兴。"③ 正如习近平同志所指出的:"我们走过弯路,也遭遇过一些意想不到的困难和挫折,但建设社会主义现代化国家的意志和决心始终没有动摇。"④

习近平新时代中国特色社会主义思想中关于中国式现代化的理论,在深刻总结我们党长期以来关于现代化的历史探索基础上,从中国式现代化的实践逻辑和理论逻辑的统一中,在马克思主义同中国具体实践和优秀传统文化的结合中,构建起来的具有开拓性的理论体系,对于指引我国现代化实践具有极为重要的意义。

---

① 《习近平在学习贯彻党的二十大精神研讨班开班式上发表重要讲话强调:正确理解和大力推进中国式现代化》,《人民日报》,2023 年 2 月 8 日,第 1 版。
② 《中国共产党第十九届中央委员会第六次全体会议文件汇编》,北京:人民出版社 2021 年版,第 6—7 页。
③ 习近平:《高举中国特色社会主义伟大旗帜 为全面建设社会主义现代化国家而团结奋斗——在中国共产党第二十次全国代表大会上的报告》,《人民日报》,2022 年 10 月 26 日,第 1 版。
④ 习近平:《中国式现代化是强国建设、民族复兴的康庄大道》,《人民日报》,2023 年 2 月 11 日第 1 版。

第二节　中国式现代化理论概括了中国式现代化的中国特色、本质要求和重大原则

就中国式现代化理论体系所体现的世界观、历史价值观的基本取向而言，中国式现代化对于世界现代化理论和实践发展历史具有重大创新和深刻变革。正如习近平同志所说："中国式现代化，深深植根于中华优秀传统文化，体现科学社会主义的先进本质，借鉴吸收一切人类优秀文明成果，代表人类文明进步的发展方向，展现了不同于西方现代化模式的新图景，是一种全新的人类文明形态。"①

就中国式现代化的本质要求而言，党的二十大报告概括为：坚持中国共产党领导，坚持中国特色社会主义，实现高质量发展，发展全过程人民民主，丰富人民精神世界，实现全体人民共同富裕，促进人与自然和谐共生，推动构建"人类命运共同体"，创造人类文明新形态。② 这种本质要求，深刻体现出中国式现代化是一种全新的人类文明形态，蕴含着独特的世界观、价值观、历史观、文明观、民主观、生态观等，拓展了发展中国家走向现代化的路径选择，是对世界现代化理论和实践的重大创新。③

就全面建设社会主义现代化国家必须牢牢把握的重大原则而言，党的二十大报告特别强调：一是坚持和加强党的全面领导，明确领导核心；二是坚持中国特色社会主义道路，明确路线制度；三是坚持以人民为中心的发展思想，明确根本目的；四是坚持深化改革开放，明确发展动力；五是坚持发扬斗争精神，明确勇气状态。

就中国式现代化的基本特征而言，中国式现代化是人类文明进程中现代化的普遍规律与中国国情决定的特殊性的有机统一。就其普遍性特征而言，从人

---

① 《习近平在学习贯彻党的二十大精神研讨班开班式上发表重要讲话强调：正确理解和大力推进中国式现代化》，《人民日报》，2023年2月8日，第1版。
② 习近平：《高举中国特色社会主义伟大旗帜　为全面建设社会主义现代化国家而团结奋斗——在中国共产党第二十次全国代表大会上的报告》，《人民日报》，2022年10月26日，第1版。
③ 《习近平在学习贯彻党的二十大精神研讨班开班式上发表重要讲话强调：正确理解和大力推进中国式现代化》，《人民日报》，2023年2月8日，第1版。

第十章 "中国式现代化"范畴的讨论——中国特色社会主义开创人类文明新形态

类现代化文明史的进程看,一是现代化具有科技革命、产业革命推动的发展性。现代化发端于现代工业文明替代传统农耕文明,在历史上经历了若干次革命浪潮。其内涵越来越具有现代发展意义,已经不仅仅局限于工业文明替代农耕文明,而是在工业化深入发展的基础上整个国民经济结构的现代化提升和变革。但各个国家的科技革命、产业革命的路径和方式是不同的,第一次产业革命之所以能在英国发端,是因为有特殊的条件,英国产业革命的主要特征体现在四个方面:生产模式的变革——纺织业机器的使用,动力系统的变革——蒸汽机的发明,能源系统的变革——煤炭资源的利用,材料系统的变革——铁和钢的生产。二是现代化具有生产方式变革、政治制度变革推动的制度创新性。现代化有其制度基础和背景,从其发端来看,现代化要有一定的制度基础;从其发展来看,这个制度条件的起源是与资本主义市场经济结合在一起的。马克思曾特别指出过,资本主义从产生以来,在不长的历史中创造了远远高于人类文明以往发展历史所取得的成就,它极大地解放了生产力。资本主义当年在英国和西欧国家发展时,实际上是用资本主义制度创新推动了发展。从英国"光荣革命"开始,蔓延到整个地中海,又蔓延到"大西洋革命"。这一革命从商业革命开始培育资本主义市场自由竞争制度,再到资本主义生产制度的成长,资本主义生产方式逐渐确立,在这一过程中,以资本主义生产方式解放和推动了生产力发展,进而推动工业革命,为资本主义制度奠定了大机器工业生产力基础。之后的人类现代化进程也都是伴随革命的浪潮,伴随深刻的制度创新和体制变革,在生产力与生产关系的矛盾运动中推进现代化。但各国的制度创新道路和方式是不同的,与英国资产阶级革命和产业革命不同,美国的资本主义制度是英国资本主义制度的蔓延,但美国道路又与英国有很大的区别。后发的现代化国家,比如日本、新加坡、韩国等则又是另一种制度安排。也就是说,现代化要求必须进行制度创新,但不同民族不同国家的道路又都不同,生产关系要适应生产力发展要求,但生产关系变革的方式又都有所差异。从中国的现代化所要求的制度创新来说,一开始就不可能采取资产阶级革命建立资本主义制度的方式,因为半殖民地半封建的社会性质,其中民族资产阶级没有这个能力,官僚资产阶级没有这个愿望,帝国主义势力则根本不允许。因此,孙中山先生领导的辛亥革命虽然提出了实现现代化、实现民族复兴的最初蓝图,但却没有这种能力。中国共产党自成立之日起即明确了实现民族伟大复兴的初心,中国式现代化作为人类文明新形态的新发展,从其社会形态的发展来说,也需要制度创新。中国特色社会主义制度及其政策、完善,是中国式现代化的制度基础和条件。三是现代化具有意识形态革命推动的精神引领性。现代化的进程一定是人们本身的道德和社会伦理秩序发生深刻革命、精神世界发生深刻变革的过程。资本主义制度在历史上推进人类现代化的进程中,在道德世界和精神领域里就存在深刻的对中世纪的批判,这种批判除哲学、经济学、政治学、社会学、文学等方面的系统检讨和反思外,沉淀、梳理、归纳形成的道德秩序重构和精神价值改造是极为深刻的。因为,如果继续维系中世纪的道德伦理和精神理念,不可能引领资本主义革命和资本主义市场经济制度的建立。思想理念是对制度创新的引领。马克斯·韦伯等曾特别对资本主义社会伦理和新教革命的精神引领给予强调,甚至将其归结为资本主义产生的重要原因。尽管这种强调未必完全科学(事实上一些传统天主教国家,如法国、意大利等也实现了资本主义),但作为一个普遍特征,现代化同时是一个相应的价值理念变革、道德伦理重构的过程。四是现代化具有人对自然能动的物质变换的互动性。现代化是人类认识并改造大自然的过程,是人与自然界之间的物质变换的博弈过程。文明本身就意味着人类对自然界认识、适应和改造能力的提升,更意味着人类对自然界的尊重、敬畏和保护水平的进步,现代化需要自然资源保障,也就受到自然的约束。人类本身是自然界的一种存在,人类文明需要依赖和运用自然,也就要提升维护自然的自觉。尽管这种"自觉"经历了漫长的发展过程,但这种觉悟的不断提高和科学水平的逐渐提升,是现代化发展的进步方向。五是现代化具有全球市场化推动的开放性。马克思曾指出,资本主义生产方式具有全球性的联系能力,资本主义市场经济第一次把世界经济联系为一个整体,彻底打破了封建自然经济的割裂和封闭,伴随现代化的深入和产业革命的历史推进,这种全球化趋势越来越突出。以上五个方面的共同特征,是现代化历史进程给我们提供的重要启示。

就现代化民族特殊性来看,现代化的共性特征具有世界普遍意义,但不同国家实践现代化的过程与满足普遍性要求的具体方式和道路会依据国情、历史的不同而有所区别,进而也规定了不同国家实现现代化的本质要求、基本原则、战略举措等有所差异,由此构成了人类现代化文明的绚丽画卷。现代化就其实现过程而言,没有定于一尊的模式,现代化先行国可以为后发国家提供经验(教

第十章 "中国式现代化"范畴的讨论——中国特色社会主义开创人类文明新形态

训),但不可能提供模板,人类现代化的普遍性特征存在于各民族国家现代化历史实践的特殊性之中。

中国式现代化是当代人类现代化的一部分,并且开创着21世纪人类现代化进程的崭新的也是最为恢宏的历史,不仅具有现代化的普遍特征,而且更具有中国的特殊性。正如习近平同志所指出的:"我们所推进的现代化,既有各国现代化的共同特征,更有基于国情的中国特色。"[①]党的二十大报告概括了中国式现代化的本质要求和突出特征,本质要求是:"坚持中国共产党领导,坚持中国特色社会主义,实现高质量发展,发展全过程人民民主,丰富人民精神世界,实现全体人民共同富裕,促进人与自然和谐共生,推动构建"人类命运共同体",创造人类文明新形态。"这种本质要求体现了我国国情,从根本上规定了中国式现代化在具有各国现代化共同特征的同时,更具中国特色。这种中国特色体现在党的二十大报告中:中国式现代化是人口规模巨大的现代化,是全体人民共同富裕的现代化,是物质文明和精神文明相协调的现代化,是人与自然和谐共生的现代化,是走和平发展道路的现代化。其一,中国式现代化是人口规模巨大的现代化,具有特别的发展意义。目前中国总人口有14亿多,占全球总人口的18%左右,而发达国家的人口总和约占全球总人口的16%。中国若实现现代化,将在现有基础上使全球进入现代化的人口成倍扩增,就当代单个国家的现代化对全球现代化的影响和贡献而言,这是人类现代化进程当中规模最大的一次变革。正如习近平同志所说:"我国14亿人口要整体迈入现代化社会,其规模超过现有发达国家的总和,将彻底改写现代化的世界版图,在人类历史上是一件有深远影响的大事。"[②]因而,中国式现代化对世界具有特殊的发展意义,当然世界也会对中国式现代化提出特别的要求,即必须是高质量发展。其二,中国式现代化是全体人民共同富裕的现代化,具有特别的制度规定。中国式现代化总体上来讲要逐渐实现共同富裕,体现全体人民共享理念。现代化的共性之一在于制度的创新性,但到目前为止,人类现代化的制度安排主流是资本主义市场经济制度和体制,而中国式现代化是中国特色社会主义现代化,根本不同

[①] 习近平:《新发展阶段贯彻新发展理念必然要求构建新发展格局》,《求是》,2022年第17期,第4—17页。

[②] 同上。

于以往资本主义现代化的制度方式。这就决定了中国式现代化必然体现为逐步实现全体人民共同富裕的现代化,从而根本区别于建立在资本与劳动根本对立、资本的积累与贫困的积累两极分化基础上的资本主义现代化。其三,中国式现代化是物质文明和精神文明相协调的现代化,具有更为先进的精神引领性。精神引领是人类现代化的共性之一,各国所有现代化的过程都有精神变革、道德重构,资本主义现代化的精神引领是以资产阶级意识形态作为核心价值,以宗教改革作为重要社会支撑;而中国式现代化是以新时代马克思主义作为指导思想,以社会主义核心价值观作为道德引领。资本主义的核心价值观及道德理念是适应资产阶级和资本主义生产方式要求的,它有精神上的批判性和进步性。资本主义的法权、公平、竞争、民主等,比封建主义的特权、专制、依附、身份等理念更为进步,更适应市场经济。资本主义市场经济带来了生产力空前的解放和发展,但它与人类社会长远发展和共同理想之间有冲突,其根本的价值取向是看其是否符合资本的根本利益,其善恶的道德标准是看其是否有利于个人私利,说到底是一种以个人主义为基础的道德伦理观,并不反映社会公众利益和广大人民要求。中国式现代化强调以人民为中心的发展理念,坚持社会主义核心价值观,因而更具人民群众精神动力。其四,中国式现代化是人与自然和谐共生的现代化,具有人与自然互动中的更高的自觉性。和谐共生是现代化的普遍要求,如何满足这一普遍要求,更自觉地接受自然的约束?在现代化的过程中,人类是存在一个艰难的探索过程的,也为之付出了高昂的代价。在发达国家的现代化历史上,人对于自然是先污染后治理,积累了大量的环境治理赤字,直到现在人类还在为其历史支付代价。这里有发展观念问题和科学能力问题,也有制度问题和政策问题。事实表明,发达国家在其发展进程中,是在人均 GDP 达到很高水平时才开始真正正视环境保护,也才开始在制度和政策上把环保纳入内在发展成本约束中。同时,由于环境问题的特殊性,其治理存在普遍严重的外部性,需要在体制机制上更好地协调市场与政府的关系,需要在全球范围内更紧密地协同各国与地区的发展。我国早在人均 GDP 水平还处于下中等收入阶段、没有完全摆脱贫困时,就开始将环保系统性地纳入发展规划的约束性指标体系之中。在党的二十大报告中,又列出专题予以强调,表明中国式现代化在人与自然的关系上不是走先污染后治理的老路,而是开创了边发展边治理的新路。其五,中国式现代化是走和平发展道路的现代化,具有互

第十章 "中国式现代化"范畴的讨论——中国特色社会主义开创人类文明新形态

利共赢的开放性。开放性是现代化的普遍属性,是其内在逻辑规定的具有共性的特征,但如何开放?从发达国家的现代化历史看,其现代化是本国经济融入世界,推动市场规模全球化扩张,实现要素投入产出全球化、资源配置全球化、分工体系全球化的过程。同时更是暴力掠夺的殖民过程,是建立在使其他国家更加落后基础上的现代化。中国式现代化走和平发展道路,构建"人类命运共同体",并且以"一带一路"倡议推进"人类命运共同体"建设。①

第三节 中国式现代化理论回答了中国式现代化进程的不可逆转性

从理论逻辑上看,任何国家在现代化目标未达成之前都有被迟滞、被中断、被逆转的可能;从实践进程上看,现代化历史上被迟滞、被中断、被逆转的事实也多有发生。那么,为什么说进入新阶段,以中国式现代化推进中华民族伟大复兴发展到了不可逆转的历史进程?

一方面,这种不可逆转性具有深刻的历史逻辑根据,这种历史逻辑根据,一是体现在中国共产党领导全国各族人民艰苦奋斗的百年历程上。一百多年来,我们党在不同历史时期的历史任务不同,但根本目标和基本纲领始终是为着实现现代化进而推进中华民族伟大复兴。在实现了第一个百年奋斗目标基础上进入新的发展阶段,立足实现第二个百年奋斗目标,使距离实现现代化强国的目标从来没有像今天这样近,这种历史机遇和可能绝非偶然,而是长期努力奋斗赢得的,具有深厚的历史渊源。二是中国式现代化本身在历史实践和理论探索中逐渐形成其本质要求、主要特征、重要原则等构成的逻辑体系。中华民族复兴的伟大进程之所以不可逆转,重要的逻辑前提是坚持"中国式现代化",背离中国式现代化的本质、特征、原则就可能被迟滞甚至中断。

另一方面,这种不可逆转性具有深刻的发展可能。这种可能性集中体现在以下几方面:第一,我们经过长期探索,经过改革开放以来,特别是党的十八大以来的探索,取得了一系列历史性突破和标志性成果,中国特色社会主义制度

---

① 刘伟:《中国式现代化是现代化普遍性和特殊性的有机统一》,《经济研究》,2022年第12期,第4—7页。

更加成熟、更加定型,中国特色社会主义根本制度(特别是党的领导制度)、基本制度(特别是基本经济制度)、重要制度(特别是法治制度)等都获得了新的发展,从而使我国治理能力和治理体系现代化水平进一步提升,正如习近平同志所说,为中国式现代化提供了更加完备的制度保证。第二,经过长期发展,我们创造了经济快速发展和社会长期稳定两大奇迹,达成了第一个百年奋斗目标,摆脱了绝对贫困,实现了全面小康,为实现第二个百年奋斗目标创造了重要的发展条件,正如习近平同志所指出的,我们最大的机遇是自身的发展壮大,从而为中国式现代化提供了更为坚实的物质基础。第三,经过马克思主义与中国具体实践、与中国优秀传统文化相结合形成的新的飞跃,确立了习近平新时代中国特色社会主义思想的指导思想地位,为中国式现代化的实践提供了根本遵循;同时以社会主义核心价值观为基础的社会道德秩序构建和培育,为中国特色社会主义社会发展,特别是为社会主义市场经济运行创造了新的伦理条件,正如习近平同志所指出的,为中国式现代化提供了更为主动的精神力量。①

因此,之所以说以中国式现代化推进中华民族伟大复兴进入不可逆转的历史进程,从历史发展逻辑来看,是我们党领导全国人民长期努力赢得的历史性机遇,是历史发展的逻辑必然;从未来发展基础来看,具有更为完备的制度保证、更为坚实的物质基础、更为主动的精神力量。

不可逆转性只是一种历史可能性和实现条件的充分性,但绝不是唾手可得的自然而然的过程,越是接近目标的达成,所面临的矛盾越深刻复杂,所面临的挑战越空前尖锐。习近平同志指出"推进中国式现代化,是一项前无古人的开创性事业,必然会遇到各种可以预料和难以预料的风险挑战、艰难险阻甚至惊涛骇浪"②,就经济社会发展面临的挑战而言,进入新发展阶段突出表现在以下几方面:

第一,从经济社会发展的阶段性目标要求和约束条件的变化来看,经济发展怎样才能适应条件约束、达成目标要求,在生存力、竞争力、持续力、发展力等方面都面临新挑战。进入新发展阶段,经济社会发展达到新水平,实现了全面

---

① 《习近平在学习贯彻党的二十大精神研讨班开班式上发表重要讲话强调:正确理解和大力推进中国式现代化》,《人民日报》,2023年2月8日,第1版。

② 同上。

第十章 "中国式现代化"范畴的讨论——中国特色社会主义开创人类文明新形态

小康之后,面临的是新的发展目标。正如党的十九届五中全会所提出的,我们站在实现第一个百年奋斗目标基础上,要立足实现第二个百年奋斗目标,而第二个百年奋斗目标是前无古人的崭新的开拓性目标。目标函数发生历史性变化的同时,约束函数也发生着系统性变化,约束经济社会发展的条件发生着根本性的甚至有许多难以逆转的变化,包括国内与国际经济态势的变化,需求与供给失衡特点的变化,等等,对经济发展方式的改变提出了深刻的要求,传统发展方式不具有可持续性,难以适应新阶段、新目标和新条件的要求。

从经济增长的动能上看,如果其他条件不变,2020—2035年中国年均GDP增长率将下降至4%左右,2020—2050年将下降至3.5%以下,从而难以实现到2035年人均GDP水平较2020年实际增长1倍以上,到2050年实际增长2倍的目标任务。就传统增长动力而言,根据经济增长理论,就资本积累来看,一是伴随经济体量和水平的不断提升,资本存量会逐步接近稳态水平,资本积累速度会不断放缓,再加上产能过剩、高债务率和民间投资积极性不足等问题,会进一步加剧资本积累速度下滑趋势。二是中国人口老龄化趋势不断加快,据联合国有关机构预测,到2050年中国15—64岁劳动适龄人口规模将比2020年减少约20%。就"新动力"而言,全要素生产率方面,随着中国逐步接近世界发展前沿,技术追赶效应对全要素生产率增速的提升作用将逐渐减弱,再加上一系列结构性矛盾也将从资源配置效率层面影响全要素生产率增长,未来全要素生产率增长需要更多依靠自主创新能力提升以及数字经济等新经济对经济增长的带动作用。因此,怎样实现质的有效提升和量的合理增长,是实现中国式现代化目标必须回答的重要问题。否则,必将降低可持续发展能力,一些发展中国家在摆脱贫困、进入中等收入发展阶段之后,之所以长期难以跨越,陷入所谓"中等收入陷阱",基本的发展动因就在于未能及时实现动能转换,增长方式未能从主要依靠要素投入量扩大向主要依靠全要素生产率提升转变,竞争优势未能从主要依靠要素成本低廉向主要依靠要素效率提高转变,在资本和劳动边际报酬递减规律作用下,经济增速必然放缓,发展质量必然降低,技术进步、人力资本积累和资源配置效率对经济增长的贡献度难以提高,就难以实现持续发展。据世界银行统计,目前进入高收入阶段的经济体81个,其人均GDP水平从上中等阶段达到高收入阶段总体平均经过12—13年发展,若以30年为标准,据测算50%以上的发展中国家在未来30年里跨越不过"中等收入陷阱"。

第二,经济结构性矛盾以及结构升级面临的障碍,经济质态演进和新质生产力培育面临诸多挑战,推动经济发展速度与经济发展质量之间难以协调的失衡加剧。从宏观经济总量均衡角度看,短期失衡的重要原因在于深层次结构性矛盾,进入新发展阶段突出表现为三方面结构性失衡:一是实体经济内部供给与需求间结构性失衡,难以有效实现需求牵引供给、供给创造需求的良性互动,扩大内需与供给侧改革需要统筹;二是实体经济与金融部门及虚拟经济之间结构性失衡、经济泡沫化加剧的同时,杠杆率显著上升,加剧宏观经济风险和波动;三是房地产业发展与国民经济各部门间的发展结构性失衡,国民经济对于房地产业依赖度大幅上升,金融风险过于集中于房地产部门,居民储蓄用于房地产投资占比过高。并且这三方面结构性失衡相互作用,对宏观经济失衡产生了进一步的累积性效应。从国民经济协调发展角度看,长期创新力不足构成产业结构升级迟缓的根本原因,结构升级受阻,经济增长必然在原有结构框架内加大投入,导致产能普遍过剩,要缓解产能过剩,直接的办法便是扩大需求,尤其是扩大投资需求,势必加大对债务的依赖。从国际经验看,1997 年亚洲金融危机和 2008 年后的世界金融危机之所以发生,长期积累下来的突出矛盾就在于长时期大规模扩张性的政策,刺激形成大量的低竞争力低效率的投资,积累了严重系统性风险。我国经济之所以对房地产业过于依赖并且成为杠杆率上升幅度最大的主要经济体之一[①],也是受困于低效率下的"稳增长"和扩内需下的"防风险"间的两难选择。

第三,国际经济格局和全球化进程发生着根本性的变化。以 2008 年世界金融危机发生为标志,保护主义、单边主义、逆全球化潮流泛起;全球市场动荡,经济复苏迟缓,在新冠疫情等叠加因素冲击下,经济衰退进一步加剧,我国改革开放以来较长一段时期的"两头在外、大进大出"的循环模式不再具有国际经济条件。与此同时,我国经济在世界经济格局中的地位发生着结构性变化,从改革开放初期的 GDP 不到全球的 1.8%,相当于世界第一大经济体美国的 6.3%,到 2010 年超过日本成为世界第二大经济体,再到 2022 年 GDP 占全球的 18.5%,相当于美国的 70% 以上。一方面使我国经济更具竞争力,但另一方面,

---

① 据国际清算银行(BIS)数据,截至 2020 年 6 月,中国杠杆率高达 280.3%,较 2008 年上升 141.3 个百分点。

第十章 "中国式现代化"范畴的讨论——中国特色社会主义开创人类文明新形态

我国与美国、欧盟、日本等发达经济体之间的互补性减弱,竞争性加剧;一方面我国对世界经济影响力扩大,但另一方面受世界经济不稳定影响,特别是受美国等发达经济体经济系统性风险的冲击程度加剧。也就是说,中国式现代化的开放性面临逆全球化和国际经济风险加剧的严峻挑战。

必须科学分析新发展阶段面临的机遇和挑战。正如习近平同志所指出的,首先,机遇和挑战的内涵发生了变化,机遇更具战略性、可塑性,挑战更具复杂性、全局性。也就是说机遇具有不确定性,挑战具有系统性。其次,机遇与挑战的相互关系发生了变化,不再一般地说机遇大于挑战,而是说机遇与挑战并存,挑战前所未有,应对好了,机遇也前所未有。也就是说,挑战更具前置性。最后,战略机遇期发生了变化,不再明确我们仍然处于重要战略机遇期,正如党的二十大报告所强调的,新发展阶段是机遇与挑战并存、不确定难预料因素增多的时期。①

第四节 中国式现代化理论明确了中国式现代化的战略目标和阶段性任务②

党的十九大指出,中国特色社会主义进入新时代,在这一新的历史方位总的任务是在全面建成小康社会基础上,开启全面建设社会主义现代化国家新征程,向第二个百年奋斗目标进军。党的十九届五中全会在总结第一个百年奋斗目标实现的基础上,明确提出我国经济社会发展进入新阶段,新发展阶段的战略目标即立足第二个百年奋斗目标,实现现代化。党的二十大进一步强调,从现在起,我们党的中心任务就是以中国式现代化全面推进中华民族伟大复兴。

(一)中国式现代化的战略目标

我们党最初在新民主主义革命时期提出实现现代化主要是指工业化和农业近代化,新中国成立之后一届人大首次提出"四个现代化",三届人大对其中

---

① 习近平:《高举中国特色社会主义伟大旗帜　为全面建设社会主义现代化国家而团结奋斗——在中国共产党第二十次全国代表大会上的报告》,《人民日报》,2022年10月26日,第1版。
② 本节参见刘伟,陈彦斌:《"两个一百年"奋斗目标之间的经济发展:任务、挑战与应对方略》,《中国社会科学》,2021年第3期,第86—102页。

的具体内容又做出了调整,形成后来人们所熟悉的工业、农业、科技和国防四个现代化的概括。① 进入改革开放新时期之后,党的十三大报告提出"三步走"发展战略,其中第三步是到21世纪中叶,基本实现现代化,实现人民生活比较富裕,人均GDP达到中等发达国家水平的发展目标。党的十五大在"三步走"战略基础上,首先提出"两个百年"奋斗目标,把实现社会主义现代化作为第二个百年奋斗目标,明确到21世纪中叶新中国成立百年时基本实现现代化,并对其内涵做出进一步概括,即富强民主文明的社会主义国家,使对于"现代化"的内涵认识超越了"四个现代化",主要突出强调经济社会发展水平的历史高度。② 党的十七大对社会主义现代化内涵提出了新的要求,增加了"和谐",把社会建设内容纳入社会主义现代化建设之中,即富强民主文明和谐的社会主义国家。③ 党的十八大进一步提出全面落实经济建设、政治建设、文化建设、社会建设、生态文明建设的"五位一体"总体布局,把"生态文明"纳入社会主义现代化的内涵。④ 党的十九大更进一步对第二个百年奋斗目标做出了两个阶段的战略安排,即2021—2035年为第一阶段,2035年到21世纪中叶为第二阶段,党的十九届五中全会对两个阶段的战略目标做出进一步强调,即到2035年基本实现社会主义现代化,到21世纪中叶把我国建成富强民主文明和谐美丽的社会主义现代化强国。⑤ 对于实现现代化的时间表和目标内涵都有了新的历史性变化,不仅将原定到21世纪中叶达成的基本实现现代化的目标提前到2035年,而且在现代化的内涵要求中增加了"美丽"。党的二十大报告对社会主义现代化的目标做出了更为深入系统的阐释,对实现现代化做出了全面战略部署,不仅明确以中国式现代化推进中华民族伟大复兴这一中心任务,而且提出以高质量发展作为践行这一中心任务的首要任务。总体来看,我们党关于中国式现代化战

---

① 周恩来:《在第三届全国人民代表大会第一次会议上的政府工作报告》,《中华人民共和国国务院公报》,1964年第18号。
② 江泽民:《高举邓小平理论伟大旗帜,把建设有中国特色社会主义事业全面推向二十一世纪——在中国共产党第十五次全国代表大会上的报告》,《人民日报》,1997年9月22日,第1版。
③ 《中国共产党第十七次全国代表大会关于〈中国共产党章程(修正案)〉的决议》,《求是》,2007年第21期。
④ 胡锦涛:《坚定不移沿着中国特色社会主义道路前进 为全面建成小康社会而奋斗——在中国共产党第十八次全国代表大会上的报告》,《人民日报》,2012年11月18日,第1版。
⑤ 《中共中央关于制定国民经济和社会发展第十四个五年规划和二〇三五年远景目标的建议》,《人民日报》,2020年11月4日,第1版。

第十章 "中国式现代化"范畴的讨论——中国特色社会主义开创人类文明新形态

略目标的认识进程具有三方面突出特点：

第一，对于中国式现代化目标的内涵不断丰富。

从最初提出工业化和农业现(近)代化，到新中国成立之后提出"四个现代化"，再从"四个现代化"到党的十三大提出的"富强民主文明"现代化强国目标，到党的十七大提出"富强民主文明和谐"目标，党的十九大又进一步提出建设"富强民主文明和谐美丽"现代化国家的奋斗目标，党的二十大再次强调到21世纪中叶把我国建成富强民主文明和谐美丽的社会主义现代化强国。显然伴随着现代化实践的发展，我们党关于中国式现代化目标的内涵认识在不断丰富，对中国式现代化目标的含义理解不断深化，从开始突出强调经济社会发展水平提升，到党的十八大提出"五位一体"总体布局，再到十九大之后，尤其是党的二十大强调的开创人类文明新形态，对中国式现代化目标的认识更为全面。

第二，对于中国式现代化目标的内容更为具体。

应当说，从开始提出"四个现代化"目标，到改革开放初期提出"三步走"发展战略，中国式现代化的目标内涵一方面主要集中在经济社会发展领域，另一方面，即使在经济社会发展史上也更具原则性和趋势性。作为"三步走"战略的第三步目标，在21世纪中叶基本实现现代化，除个别经济发展指标外，并没有形成具体系统的指标体系。党的十九大首次明确了中国特色社会主义进入新时代的新的历史方位，并首次对这一历史方位的历史进程做出两个阶段的划分，对实现"第二个百年"目标新征程做出了总体战略规划，进一步划分了两个不同发展阶段的阶段性目标，尤其是党的十九届五中全会，在党的十九大勾勒的2035年基本实现现代化，到21世纪中叶建成社会主义现代化强国的发展蓝图基础上，对实现现代化第一阶段，即2035年基本实现现代化的远景目标，做出了更为系统具体的明确要求。在已提出的基本实现现代化定性目标基础上，提出了更为细化的要求，包括：经济总量和城乡居民人均收入将再迈上新的大台阶，人均GDP达到中等发达国家水平等定量的目标；也包括基本实现新型工业化、信息化、城镇化、农业现代化，建成现代化经济体系，全体人民共同富裕取得更为明显的实质性进展等更为全面的安排。[①] 党的二十大则在总结以往经验

---

① 《中共中央关于制定国民经济和社会发展第十四个五年规划和二〇三五年远景目标的建议》，《人民日报》，2022年11月4日，第1版。

的基础上,对中国式现代化目标,特别是2035年基本实现现代化的总体目标做出了深入阐释,从经济发展水平,科技创新能力,现代化经济体系构建,国家治理体系和治理能力现代化,教育、科技、人才、文化、体育、健康强国和文化软实力增强,全体人民共同富裕取得实质性进展,生态环境根本好转,碳达峰后稳中有降,美丽中国目标基本实现,以及国家安全体系和能力全面加强,基本实现国际国防和军队现代化等几个方面提出了具体要求。同时,指出在基本实现现代化的基础上,到21世纪中叶,把我国建设成为综合国力和国际影响力领先的社会主义现代化强国。[①]

第三,中国式现代化目标的标准进一步提高。

总的来说,我们党开始提出建设现代化奋斗目标时,其标准并不十分明确,伴随实践的发展,标准逐渐清晰并且逐渐提升。一方面,在努力方向上相当长的时间里提出的战略目标是把我国建设成为"社会主义现代化国家",在党的十九大报告中则进一步提出建设"社会主义现代化强国",以顺应我国从"站起来"到"富起来",再到"强起来"的发展历史逻辑。党的十九届五中全会根据"强国"目标进一步做出了远景规划。党的二十大报告中,把中国式现代化目标作为"第二个百年"奋斗目标,提升到新高度,指出"到本世纪中叶,把我国建设成为综合国力和国际影响力领先的社会主义现代化强国",进一步彰显了中国式现代化开创人类文明新形态的自信。另一方面,在经济发展水平上,尤其是人均国民收入水平上,考虑到我国人口规模巨大的特殊国情,党的十三大提出"三步走"战略目标时把第三步目标,即实现中国式现代化目标所包含的人均国民收入水平标准确立为达到中等发达国家水平。党的十九大以及十九届五中全会则对21世纪中叶实现中国式现代化目标的人均国民收入水平标准进一步提升,而把达到中等发达国家水平作为2035年中国式现代化第一阶段,即基本实现现代化的标准,这既是基于对中国经济社会持续快速发展、长期社会稳定两大奇迹的深刻总结,更是对未来实现高质量发展提出的迫切要求。

(二)中国式现代化的历史任务

根据中国式现代化的本质要求和基本特征的规定,也是基于人类现代化文

---

① 习近平:《高举中国特色社会主义伟大旗帜 为全面建设社会主义现代化国家而团结奋斗——在中国共产党第二十次全国代表大会上的报告》,《人民日报》,2022年10月26日,第1版。

第十章 "中国式现代化"范畴的讨论——中国特色社会主义开创人类文明新形态

明进程的一般规律,现代化文明的基础首先在于发展的物质性,也就是说现代化首先是在生产力与生产关系、经济基础与上层建筑的矛盾运动过程中推动生产力的解放,进而推动物质文明的进步,现代化的其他各方面目标和要求的实现都需要以此为基础。因此,实现中国式现代化的目标,首先需要践行经济发展的阶段性任务,脱离经济发展的现代化目标只能是空想,尽管现代化不能简单地等同于经济发展。我们党在逐渐丰富中国式现代化目标内涵的过程中,对达成现代化目标需要实现的历史任务的认识也相应地逐渐清晰。

第一,到"十四五"时期末真正跨越"中等收入阶段",进入高收入发展阶段。[①]

根据我国关于"十四五"发展规划的要求,在"十四五"时期末实现跨越"中等收入陷阱",进入高收入国家行列。我国以人均国民收入水平计,是在2010年达到世界银行划分的上中等收入阶段的,到2020年我国人均国民收入水平达到10 500美元左右,距离当时高收入的起点(按1987年6 000美元折算)还相差20%左右(12 000多美元),但考虑到世界经济发展的波动性,要真正实现稳健跨越中等收入陷阱,仅仅达到高收入阶段的起点值是不够的,应当有所上浮,如果上浮到高收入国家的平均值,则任务更为艰巨。因为起点值低于平均值,而且二者的差距还是逐渐扩大的趋势(如二者之比从1988年的2.8上升至2018年的3.7,30年间上升较显著)。因而,要真正实现进入高收入阶段发展目标,"十四五"期间我国年均经济增长率需要达到5%以上,这就需要切实实现高质量发展,推动经济增长动力转换和发展方式根本转变。党的十九届五中全会对此做出了系统部署和特别强调;党的二十大报告又进一步指出,未来五年是全面建设社会主义现代化国家开局起步的关键时期,同时明确列出了这一关键时期的主要任务,指出在经济社会发展上的主要任务在于"经济高质量发展取得新突破,科技自主自强能力显著提升,构建新发展格局和建设现代化经济体系取得重大进展,改革开放迈出新步伐,国家治理体系和治理能力现代化深入推进,社会主义市场经济体制更加完善,更高水平开放型经济新体制

[①] 所谓高收入阶段是指世界银行的划分标准,将世界各国和地区,根据人均国民收入水平的高低划分为低收入、中等收入、高收入不同发展阶段,高收入阶段的门槛值是以1987年达到6 000美元为起点,尔后不同年份按相关因素换算,折算为相当于1987年6 000元美元水平即达到高水平起点线。

基本形成"①。

第二,到2035年人均国民收入水平达到中等发达国家水平。

党的十九大报告立足实现第二个百年奋斗目标,将实现现代化进程划分为两个阶段。十九届五中全会在此基础上进一步明确在2035年实现第一个阶段目标,人均国民收入水平要达到中等发达国家水平,而要达到这一目标,从经济增长方面看,GDP总量按可比价格到2035年应比2020年翻一番,相应地伴随人口总量的下降(2022年已达峰值,人口首次出现负85万增长,预计到2035年总人口将在13亿左右),人均GDP水平能够增长1倍以上,从2020年的10 500美元上升到25 000美元以上(2019年中等发达国家人均GDP水平中位数约为25 000美元)。党的二十大报告所提出的到2035年我国发展的总体目标中,明确要求"人均国内生产总值迈上新的大台阶,达到中等发达国家水平"②。实现这一人均水平目标的宏观经济前提在于GDP总量15年里按可比价格翻一番,要达到这一总量增长目标,年均增长率要达到4.73%,考虑到约束条件的系统性变化,在15年时间里实现年均增长4.73%的速度目标,任务是十分艰巨的。但"从经济发展能力和条件看,我国经济有潜力保持长期平稳发展。到'十四五'末达到现行的高收入国家标准、到2035年实现经济总量或人均收入翻一番,是完全有可能的"③,关键在于落实党的二十大精神,在2035年"形成新发展格局,建成现代化经济体系",从而贯彻新发展理念实现高质量发展。

第三,到2050年人均国民收入水平达到包括主要发达国家和中等发达国家在内的全部发达国家的平均水平。

基于改革开放以来特别是新时代以来我国经济社会发展取得的历史性飞跃,我们党将原定到21世纪中叶达成现代化目标中的人均国民收入水平提前到2035年。而到2050年前后,人均国民收入水平将会超越中等发达国家平均水平,达到或接近全部发达国家的平均水平,进而为"到本世纪中叶,把我国建设成为综合国力和国际影响力领先的社会主义现代化强国"奠定经济

---

① 习近平:《高举中国特色社会主义伟大旗帜 为全面建设社会主义现代化国家而团结奋斗——在中国共产党第二十次全国代表大会上的报告》,《人民日报》,2022年10月26日,第1版。
② 同上。
③ 习近平:《关于〈中共中央关于制定国民经济和社会发展第十四个五年规划和二〇三五年远景目标的建议〉的说明》,《人民日报》,2020年11月4日,第2版。

第十章 "中国式现代化"范畴的讨论——中国特色社会主义开创人类文明新形态

发展基础。① 要达成这一目标,2050 年我国人均 GDP 水平按可比价格计,较 2020 年需翻两番,2019 年发达国家的人均 GDP 水平平均为 4.7 万美元左右,不考虑汇率、物价等其他因素,按不变价格计,2020 年我国人均 GDP 水平为 10 500 美元左右,翻两番即为 42 000 美元(按 2020 年美元价计),要实现这一目标,在 GDP 总量的增长速度上,需要在 2035 年较 2020 年 GDP 总量(按不变价)实际翻一番的基础上(年均增长 4.73%),2036 年到 2050 年的 15 年间 GDP 总量再增长近 1 倍,30 年里 GDP 总量年均增长率大体稳定在 4%以上。这样在人口总规模进一步减少的条件下,人均 GDP 水平能够从 2035 年的 25 000 美元(2019 年中等发达国家实际水平)提高到 42 000 美元(按 2020 年美元计)以上,接近发达国家(2019 年)总体平均水平。如果考虑到发达国家在此期间的经济增长,若假定发达国家名义 GDP 增速按年均 2%计(国际货币基金组织在 2020 年 10 月的预测数值),假定同期通货膨胀率为年均 2%,到 2050 年发达国家总体平均人均 GDP 水平会由 2019 年的 4.7 万美元左右上升到 8 万美元左右。同期我国若实现 2021—2035 年年均 GDP 总量增长 4.73%,2036—2050 年均增长 3.5%左右,人均 GDP 水平在 30 年里将会翻两番,假设汇率不变,通货膨胀率为年均 2%,到 2050 年我国人均 GDP 水平将达到 7.5 万美元左右,同样接近届时发达国家的总体平均水平。考虑到我国人口绝对规模,在人均 GDP 水平接近发达国家平均水平的条件下,经济总量以及与之相联系的综合国力和国际影响力必然处于世界领先地位。

第四,历史地推进共同富裕目标实现。

当然,中国式现代化的任务不仅是推动经济发展,重要的目标要求还在于持续扩大中等收入群体,逐步实现共同富裕,贯彻以人民为中心的发展思想。中国式现代化过程中经济社会发展的重要目标在于体现"共享"理念,逐渐实现共同富裕。在做大蛋糕的同时分好蛋糕,形成生产和分配的良性互动,体现中国式现代化的本质特征。这就需要在推进经济发展的过程中,不断克服收入分配结构性失衡,尤其需要防止两极分化。否则,一是两极分化与中国式现代化的本质相冲突,与社会主义基本经济制度的要求相矛盾,与共同富裕的发展方

---

① 既然是居于领先地位的社会主义现代化强国,在人均 GDP 水平上,虽然需要考虑我国人口规模巨大的特殊国情,不能以最为发达的国家水平为参照标准,但应达到或接近发达国家总体的平均水平。

向相背离,进而现代化进程也会被迟滞甚至中断,只有坚持中国式现代化的本质要求和基本特征,这一进程才可能具有不可逆转性。二是收入分配结构严重失衡会引发国民经济生产和再生产的严重失衡,需求结构、供给结构、城乡结构、区域结构等经济结构性失衡都与收入分配结构失衡有着深刻的联系,尤其是收入分配在宏观上的政府、企业、居民三部门间居民占比偏低会制约消费合理增长,在微观上居民内部差距过大甚至两极分化会降低全社会消费倾向,使得最终需求与社会生产产生矛盾,进而严重损害经济效率,造成严重经济失衡。三是中等收入群体规模偏小对于社会经济长期可持续发展会产生不利影响,加剧一系列发展性矛盾。根据有关机构统计显示的国际经验,扩大中等收入群体对于跨越"中等收入陷阱"实现现代化有着重要的意义,较为顺利跨越并成长为现代化的国家中产阶级群体(中等收入群体)占比通常高达45%—60%(如韩国和日本),而陷入中等收入陷阱长期未能进入现代化的国家中产阶级群体占比往往不超过10%(如巴西和俄罗斯)。① 这其中的内在联系在理论上仍有待深入分析,但这一经验显示应当予以重视。

  我国经济发展中收入分配结构失衡是亟待克服的问题,如果说在实现第一个百年奋斗目标过程中,解决收入分配失衡矛盾的重点任务是提高低收入群体收入水平(提低),尤其是摆脱绝对贫困,那么在实现第二个百年奋斗目标过程中,克服收入分配失衡的重点任务则应更为关注扩大中等收入群体(扩中),在收入水平普遍提升基础上,改善相对收入水平的社会结构。在我们党提出的中国式现代化的目标及任务中鲜明地体现了对收入分配的要求。十九届五中全会做出远景规划建议时,提出到2035年基本实现现代化时"全体人民共同富裕取得更为明显的实质性进展"。党的十九大明确到21世纪中叶全面建成社会主义现代化强国时,"全体人民共同富裕基本实现"。党的二十大进一步强调了这一目标任务,指出在未来五年(党的二十大到二十一大召开)主要目标和任务包括,"居民收入增长和经济增长基本同步,劳动报酬提高和劳动生产率提高基本同步,基本公共服务均等化水平明显提升,多层次社会保障体系更加健全"②。

---

① 参见 Credit Suisse, Global Wealth Databook 2015, Zurich: Credit Suisse AG, 2015, p. 124。
② 习近平:《高举中国特色社会主义伟大旗帜 为全面建设社会主义现代化国家而团结奋斗——在中国共产党第二十次全国代表大会上的报告》,《人民日报》,2022年10月26日,第1版。

第十章 "中国式现代化"范畴的讨论——中国特色社会主义开创人类文明新形态

到 2035 年,"人民生活更加幸福美好,居民人均可支配收入再上新台阶,中等收入群体比重明显提高,基本公共服务实现均等化,农村基本具备现代生活条件,社会保持长期稳定,人的全面发展、全体人民共同富裕取得了更为明显的实质性进展"①。到 21 世纪中叶全面达成中国式现代化目标,基本实现全体人民共同富裕。当然,分好蛋糕首先要做大蛋糕,逐渐实现共同富裕必须建立在经济社会持续健康发展的基础之上,同时,收入分配的合理化也将对经济可持续协调发展产生巨大的推动作用。

第五节 中国式现代化理论阐释了怎样推进中国式现代化进程

以高质量发展推进中国式现代化,这是党的二十大报告明确的首要任务和强调坚持的主题。

第一,什么是高质量发展?党的二十大报告指出了高质量发展的基本要点,包括:在宏观上,高质量发展是要求供求良性互动、趋向于均衡的发展;在微观上,高质量发展是主要依靠要素生产率和全要素生产率提高拉动、新动能支撑的发展;在结构上,高质量发展是城乡、区域、产业间协调的发展;在风险防范上,高质量发展是稳健、安全、有韧性的发展;在对外开放上,高质量发展是高水平制度型内外联动的发展。

第二,如何实现高质量发展?习近平同志指出,首先必须完整准确全面贯彻新发展理念。因为发展理念具有引领性、战略性、先导性,因此党的十八届五中全会提出了"创新、协调、绿色、开放、共享"五大新发展理念,理念不转变,发展方式就不可能转变。但理念不能停留在理念上,必须贯彻于实践。通过怎样的方式和机制贯彻落实新发展理念?2017 年党的十九大报告强调构建现代化经济体系。构建现代化经济体系之所以重要,关键在于它是贯彻落实新发展理念的机制。那么,现代化经济体系包含哪些内容?习近平同志在十九大之后,2018 年 1 月中央政治局集体学习时,系统阐释了现代化经济体系的内涵,指出

---

① 习近平:《高举中国特色社会主义伟大旗帜 为全面建设社会主义现代化国家而团结奋斗——在中国共产党第二十次全国代表大会上的报告》,《人民日报》,2022 年 10 月 26 日,第 1 版。

包括现代化的产业体系、市场体系、分配体系、布局体系、绿色体系、开放体系、经济体制等七个方面,强调必须作为有机整体,统一推进。

第三,如何构建现代化经济体系?需要采取一系列战略举措,正如习近平同志所说"推进中国式现代化是一个系统工程,需要统筹兼顾、系统谋划、整体推进,正确处理好顶层设计与实践探索、战略与策略、守正与创新、效率与公平、活力与秩序、自立自强与对外开放等一系列重大关系"①。这些战略举措的系统集成即体现为构建新发展格局。2020年4—5月,习近平同志在中央财经委员会和中央政治局会议上,提出并阐释了构建畅通国民经济循环、国际国内经济双循环相互促进的新发展格局的思想,同时明确了构建新发展格局需要坚持的基本战略原则,主要包括:构建新发展格局以建设现代化经济体系为战略目标(党的二十大明确要求到2035年形成新发展格局、建成现代化经济体系);以扩大内需为战略基点(立足点);以深化供给侧结构性改革为战略方向(主线);以创新驱动为战略支撑(党的二十大提出教育、科技、人才是全面建设社会主义现代化国家的基础性、战略性支撑);以高水平开放为战略前提(必由之路);以稳中求进为战略方针(工作总基调);等等。

第四,加快构建新发展格局需要解决哪些突出矛盾和主要任务?习近平同志全面总结提出了构建新发展格局以来的实践,概括为五个方面:一是更好统筹扩大内需和深化供给侧结构性改革,增强国内大循环的动力和可靠性。关键在于通过社会主义市场经济机制实现供给与需求的动态平衡,实现经济循环的畅通。二是加快科技自立自强步伐,解决外国"卡脖子"问题,切实实现教育发展、科技创新、人才培养一体化,原始创新、集成创新、开放创新一体化,创新链、产业链、人才链一体化,克服相互脱节。三是加快建设现代化产业体系,夯实新发展格局的产业基础,顺应全球产业体系和产业链供应链发展规律和历史趋势,把经济发展着力点放在实体经济上,在产业升级进程中,把握结构演进逻辑,加快并协调新型工业化、信息化、网络化、智能化、数字化的进程。四是推进城乡、区域协调发展,提高国内大循环的覆盖面,畅通城乡经济循环,协调推进

---

① 《习近平在学习贯彻党的二十大精神研讨班开班式上发表重要讲话强调:正确理解和大力推进中国式现代化》,《人民日报》,2023年2月8日,第1版。

乡村振兴与新型城镇化,推动区域协调、区域重大、主体功能区战略等深度融合,形成全国统一大市场,畅通国内大循环。五是进一步深化改革开放,增强国内外循环的动力和活力,重要的在于深化要素市场改革,建设高标准市场体系;深化财政金融体制改革,完善现代财政金融体制,提高政府宏观经济治理体系和能力现代化水平;推进高水平对外开放。对标高标准国际通行规则,稳步扩大制度型开放,构建参与国际经济合作和竞争的新优势。[①]

---

① 习近平:《加快构建新发展格局 把握未来发展主动权》,《求是》,2023年第8期,第4—8页。